Schriftenreihe
der Forschungsstelle für Betriebsführung und Personalmanagement e.V.
Band 7

Einführung in die Betriebs-wirtschaftslehre für die Verwaltung

von

Prof. Dr. Peter Cornelius
Prof. Dr. Roland Dincher
Prof. Dr. Heinrich Müller-Godeffroy

Bibliografische Information Der Deutschen Bibliothek

Die Deutsche Bibliothek verzeichnet diese Publikation in der Deutschen Nationalbibliografie; detaillierte bibliografische Daten sind im Internet über http://dnb.ddb.de abrufbar.

ISSN 1618-3541

ISBN 3-936098-07-7

Vorwort

Der Reformprozess hat die öffentliche Verwaltung auf allen Gebieten mit betriebswirtschaftlichen Methoden und Denkweisen konfrontiert. Ein Paradigmenwechsel hat stattgefunden. Waren es ehemals die althergebrachten Prinzipien des Berufsbeamtentums und der Bürokratie, die das Verwaltungshandeln geprägt haben, so ist eine zeitgemäße Verwaltung durch Effektivität, Effizienz und Kundenorientierung gekennzeichnet, welche die Anwendung moderner Managementmethoden verlangen. Controlling, Marketing, Change-Management, Kostenrechnung und viele weitere Begriffe aus dem Repertoire der Betriebswirtschaftslehre, die in den privaten Unternehmungen seit langem selbstverständlich sind, bestimmen zunehmend den Alltag auch in den Verwaltungen. Dabei haben sich die Anforderungen an die Mitarbeiter gewandelt: Betriebswirtschaftliches Wissen gehört immer mehr zu den grundlegenden Schlüsselqualifikationen für alle Mitarbeiter und Führungskräfte in der Verwaltung.

Das vorliegende Lehr- und Übungsbuch ist als eine Einführung in die Betriebswirtschaftslehre speziell für die Verwaltung konzipiert. Es gibt einen kompakten Überblick über die grundlegenden Themen und Methoden der Betriebswirtschaftslehre, hat dabei jedoch stets die Besonderheiten und Anforderungen der öffentlichen Verwaltungen im Blick.

Nach einer einführenden Klärung der Grundbegriffe wird das betriebliche Handeln zunächst im Sinne der modernen Managementlehre als ein kybernetischer Prozess dargestellt. Auf dieser Grundlage werden im Weiteren die einzelnen betrieblichen Funktionen besprochen: die Beschaffung, die Produktion und der Absatz einerseits, sowie die Investition, die Finanzierung und das Rechnungswesen andererseits.

Die Darstellung wird visuell unterstützt durch zahlreiche Schaubilder und Übersichten und immer wieder anhand von Beispielen illustriert.

Am Ende eines jeden Kapitels gibt es Wiederholungsfragen zur Festigung des Wissens.

Ein umfangreicher **Übungsteil** am Ende des Bandes mit ausführlichen Lösungen dient der Vertiefung des Stoffes und sorgt für den notwendigen Anwendungsbezug der erworbenen Kenntnisse.

Das Buch wendet sich vor allem an Studierende der Verwaltungsfachhochschulen und sonstigen Bildungseinrichtungen der öffentlichen Verwaltungen sowie an die Mitarbeiter, Fach- und Führungskräfte auf allen Ebenen und Funktionen von Verwaltungen, die sich ein solides betriebswirtschaftliches Grundwissen aneignen wollen.

Neuhofen, im August 2005

Peter Cornelius

Roland Dincher

Heinrich Müller-Godeffroy

Inhalt *Seite*

1 Grundlagen

1.1 Gegenstand der Betriebswirtschaftslehre

1.1.1 Wirtschaften als Erkenntnisobjekt der Betriebswirtschaftslehre

Die **Betriebswirtschaftslehre (BWL)** ist eine eigenständige Disziplin innerhalb der Wirtschaftswissenschaften. Als solche kann ihr Tätigkeitsfeld allgemein als der Bereich der **Wirtschaft** bzw. des **Wirtschaftens** bezeichnet werden. Das Wirtschaften ist das gemeinsame **Erkenntnisobjekt** der Wirtschaftswissenschaften.

Die Notwendigkeit des Wirtschaftens ergibt sich aus dem Spannungsverhältnis zwischen den Bedürfnissen der Menschen (Bedarf) und den begrenzten Möglichkeiten der Bedarfsdeckung (Güter). Den prinzipiell unbegrenzten menschlichen Bedürfnissen stehen **knappe**, nur begrenzt verfügbare Güter zu ihrer Befriedigung gegenüber. Nur wenige Güter sind unbegrenzt, frei verfügbar. Heute sind sogar Zweifel angebracht, ob es freie Güter tatsächlich gibt.

Die Knappheit der Güter zwingt zum Wirtschaften.

Wirtschaften ist ein zweckgerichtetes Handeln, das darauf ausgerichtet ist, knappe Mittel im Sinne der Bedarfsdeckung optimal zu nutzen. Das Prinzip des Wirtschaftens besteht darin, eine möglichst günstige Relation zwischen dem Mitteleinsatz und dem damit erzielten Ergebnis (Zweck) zu erreichen (Wirtschaftlichkeitsprinzip).

Abb. 1: Wirtschaftlichkeitsprinzip

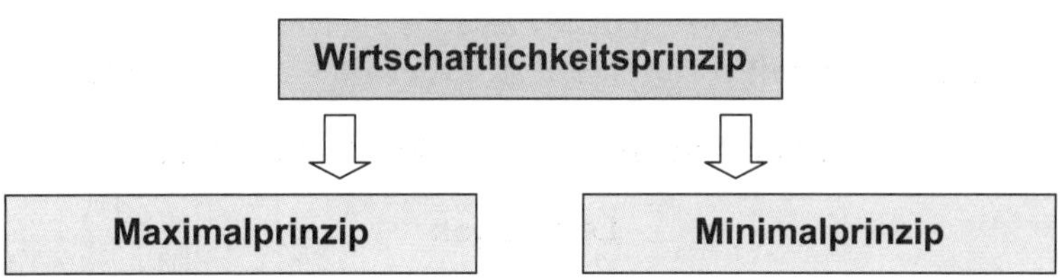

Das Wirtschaftlichkeitsprinzip kann in zwei Ausprägungen formuliert werden:

Das **Maximalprinzip** besagt, dass mit einem gegebenen Mittelaufwand ein maximaler Ertrag angestrebt wird.

Das **Minimalprinzip** geht von einem vorgegebenen Ertrag aus, der mit dem geringst möglichen Mittelaufwand realisiert werden soll.

Das **Wirtschaftlichkeitsprinzip** ist in dieser Formulierung **formal**. Es sagt nichts darüber aus, wie es in der Praxis angewendet und verwirklicht werden kann. Hier setzt die Aufgabenstellung der Betriebswirtschaftslehre an. Sie beschäftigt sich mit den Voraussetzungen und Möglichkeiten wirtschaftlichen Handelns in Betrieben, also mit der Frage, wie das Wirtschaftlichkeitsprinzip betrieblich realisiert wird.

1.1.2 Betrieb als Erfahrungsobjekt der Betriebswirtschaftslehre

Das Erfahrungsobjekt der Betriebswirtschaftslehre ist der **Betrieb**.

Ein Betrieb ist eine planvoll organisierte Wirtschaftseinheit, in der Sachgüter und/oder Dienstleistungen durch die Kombination von Produktionsfaktoren erstellt und abgesetzt werden. *(vgl. Wöhe 2002, S. 2)*

Gegenstand der Betriebswirtschaftslehre sind also die **produzierenden Einzelwirtschaften**.

Abb. 2: Kriterien des Betriebes

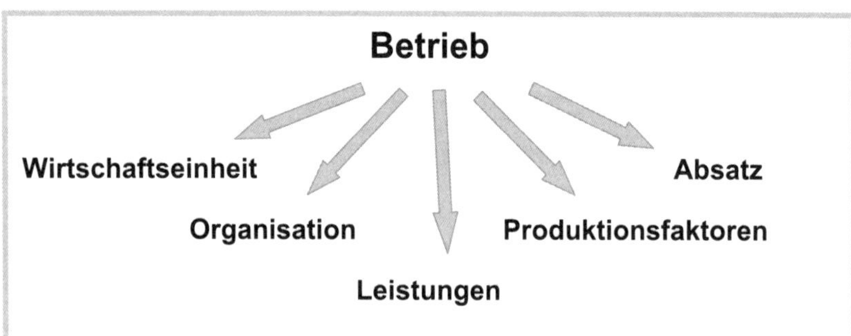

Nicht zum Objektbereich der Betriebswirtschaftslehre werden die Konsumwirtschaften (vor allem private Haushalte) gerechnet.

Der **öffentliche Sektor** war lange Zeit von der Betriebswirtschaftslehre wenig beachtet worden. Inzwischen hat sich jedoch die Erkenntnis durchgesetzt, dass die öffentliche Verwaltung in den Erfahrungsbereich der BWL einzubeziehen ist, da die Verwaltungen alle wesentlichen Merkmale von Betrieben aufweisen.

(1) Wirtschaftseinheit
Verwaltungen sind **Wirtschaftssubjekte**, sie wirtschaften mit knappen Mitteln. Die Begrenzung der verfügbaren Mittel findet ihren Ausdruck u. a. in den Vorgaben durch Haushaltspläne und Stellenpläne, in der beschränkten Gebäudekapazität, der technischen Ausstattung usw. Knappe Mittel erfordern die Beachtung des Wirtschaftlichkeitsprinzips.

Die Wirtschaftlichkeit gehört neben der Rechtmäßigkeit und der Menschlichkeit zu den traditionellen Prinzipien (Formalzielen) der öffentlichen Verwaltung. Es steht im Rang eines Verfassungsgebotes (Art. 114 Abs. 2 GG). Im übrigen folgert das Prinzip der Wirtschaftlichkeit der Verwaltung aus ihrer Aufgabenstellung. Ihr Beitrag zum Gemeinwohl kann nur unter Beachtung des Wirtschaftlichkeitsprinzips optimiert werden.

(2) **Organisation**
Verwaltungen **sind** Organisationen, d. h. sie sind rational zweckgerichtete arbeitsteilige soziale Gebilde (**soziale Organisation**).

Sie **haben** eine Organisation, d. h. sie verfügen über eine innere Struktur von Stellen, Instanzen und Abteilungen (**Aufbauorganisation**) und über Regelungen zu den Arbeitsprozessen, die innerhalb dieser Struktur stattfinden **(Ablauforganisation**).

(3) **Güter und Dienstleistungen**
Verwaltungen produzieren im allgemeinen **Dienstleistungen**, entweder für den Staat und die Gesellschaft als Ganzes (z. B. innere und äußere Sicherheit, Infrastruktur) oder für den einzelnen Bürger (z. B. Berufsberatung, Sozialhilfe, Altersvorsorge).

(4) **Produktionsfaktoren**
Die Leistungen der öffentlichen Verwaltung kommen zustande durch den

Einsatz von Produktionsfaktoren, also durch die **menschliche Arbeitsleistung** in Verbindung mit **Betriebsmitteln** (z.B. Gebäude, technische Ausstattung) und **Werkstoffen** (z.B. Energie, Information).

(5) **Absatz**
Schließlich erstellen die Verwaltungen ihre Leistungen zur **Fremdbedarfsdeckung**, d. h. die Leistung wird nach außen abgegeben, entweder unspezifisch an die Allgemeinheit oder auch an einzelne Personen (z. B. Antragsteller, Ratsuchende).

Es ist daher festzustellen: **Verwaltungen (Behörden) sind Betriebe.**

Um die Besonderheiten, welche die öffentlichen Verwaltungen von anderen Betrieben (z. B. Industriebetrieben, Handelsbetrieben, Bankbetrieben) unterscheiden, zum Ausdruck zu bringen, werden sie auch als **Verwaltungsbetriebe** bezeichnet.

1.1.3 Arten von Betrieben

In einer hochentwickelten Industriegesellschaft findet die Differenzierung aller gesellschaftlichen Bereiche in der Produktion von Gütern und Dienstleistungen in einer großen Vielfalt von Betriebsarten ihren Niederschlag. Diese Vielfalt, die eine systematische Erfassung und Erforschung erschwert, kann durch die Bildung von **Betriebstypen**, die jeweils nach einem oder mehreren Merkmalen Betriebe zu Typen oder Klassen zusammenfassen, auf ein überschaubares Maß reduziert werden.

Die Typologie der Betriebe nach der hauptsächlich erbrachten **Leistung** gliedert die Betriebe zunächst in zwei Hauptgruppen: Die **Sachleistungsbetriebe**, die (materielle) Güter herstellen, und die **Dienstleistungsbetriebe**, die (immaterielle) Dienstleistungen erbringen.

Die beiden Hauptgruppen können ihrerseits weiter unterteilt werden. Das Ergebnis dieser Untergliederung ist eine Klassifikation der Betriebe nach **Branchen**.

Abb. 3: Klassifikationen von Betrieben

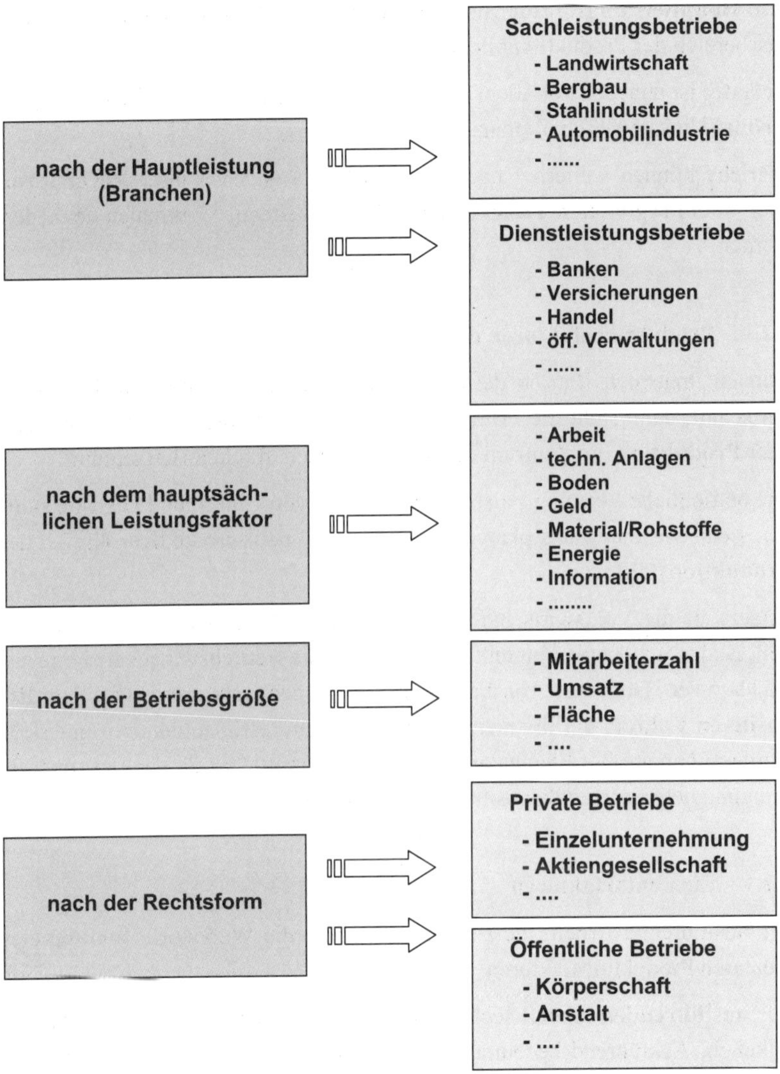

Eine andere Möglichkeit zur Gliederung der Betriebe ist die Typologie nach dem **Hauptleistungsfaktor**, also nach jenem Produktionsfaktor, der den Engpassbereich der Produktion bildet.

Geläufig ist daneben vor allem die Klassifizierungen von Betrieben nach ihrer **Größe** (Umsatz/Beschäftigtenzahl).

Betriebe können weiterhin nach ihrer **Zielsetzung**, nach ihrer **Rechtsform**, nach ihrem **regionalen Tätigkeitsgebiet** und weiteren Merkmalen gegliedert werden.

1.2 Produktionsfaktoren des Betriebes

Versteht man den Betrieb definitionsgemäß als eine produzierende Einzelwirtschaft, dann steht die Erbringung einer Leistung, die Leistungserstellung oder **Produktion**, im Zentrum der betriebswirtschaftlichen Betrachtung.

Die betriebliche Leistung - also die Produktion von Gütern und Dienstleistungen - entsteht durch das planvolle Zusammenwirken produktiver Kräfte, der **Produktionsfaktoren.**

Anders als die Volkswirtschaftslehre, welche die Produktionsfaktoren in Arbeit, Boden und Kapital einteilt, unterscheidet die Betriebswirtschaftslehre zunächst zwei Hauptarten von Faktoren: die **Elementarfaktoren** und den **dispositiven Faktor**, die ihrerseits in jeweils mehrere Einzelfaktoren unterteilt werden können. Die Elementarfaktoren sind unmittelbar an der Leistungserbringung beteiligt, der dispositive Faktor hingegen nur mittelbar.

1.2.1 Elementarfaktoren

Die ausführende Arbeit, die Betriebsmittel und die Werkstoffe sind die elementaren Produktionsfaktoren.

Zur **ausführenden Arbeit** rechnen sowohl körperliche als auch geistige Tätigkeiten. Ausführend bedeutet, dass sie direkt und unmittelbar an der Leistungserstellung beteiligt ist. Die dispositive Tätigkeit hingegen ist in die Erbringung der Leistung nur indirekt und mittelbar einbezogen. So ist beispielsweise die Tätigkeit eines Maurers auf der Baustelle ebenso wie die eines Lehrers im Unterricht vorwiegend ausführender Art. Dagegen ist die Tätigkeit eines Betriebsleiters überwiegend dispositiver Natur. Praktisch ist die Abgrenzung zwischen ausführender und dispositiver Arbeit jedoch oft schwierig, weil jede ausführende Arbeit auch mehr oder weniger große dispositive Elemente enthält und umgekehrt auch dispositive Tätigkeiten zur Ausführung gelangen müssen, also ihrerseits ausführende Anteile enthalten. Dies widerspricht jedoch nicht einer analytischen Trennung von ausführender und dispositiver Arbeit und ihrer idealtypischen Charakterisierung.

Abb. 4: Das System der betrieblichen Produktionsfaktoren

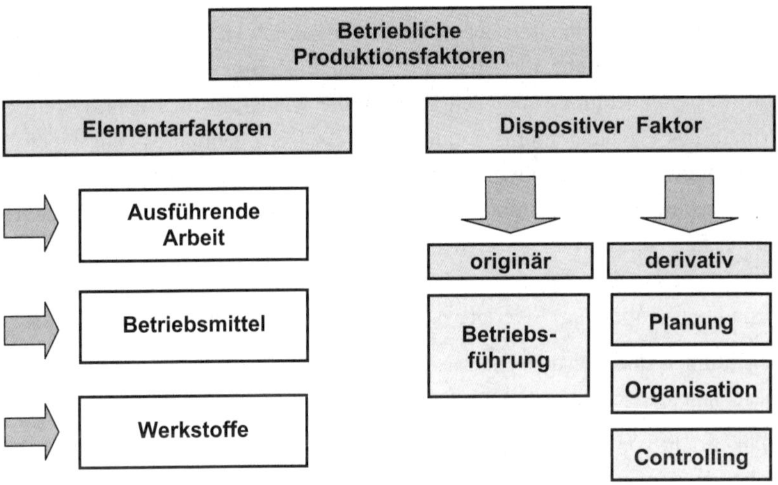

Die **Betriebsmittel** umfassen die sachlich-technische Ausstattung der Betriebe. Dazu zählen Grundstücke, Gebäude, Maschinen und Werkzeuge, die für die Produktion der Güter und Dienstleistungen erforderlich sind bzw. zur Steigerung der Arbeitsproduktivität eingesetzt werden. Mit dem Fortschritt der technischen Entwicklung gewinnen die Betriebsmittel, die Maschinen und technischen Einrichtungen vor allem, ein immer stärkeres Gewicht bei den betrieblichen Entscheidungen. Die Kapital-(Betriebsmittel-)Intensität der Produktion steigt ständig.

Zu den **Werkstoffen** gehören alle Roh- und Hilfsstoffe sowie die Halb- und Zwischenfabrikate, welche als Ausgangsstoffe in die Produktion einfließen, sowie die Betriebsstoffe, die bei der Produktion verbraucht werden (z. B. Energie).

1.2.2 Dispositiver Faktor

Das Vorhandensein der elementaren Produktionsfaktoren führt für sich allein noch nicht dazu, dass eine Leistung entsteht. Die Elementarfaktoren repräsentieren ein **Leistungspotential**, das erst durch ihre zielgerichtete Koordination freigesetzt werden muss. Dies ist die Aufgabe des dispositiven Faktors.

(1) **Originärer** Bestandteil des dispositiven Faktors ist die **Betriebsführung,** also das **Management**. Ihre Befugnisse sind abgeleitet aus der Verfügungsgewalt des **Eigentümers** über den Betrieb, die wiederum im Rechtssystem im Prinzip des Privateigentums verankert ist. Im Kern handelt es sich dabei um die Befugnis des Eigentümers bzw. des Managements, für den gesamten Betrieb verbindliche Entscheidungen zu treffen; Entscheidungen, die im engeren Sinne die Führung (der laufenden Geschäfte) des Betriebes betreffen, in einem weiteren Sinn aber auch die konstituierenden Entscheidungen über Gründung/Schließung, Standortwahl, Rechtsformenwahl etc. umfassen.

Eigentümer sind bei den Unternehmungen z. B. die Inhaber, Aktionäre und Gesellschafter, bei den Verwaltungsbetrieben der Staat.

Man spricht von einer **"Eigentümer-Unternehmung"**, wenn der Eigentümer selbst die Geschäfte führt (z. B. Einzelunternehmung) und von einer **"Manager-Unternehmung"**, wenn die Betriebsführung auf bezahlte Geschäftsführer übertragen wurde (z. B. Aktiengesellschaften). Letzteres gilt analog für öffentliche Verwaltungsbetriebe.

In dieser ursprünglichen, an dem Eigentümerrecht orientierten Auslegung, ist der Begriff der Betriebsführung sehr eng gefasst. Zur Betriebsführung in diesem engeren Sinne rechnet ausschließlich die oberste Führungsspitze des Betriebes, also entweder der Eigentümer selbst oder die von ihm unmittelbar bestellten Geschäftsführer (z. B. Vorstand der AG).

Diese enge Auslegung des Begriffes wird jedoch einer betriebswirtschaftlichen Aufgabenstellung nur bedingt gerecht. Wenn im System der Produktionsfaktoren zwischen ausführender und dispositiver Arbeit unterschieden wird, dann müssen dem dispositiven Faktor alle Stellen innerhalb eines Betriebes zugerechnet werden, die nicht überwiegend durch Ausführungsaufgaben gekennzeichnet sind. In dieser weiteren Fassung des Begriffes rechnen zur Betriebsführung alle Stellen mit Leitungs- und Führungsaufgaben, die **Instanzen**, also die gesamte Hierarchie des Betriebes oberhalb der ausführenden Ebene. Die grundlegende Entscheidungsfunktion des Managements bleibt bestehen, wird aber auf weitere Stellen übertragen. Zur Charakterisierung der hierarchischen Zuordnung dient die Benennung der jeweiligen Führungsebene (oberste ... unterste; erste, zweite ... Führungsebene; top, middle, lower management etc.).

(2) Zur Betriebsführung als der originären Aufgabe des dispositiven Faktors kommen weitere – **derivative**, also abgeleitete – Aufgaben hinzu. Die Wahrnehmung der Eigentümerrechte, im und über den Betrieb zu entscheiden, kann nicht isoliert betrachtet werden. Entscheidungen verfehlen ihre Wirkung, wenn sie nicht auf sorgfältiger Planung beruhen, durch geeignete organisatorische Maßnahmen in die Tat umgesetzt und schließlich in ihrer Wirkung und ihrem Verlauf kontrolliert und hinterfragt werden. Planung, Organisation und Controlling sind damit notwendige Tätigkeiten im Rahmen der Betriebsführung und daher typische Managementaufgaben.

1.2.3 Mitbestimmung der Arbeitnehmer

Das grundsätzliche Prinzip, dass die Eigentümer oder von diesen bestellte Manager die Betriebsführung wahrnehmen, ist indessen durch Rechtsvorschriften zugunsten einer Mitbestimmung der Arbeitnehmer aufgelockert worden. Den Arbeitnehmern bzw. ihren Interessenvertretern werden Rechte auf Mitwirkung und Mitbestimmung bei der Betriebsführung eingeräumt durch:

- das Gesetz über die Mitbestimmung der Arbeitnehmer in den Aufsichtsräten und Vorständen der Unternehmen des Bergbaues und der Eisen- und stahlerzeugenden Industrie (Montan-Mitbestimmungsgesetz),
- das Gesetz über die Mitbestimmung der Arbeitnehmer (Mitbestimmungsgesetz),
- das Betriebsverfassungsgesetz (BetrVG).

- **Montanmitbestimmungsgesetz von 1951**
  Es gilt für Kapitalgesellschaften in der Montanindustrie mit mehr als 1.000 Mitarbeitern. Arbeitgeber und Arbeitnehmer bilden danach je zur Hälfte den Aufsichtsrat. Durch entsprechende Gesetze wurde in der Folgezeit verhindert, dass Unternehmen infolge von Umstrukturierungen und einem sinkenden Anteil der Montantätigkeit aus der Montan-Mitbestimmung herausfallen.
- **Mitbestimmungsgesetz von 1976**
  Durch dieses Gesetz wurde die Mitbestimmung der Arbeitnehmer außerhalb der Montanindustrie erweitert. Bei sonstigen Kapitalgesellschaften mit mehr als 2.000 Mitarbeitern wird der Aufsichtsrat je zur Hälfte aus Vertretern der Anteilseigner und der Arbeitnehmer gebildet. Bei mehr als 8.000 Arbeitnehmern werden die Arbeitnehmervertreter durch Wahlmänner gewählt, sonst unmittelbar von den Arbeitnehmern.
- **Betriebsverfassungsgesetz von 2001**
  In diesem Gesetz werden die Informations-, Mitwirkungs- und Mitbestimmungsrechte der von den Arbeitnehmern gewählten Betriebsräte in sozialen, personellen und wirtschaftlichen Angelegenheiten geregelt. Unter anderem sieht es eine 1/3-Beteiligung der Arbeitnehmer durch die von ihnen gewählten Aufsichtsratsmitglieder vor. Es bedeutete gegenüber den Vorgängergesetzen eine deutliche Verbesserung der Rechte der Arbeitnehmer und der Betriebsräte. Daneben wurde der Mindestumfang beruflicher Freistellungen von Betriebsräten angehoben sowie die Betriebsratsarbeit geöffnet zur Beteiligung von Mitarbeitern, welche nicht selbst dem Betriebsrat angehören.

Die Mitbestimmungsregelungen in der Bundesrepublik stellen einen Kompromiss zwischen den Interessen der Kapitalgeber und der Arbeitnehmer dar. Die Mitbestimmung hat in der Vergangenheit dazu beigetragen, dass der „soziale Friede“ weitgehend gewahrt wurde mit positiven Folgen für die Volkswirtschaft. *(vgl. Schäfers/Zimmermann 2004, S. 134)*

Mitbestimmung kann innerbetrieblich dazu beitragen, die Motivation der Arbeitnehmer zu verbessern.

Der **Wandel gesellschaftlicher Werte** führte dazu, dass ein deutlich gestiegenes Bedürfnis nach Einflussnahme auf das betriebliche Geschehen besteht.

(1) Arbeitsgruppen mit z.T. hoher Autonomie sind in der betrieblichen Praxis bevorzugte Arbeitsformen. Auswahlmöglichkeiten hinsichtlich der Erreichung eines vereinbarten betrieblichen Zieles aber auch Entscheidungen beispielsweise in Fragen der Gestaltung der Arbeitszeit oder der Entgeltbestandteile fördern Selbstständigkeit und Selbstbewusstsein der Arbeitnehmer. Dieses drückt sich auch in **wachsenden Ansprüchen** an die Mitbestimmungsmöglichkeiten aus.

(2) Konkrete Beteiligungsmöglichkeiten sind ein Weg, die Identifikation mit dem Betrieb zu erhöhen. In der Gegenwart wird permanent die besondere Bedeutung des „Humankapitals“ hervorgehoben. Aus dem Objekt Arbeitskraft wird immer mehr das Subjekt Mitarbeiter, dem ständig größere Verantwortung für die eigenständige Erledigung seiner Aufgabenbereiche übertragen wird. Dieses erfordert eine **emotionale Integration** des Menschen in die Arbeitsorganisation, zu der Mitbestimmung einen Beitrag leisten kann.

(3) Dieses gilt in besonderem Maße in Zeiten, in denen ein Betrieb permanent auf eine immer **dynamischer werdende Umwelt** reagieren muss und daher zu einer kontinuierlichen Optimierung seiner Arbeitsorganisation gezwungen ist. Eine solche betriebliche Entwicklung ist ohne die aktive Beteiligung der Beschäftigten undurchführbar. Gesteigerte Ansprüche an die Mitarbeiter insbesondere an deren Motivation führen auf der anderen Seite aber auch zu Erwartungen, denen eine erweiterte Mitbestimmung Rechnung tragen kann.

1.3 Marktbeziehungen und Funktionen des Betriebes

Die Betriebsführung ist nicht selbst an der Realisierung der gesetzten Ziele beteiligt. Ihr Beitrag hierzu ist mittelbar. Sie schafft die Voraussetzungen und Rahmenbedingungen zur Erreichung der Ziele. Ihre primären Handlungsfelder erstrecken sich daher auf die **Organisation**, die **Personalführung** und das **Controlling**.

Verlässt man die Ebene der Betriebsführung, so sind im Betrieb eine Reihe von operativen Aufgaben bzw. Funktionen wahrzunehmen. Aus der Charakterisierung des Betriebes als produzierende Einzelwirtschaft ergibt sich die **Produktion** von Gütern oder Dienstleistungen als eine ihrer Kernaufgaben. Die Erstellung einer Leistung erfordert ihrerseits die **Beschaffung** der benötigten Produktionsfaktoren von den Beschaffungsmärkten. Und schließlich wird die Leistung für fremden Bedarf erstellt, so dass weiterhin der **Absatz** der Leistung am Absatzmarkt eine betriebliche Kernfunktion darstellt. Dieser Güter- und Leistungsstrom von dem Beschaffungsmarkt über den Betrieb zum Absatzmarkt bildet die materielle Seite des betrieblichen Prozesses.

Ihm steht ein in umgekehrter Richtung fließender Geldstrom entgegen. Die Erlöse aus dem Absatz der Leistungen fließen dem Betrieb zu und werden erneut zur Beschaffung der Produktionsfaktoren verwendet. Neben dieser **Finanzierung** durch die Leistungsabgabe bezieht der Betrieb Eigen- und Fremdkapital vom Kapitalmarkt und gibt umgekehrt Ausschüttungen, Zins- und Tilgungszahlungen dorthin ab.

Abb. 5: Das betriebliche Funktionsgefüge

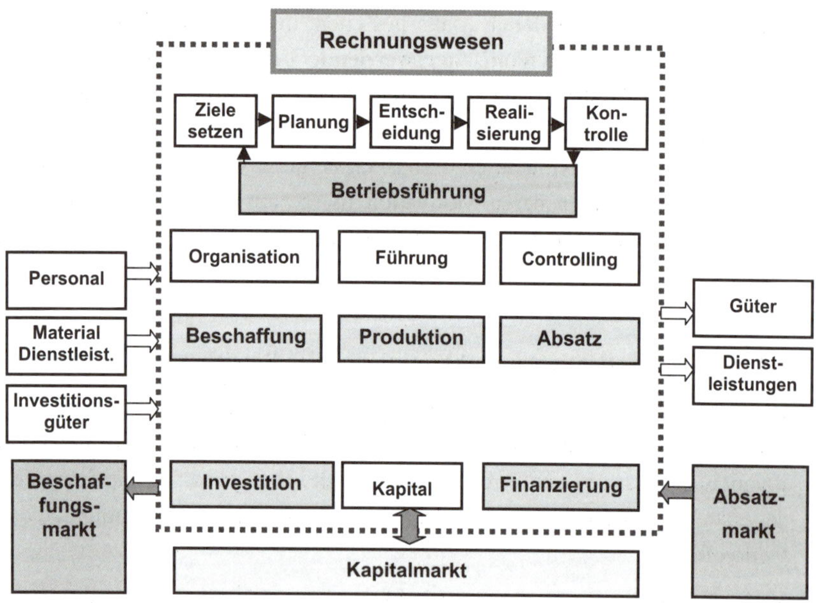

Die langfristige Sicherung der Wettbewerbsfähigkeit, der Ersatz für ausgediente Anlagen und auch die Erweiterung der Kapazitäten erfordern ständige **Investitionen** in die Betriebsmittelausstattung des Betriebes. Ziel der Investitionstätigkeit ist eine bestmögliche wirtschaftliche Nutzung des eingesetzten Kapitals.

So lässt sich in knappen Worten das Aufgabenspektrum und der funktionale Zusammenhang des Betriebes umreißen. In allen Teilbereichen des Betriebes sind ständig Entscheidungen zu treffen und zwar jeweils unter wirtschaftlichen Gesichtspunkten. Diese Entscheidungen bedürfen einer soliden Informationsgrundlage, die durch das **Rechnungswesen** bereitgestellt wird. Das betriebliche Rechnungswesen erfasst sämtliche wirtschaftlich relevanten Tatbestände und Vorgänge im Betrieb, unterzieht sie einer monetären Bewertung, verdichtet diese Daten und bereitet sie auf. *(vgl. Dincher/Ehreiser/Müller-Godeffroy 2004, S. 2-4)*

1.4 Wiederholungsfragen

		Lösungshinweise siehe Seite
1.	Was bedeutet es, wenn man ein Gut ‚knapp' nennt?	1
2.	Gibt es ‚freie' Güter?	1
3.	Erläutern Sie die beiden Ausprägungen des Wirtschaftlichkeitsprinzips.	1
4.	Nennen Sie die Kriterien eines Betriebes.	2
5.	Diskutieren Sie die Frage, ob Verwaltungen als Betriebe bezeichnet werden können.	3/4
6.	Nennen und erläutern Sie drei Klassifikationen von Betrieben.	5
7.	Welches sind die betrieblichen Elementarfaktoren?	6-8
8.	Welche Elemente umfasst der dispositive Faktor?	7/8
9.	Was versteht man unter einer ‚Manager-Unternehmung'?	8
10.	Geben Sie einen Überblick über die wichtigsten Gesetze zur Mitbestimmung der Arbeitnehmer in Deutschland.	10
11.	Nennen und erläutern Sie mögliche Vorteile der Mitbestimmung.	11
12.	Geben Sie einen Überblick über die betrieblichen Kernfunktionen.	12/13
13.	Welche Phasen umfasst die Betriebsführung/das Management bei einer prozesshaften Betrachtung?	12/13

2 Konstituierende Entscheidungen

2.1 Rechtsformen

2.1.1 Einführung und Überblick

Unter dem Begriff der Rechtsformen der Betriebe werden alle in verschiedenen Gesetzen[1] dargestellten Regelungen zusammengefasst, die einen Betrieb zu einer rechtlich fassbaren Einheit machen. Der Gesetzgeber stellt gesetzlich vorgegebene Rechtstypen auf, die in einfacher Form (z.B. KG, GmbH) oder in kombinierter Form (z.B. GmbH & Co. KG) genutzt werden können, welche sich voneinander hinsichtlich verschiedener Merkmale (z.B. Besteuerung, Haftung usw.) unterscheiden. Damit stellt sich für die Gründer bzw. Eigentümer eines Betriebes die Wahl der Rechtsform als ein grundlegendes Strukturproblem dar.

Abb. 6: Privatrechtliche Betriebe (Unternehmungen)

[1] z.B. Bürgerliches Gesetzbuch (BGB), Handelsgesetzbuch (HGB), Aktiengesetz (AktG), Genossenschaftsgesetz (GenG), GmbH-Gesetz (GmbHG)

Die wichtigsten privatrechtlichen Formen sind die Einzelunternehmung, die Personengesellschaften und die Kapitalgesellschaften. Daneben gibt es verschiedene Mischformen und als weiter Typus die Genossenschaft.

Betriebe können jedoch auch nach öffentlichem Recht geführt werden, entweder mit oder ohne eigene Rechtspersönlichkeit.

Abb. 7: Öffentlich-rechtliche Betriebe (Verwaltungen)

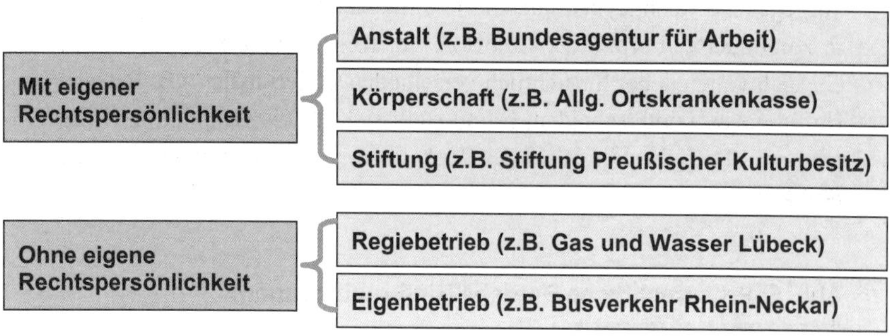

Im Focus der folgenden Ausführungen stehen zunächst marktwirtschaftliche Betriebe mit privaten Eigentümern, d.h. Unternehmungen. Die Besonderheiten ihrer Rechtsformen werden zunächst unter dem Aspekt der **Rechtsformenwahl** betrachtet. Die möglichen Rechtsformen der verschiedenen Erscheinungsformen öffentlicher Betriebe werden anschließend erörtert. Auf dieser Grundlage werden Ähnlichkeiten und Differenzen zwischen typischen Verwaltungen und privaten Betrieben (Unternehmungen) aufgezeigt[1].

[1] Vgl. als Überblick über die Rechtsformen öffentlicher Betriebe Brede 2001, S.79ff.

2.1.2 Privatrechtliche Formen

2.1.2.1 Grundformen

Die folgende Übersicht charakterisiert anhand von fünf deskriptiven Merkmalen die wichtigsten Rechtsformen privater Betriebe.

Abb. 8: Überblick über wichtige Rechtsformen

	Einzelunternehmung	**Personengesellschaft**		**Kapitalgesellschaft**	
		OHG	KG	AG	GmbH
Gesetzliche Grundlage	§§ 1–104 HGB	§§ 105–160 HGB	§§ 160–177 HGB	AktG	GmbHG
Bezeichnung der Eigentümer	Inhaber	Gesellschafter	Komplementäre, Kommanditisten	Aktionäre	Gesellschafter
Mindestanzahl bei Gründung	1 (max. !)	2	2	1	1
Mindesthaftungskapital	-	-	-	50.000 € Grundkapital	25.000 € Stammkapital[1]
Bedeutung der Rechtsform[2]	A: 70,6 % U: 12,9 %	A: 8,9 % U: 6,3 %	A: 3,5 % U: 22,5 %	A: 0,1 % U: 20,7 %	A: 15,0 % U: 32,7 %

(vgl. Schierenbeck 2000, S. 31)

Die relative Bedeutung der Betriebsarten wird deutlich: 70,6 % der Betriebe sind Einzelgesellschaften, aber die 15,1 % , die in Form einer Kapitalgesellschaft geführt werden, erzielen über 50 % des Umsatzes.

1 Davon mindestens die Hälfte eingezahlt.

2 Nach der Umsatzsteuerstatistik, A = prozentualer Anzahl der Steuerpflichtigen, U = Umsatzanteile, vgl. Wöhe, 2002, S. 268.

2.1.2.2 Determinanten der Rechtsformenwahl

Die Wahl der Rechtsform hängt nun weniger von den in der obigen Übersicht verwendeten mehr deskriptiven Kriterien ab, sondern von Einflussfaktoren, welche die künftigen Entscheidungsprozesse determinieren, bzw. die Gewinn- und Verlustbeteiligung betreffen. Die wichtigsten werden im Folgenden dargestellt.

(1) Leitungsbefugnis

Die Leitungsbefugnis umfasst zwei Bereiche: zum einen die Regelung, wer im Innenverhältnis der Gesellschaft das Recht und die Pflicht hat, die Gesellschaft zu führen (Geschäftsführungsbefugnis), und zum anderen die Frage, wer im Außenverhältnis gegenüber Dritten die Gesellschaft verbindlich vertreten darf (Vertretungsbefugnis).

Bei Personengesellschaften liegt die Leitungsbefugnis im Kern bei den Eigentümern, wobei zu beachten ist, dass bei einer KG die Komplementäre unbeschränkt haften und auch mit der Geschäftsführungsbefugnis betraut sind und nicht die Kommanditisten[1].

Bei Kapitalgesellschaften liegt die Leitungsbefugnis bei den gesetzlich dafür vorgesehenen Organen. So verfügt eine GmbH immer über Geschäftsführer und eine Gesellschafterversammlung. Letztere stellt den Jahresabschluss fest, entscheidet über die Verwendung des Gewinns und die Bestellung, Abberufung und Entlastung der Geschäftsführer. Des Weiteren überwacht sie die Tätigkeiten der Geschäftsführer, die – mit wenigen Ausnahmen – die GmbH nach innen und außen vertreten. Typischerweise herrscht bei kleineren GmbHs Personenidentität zwischen Gesellschaftern und Geschäftsführern, so dass in diesem Falle die Eigentümer auch an der Leitungsfunktion unmittelbar beteiligt sind. Ein Aufsichtsrat muss nach dem Betriebsverfassungsgesetz bei Betrieben mit mehr als 500 Arbeitnehmern gebildet werden[2].

Eine Aktiengesellschaft verfügt stets über drei Organe: Vorstand, Aufsichtsrat und Hauptversammlung. Die Führung der laufenden Geschäfte liegt ausschließlich beim Vorstand, der aus einer oder mehreren Personen bestehen kann, der/die vom Aufsichtsrat ernannt wird/werden. Besteht der Vorstand aus einer Personenmehrheit wird i.d.R. ein Vorstandsvorsitzender bestellt.

---

[1] Der Gesellschaftsvertrag kann anderes vorsehen.

[2] In der Montanindustrie gilt dies erst ab 1000 Arbeitnehmern.

Eine Besonderheit gilt bei Betrieben der Montanindustrie. Nach dem Mitbestimmungsgesetz muss zum Vorstand ein Arbeitnehmervertreter gehören, der nicht gegen die Stimmen der Arbeitnehmervertreter im Aufsichtsrat ernannt oder entlassen werden kann (Arbeitsdirektor). Er regelt im Vorstand alle Fragen, die im unmittelbaren Zusammenhang mit den Arbeitnehmern stehen.

Der Aufsichtsrat einer AG (mindestens 3, höchstens 21 Mitglieder) überwacht die Geschäftsführung des Vorstandes, der ihn mindestens alle 3 Monate über die Entwicklung der Gesellschaft informieren muss. Der Aufsichtsrat wird von der Hauptversammlung für höchstens 4 Jahre bestellt und besteht zu einem Drittel aus Vertretern der Arbeitnehmer.

Wieder findet sich für Betriebe der Montanindustrie eine Besonderheit. Hier besteht der Aufsichtsrat aus 11 Mitgliedern, von denen 5 Vertreter der Arbeitnehmer sein müssen. Des Weiteren gilt, dass generell bei Betrieben mit mehr als 2000 Mitarbeitern der Aufsichtsrat aus 12 bis 20 Mitgliedern besteht, die zur Hälfte aus Arbeitnehmervertretern bestehen müssen.

Die Hauptversammlung als Organ, das die Aktionärsinteressen vertritt, beschließt in den im Gesetz oder in der Satzung ausdrücklich genannten Fällen insbesondere über

- die Bestellung des Aufsichtsrates
- die Verwendung des Bilanzgewinns
- die Entlastung der Mitglieder des Vorstandes und des Aufsichtsrates
- die Bestellung der Abschlussprüfer
- Satzungsänderungen
- Maßnahmen der Eigenkapitalbeschaffung bzw. –herabsetzung.

In Bezug auf die Wahl der Rechtsform wurde lange Zeit die durch die Mitbestimmungsgesetze bedingte relativ starke Beteiligung der Arbeitnehmer kontrovers diskutiert. Man befürchtete, dass Kapitalgesellschaften (insbesondere AGs) in zu geringem Maße gewählt würden, um die Mitwirkung der Arbeitnehmervertreter (und damit der Gewerkschaften) an der Betriebsführung zu verhindern. Die Entwicklung hat aber gezeigt, dass diese Formen der Mitbestimmung sich nicht als dysfunktional erwiesen, so dass diese Diskussion praktisch verstummt ist. *(vgl. auch Kap. 1.2.3)*

(2) Haftung

Bei der Einzelunternehmung und der OHG haftet/n der/die Eigentümer unbeschränkt mit dem gesamten Vermögen. Bei der Kommanditgesellschaft wird unterschieden zwischen unbeschränkt haftenden Gesellschaftern (Komplementären) und solchen, deren Haftung nur auf die (im Handelsregister eingetragene) Kapitaleinlage beschränkt ist (Kommanditisten).

Bei den Kapitalgesellschaften haften unbeschränkt keine natürlichen Personen sondern speziell geschaffene Gebilde mit eigener Rechtspersönlichkeit (juristische Personen), deren Handlungsfähigkeit durch natürliche Personen als Mitglieder der Organe der Kapitalgesellschaften sichergestellt wird. Es erfolgt also – anders als bei der Personengesellschaft – eine Trennung zwischen Kapitalgesellschaft und deren Gesellschafter: In Bezug auf die Haftung bedeutet dies, dass die Gesellschaft selber unbeschränkt haftet, während die Gesellschafter nur über das eingesetzte Kapital ein Risiko eingehen.

Dieser Ausschluss der unbeschränkten Haftung der Gesellschafter macht Kapitalgesellschaften als Rechtsform attraktiv. Bei der Rechtsformenwahl muss aber beachtet werden, dass diese Haftungsbeschränkung mit u.a. steuerlichen Belastungen und Einschränkungen der Finanzierungsmöglichkeiten ‚bezahlt' werden muss.

(3) Steuerliche Belastungen

Betriebe werden aufgrund verschiedener Tatbestände durch Steuern belastet.

Im einzelnen sind

- die Umsätze Ansatzpunkt für die Umsatzsteuer,
- Grund- und Bodenbesitz die Bemessungsgrundlage für die Grundsteuer und
- die Erträge das Kriterium für die Ertragsteuern.

Die Ertragsteuern werden als Einkommensteuer (ESt), Körperschaftssteuer (KSt) oder als Gewerbeertragsteuer erhoben. Da Umsatzsteuer, Grundsteuer und Gewerbeertragsteuer keine wesentlichen Unterschiede zwischen den Rechtsformen vornehmen, wohl aber Einkommen- und Körperschaftsteuer, sind vor allem letztere bei der Wahl einer Rechtsform zu beachten.

Die Einkommensteuer unterwirft das Einkommen natürlicher Personen der Besteuerung. Das Einkommen selber ergibt sich aus der Addition von sieben Einkunftsarten, zu denen sowohl die Einkünfte aus Gewerbebetrieb gehören, die u.a. Gewinne aus Einzelunternehmen und Erfolgsanteile aus Personengesellschaften umfassen, als auch die Einkünfte aus Kapitalvermögen, die wiederum die Dividenden aus Aktienbesitz und die Ertragsanteile von Gesellschaftern einer GmbH umfassen. Die zu zahlende Einkommensteuer errechnet sich durch Anwendung eines progressiv gestalteten Tarifs (Steuersatzes)[1] auf die Bemessungsgrundlage (‚Zu versteuernder Einkommensbetrag'). Je höher danach das Einkommen einer natürlichen Person ist, desto höher – absolut und relativ – fällt die Besteuerung aus.

Die Körperschaftsteuer unterwirft das Einkommen von juristischen Personen einer Besteuerung. Der körperschaftssteuerliche Gewinn wird dabei – egal ob er im Unternehmen verbleibt (d.h. ‚einbehalten' wird) oder an die Anteilseigner ausgezahlt (d.h. ‚ausgeschüttet') wird – mit einem Steuersatz von 25 % belastet. Damit ergibt sich aber das Problem der Doppelbesteuerung von Gewinnen bei Kapitalgesellschaften: Nachdem der Gewinn einmal bei der Kapitalgesellschaft mit 25 % besteuert wurde, fließt er einer natürlichen Person zu, die dieses Einkommen im Rahmen ihrer Einkommensteuer wieder – je nach Einkommensteuersatz unterschiedlich – versteuern muss. In wirtschaftlicher Betrachtungsweise wird ein und derselbe Sachverhalt zweimal der Besteuerung unterworfen. Kapitalgesellschaften galten daher unter früheren Steuertarifen als benachteiligt. Zur Minderung der Doppelbesteuerung und damit der besonderen Belastung von Einkünften aus Kapitalgesellschaften wurde das **Halbeinkünfteverfahren** eingeführt: Nicht die volle sondern nur die Hälfte der Gewinnausschüttung unterliegt beim Empfänger der Einkommensteuer. Damit wird aber die Gesamtbelastung aus Körperschaft- und Einkommensteuer und damit auch der Anreiz, aus Steuerbelastungsgründen bestimmte Rechtsformen zu wählen, abhängig vom individuellen Steuersatz des Anteilseigners.

Bei einem Steuersatz von mehr als 40 % ist das Nettoeinkommen eines Eigenkapitalgebers ohne Doppelbesteuerung niedriger als im Falle der Belastung mit KSt und ESt, d.h. als im Falle der Einschaltung einer Kapitalgesellschaft. Da bei einem solchen Rechenbeispiel Einzelheiten und Details vernachlässigt werden, kann nur als Tendenzaussage abgeleitet werden, dass mit steigendem Einkommensteuersatz der Eigenkapitalgeber der Anreiz zur Bil-

[1] Stand 2004: Nach einem Grundfreibetrag beginnt die Besteuerung mit einem Tarif von 19,9 % und steigert sich dann mit zunehmendem Einkommen bis auf 48,5 % (Grenzsteuersatz).

dung von Kapitalgesellschaften besteht. Das Halbeinkünfteverfahren hat somit die früheren Probleme der steuerlichen Benachteiligung von Kapitalgesellschaften beseitigt.

Abb. 9: Steuerliche Belastungswirkungen des Halbeinkünfteverfahrens

Individueller Einkommensteuersatz	0 %	20 %	40 %	48,5%
(1) Mit Einschaltung einer Kapitalgesellschaft.				
Gesellschaftsebene				
Gewinn vor KSt	100	100	100	100
- KSt	- 25	- 25	- 25	- 25
= Ausschüttung	75	75	75	75
Anteilseignerebene				
Ausschüttung	75	75	75	75
(davon ESt-pflichtig zur Hälfte)	(37,50)	(37,50)	(37,50)	(37,50)
- ESt	- 0,0	- 7,5	- 15	- 18,19
= Nettoeinkommen	**75**	**67,5**	**60**	**56,81**
(2) Ohne Einschaltung einer Kapitalgesellschaft, d.h. Besteuerung von Gewinnen aus einer Personengesellschaft (nur ESt)				
Nettoeinkommen bei 100 vollbesteuerten Einkünften (Gewinn)	**100**	**80**	**60**	**51,5**

(nach Wöhe 2002, S. 293)

(4) Finanzierungsmöglichkeiten

Bei den Finanzierungsmöglichkeiten der Betriebe unterscheidet man die Eigen- und die Fremdkapitalfinanzierung[1]. Gehört das Eigen- oder Beteiligungskapital den Eigentümern des Betriebes, so verfügen Gläubiger über das Fremdkapital. Die Möglichkeiten der Finanzierung stellen sich für die verschiedenen Rechtsformen höchst unterschiedlich dar.

[1] Vgl. unten Kap. 6

Personengesellschaften zeichnen sich fast immer durch Probleme bei der Eigenkapitalfinanzierung aus. Das Privatvermögen der Gesellschafter ist begrenzt und wird nur ungern in hohem Maße in einem Betrieb gebunden. Die Aufnahme neuer (auch stiller[1]) Gesellschafter ist schwierig und verändert z.T. die Leitungsstruktur des Betriebes (Mitwirkungsrechte der unbegrenzt haftenden Gesellschafter). Bei den haftungsbeschränkten Kommanditeinlagen ergeben sich andere Komplikationen; hier wirkt die geringe Fungibilität (Übertragbarkeit) der Anteile hemmend auf die Möglichkeiten der Eigenkapitalfinanzierung.

Die Möglichkeiten der Kreditfinanzierung bei Personengesellschaften hängen neben der wirtschaftlichen Entwicklung und dem Vermögen der Gesellschaft insbesondere vom Privatvermögen der unbeschränkt haftenden Gesellschafter ab. Tendenziell eröffnet die unbeschränkte Haftung ein größeres Fremdfinanzierungspotenzial, als es bei vergleichbaren Kapitalgesellschaften zu finden ist.

Die Aktiengesellschaft und die Gesellschaft mit beschränkter Haftung unterscheiden sich in Bezug auf die Finanzierungsmöglichkeiten. Aktien sind leicht übertragbar und weisen ihrem Eigner einen nicht unerheblichen Aktionärsschutz zu. Bei günstiger wirtschaftlicher Entwicklung kann vergleichsweise leicht Eigenkapital gewonnen werden. Die Fremdkapitalfinanzierung hängt bei den Kapitalgesellschaften von der wirtschaftlichen Situation und dem vorhandenen Betriebsvermögen ab. Die Haftungsbeschränkung wirkt sich dabei gerade bei GmbHs als Hinderung der notwenigen Kapitalgewinnung aus, wobei neben der Fremdfinanzierung auch die Aufnahme neuer Gesellschafter und damit die Eigenfinanzierung Probleme aufweist.

(5) Weitere Rechtswahldeterminanten

Neben den kurz behandelten vier wichtigsten Einflussgrößen der Rechtsformenwahl müssen für konkrete Erwägungen weitere Aspekte, wie die unterschiedlichen Publizitätspflichten, Kosten der Gründung (bzw. Umwandlung), betrachtet werden. In der Praxis stellen sich umfangreichere Konstellationen, als eine vorliegende Übersicht zu zeigen vermag. Dennoch sollte deutlich ge-

[1] Stille Gesellschaft: Beteiligung an einem Unternehmen durch Vermögenseinlage, ohne dass der stille Gesellschafter nach außen kenntlich in Erscheinung tritt. Seine Haftung ist auf die Einlage beschränkt. (HGB §§ 230 – 236)

worden sein, dass die früher so dominante Frage der Doppelbesteuerung und damit der Doppelbelastung von Erträgen aus Beteiligungen an Kapitalgesellschaften mit dem Halbeinkünfteverfahren an Einfluss verloren hat. Es gibt zwar immer noch eine zusätzliche Besteuerung der Erträge durch die Gewerbeertragsteuer, die wiederum beim Steuersatz zwischen kleinen Personengesellschaften und Kapitalgesellschaften unterscheidet. Aber auch hier ist die Belastung durch ein spezifisches Anrechungsverfahren gemildert worden.

Gesteigerte Bedeutung bei der Rechtsformenwahl dürften daher die Haftungs- und Finanzierungsfragen haben. Wer z.B. den ersten Schritt in die Selbständigkeit wagt, wählt zunächst vielleicht eine Personengesellschaft. Steigt der Geschäftsumfang dann an, so wird vielleicht auch Privatvermögen gebildet, das aber stets dem Risiko der unbeschränkten Haftung unterliegt. Will der Unternehmer die Haftung beschränkten, muss er die Rechtsform ändern. Er gründet vielleicht eine GmbH. Ein solcher Schritt hat aber zur Folge, dass sich die Finanzierungspotenziale verschlechtern. Kreditinstitute versuchen in vielen Fällen, die notwendigen Geschäftskredite durch Privatvermögen absichern zu lassen, so dass zwar die Haftung über die Gesellschaftseinlage begrenzt ist, dennoch das Privatvermögen gefährdet erscheint. Das Spannungsverhältnis zwischen Haftung und Finanzierung beherrscht so in weiten Teilen die Wahl der geeigneten Rechtsform.

2.1.2.3 Privatrechtliche Misch- und Sonderformen

In der Praxis haben sich verschiedene Mischformen von Personen- und Kapitalgesellschaften gebildet, die versuchen, die Vorteile der jeweiligen Rechtsform in einem Unternehmensgebilde zu vereinen. Die bekanntesten sind die GmbH & Co. KG und die Doppelgesellschaft. Eine privatrechtliche Sonderform stellt die Genossenschaft dar.

(1) GmbH & Co. KG

Bei der GmbH & Co. KG hat eine juristische Person, die GmbH, die Rolle des eigentlich unbeschränkt haftenden Komplementärs übernommen. Damit wird aber erreicht, dass keine natürliche Person mehr unbeschränkt mit dem Privatvermögen haftet und die oben beschriebenen Probleme der ‚Doppelbesteuerung' nur für die Gewinnanteile der GmbH relevant werden. Besteht auch noch Identität zwischen den Kommanditisten und den Gesellschaftern (und ggf. den Geschäftsführern) der GmbH, ergibt sich die für viele Personengesellschaftern typische Einheit von Geschäftsführung und Eigentum, ohne dass eine unbeschränkte Haftung der Eigentümer gegeben ist.

(2) Doppelgesellschaft
Bei einer Doppelgesellschaft wird eine Teilung der wirtschaftlichen Einheit eines Betriebes in zwei rechtlich selbständige Gesellschaften vorgenommen (Betriebsaufspaltung). Typisch sind z.B. die Trennung in eine Besitzpersonengesellschaft und Betriebskapitalgesellschaft oder eine Trennung in Produktionspersonengesellschaft und Vertriebskapitalgesellschaft. In der Regel herrscht dabei Identität der Gesellschafter beider Gesellschaften. Gemeinsam ist solchen Vorgehensweisen, dass der risikoreichere Teil der Wirtschaftstätigkeit über eine Kapitalgesellschaft in Bezug auf die Haftung beschränkt wird, während risikolosere Teile die (z.B. früher: steuerlichen) Vorteile einer Personengesellschaft nutzen können.

(3) Genossenschaft
Genossenschaften sind Gesellschaften mit unbegrenzter Mitgliederzahl, welche die wirtschaftliche Förderung ihrer Mitglieder (Genossen) mittels gemeinschaftlichen Geschäftsbetriebs bezwecken. Die Genossenschaft ist eine juristische Person und Kaufmann im Sinne des Handelsrechts. Die Rechtsform der Genossenschaft ist die eingetragene Genossenschaft (eG oder e.G.). Die Eintragung erfolgt ins Genossenschaftsregister, das beim Amtsgericht geführt wird. Die Organe der eingetragenen Genossenschaft sind die Generalversammlung (bei Genossenschaften mit mehr als 3000 Mitgliedern die Vertreterversammlung) und der von dieser gewählte Aufsichtsrat und Vorstand. Der Vorstand, der aus mindestens zwei Genossen besteht, führt die Geschäfte der Genossenschaft; der Aufsichtsrat, mindestens drei Genossen, überwacht den Vorstand.

Genossenschaften finden sich in Deutschland insbesondere im Kreditwesen (Volks- und Raiffeisenbanken), der Landwirtschaft, im Baubereich und als Verkehrs- und Konsumgenossenschaften.

2.1.3 Öffentlich-rechtliche Formen

Zunächst bezeichnet man als öffentliche Verwaltung die Tätigkeit des Staates oder eines sonstigen Trägers öffentlicher Gewalt außerhalb von Rechtsetzung und Rechtsprechung. *(vgl. Avenarius 1993, S. 569)* Das Aufgabenspektrum der öffentlichen Betriebe ist weit gefächert. Sie werden teils öffentlich-rechtlich, teils privatrechtlich tätig ist. Im ersten Falle spricht man von hoheitlicher, im zweiten Falle von fiskalischer bzw. privatrechtlicher Verwaltung. Zur hoheitlichen Verwaltung zählt insbesondere die Eingriffs- oder Ordnungsverwaltung, bei der eine Behörde in Freiheit und Eigentum eines Bürgers eingreift (z.B. Polizei oder Ordnungsämter). Daneben gibt es die der Daseinsvorsorge dienende Leistungsverwaltung, die sowohl hoheitlich (z.B. durch Zahlung von Arbeitslosengeld) oder auch fiskalisch (z.B. Gewährung eines zinsgünstigen Darlehens durch die Deutsche Ausgleichsbank AG) agiert. Auf kommunaler Ebene wird die Variationsbreite öffentlicher Betriebe dadurch deutlich, dass zu ihnen z.B. sowohl Einwohnermeldeämter als auch Stadtwerke gehören. Während erstere nicht annähernd kostendeckende Gebühren für ihre Leistungen erheben, versuchen letztere i.d.R. einen möglichst hohen Kostendeckungsgrad zu erreichen. Alleine diese unterschiedlichen Finanzierungsziele erklären, dass solche öffentlichen Betriebe verschiedene Rechtsformen benötigen, um in jeweils angemessener Abhängigkeit von den Regierungen der Gebietskörperschaften handeln zu können.

Dabei können Öffentliche Betriebe auch in privatrechtlichen Formen geführt werden, wobei i.d.R. Kapitalgesellschaften (insbesondere GmbHs und AGs) gewählt werden. Je nachdem, ob die Trägerschaft allein von der öffentlichen Hand oder zusammen mit privaten Trägern wahrgenommen wird, spricht man von rein öffentlichen oder von gemischtwirtschaftlichen Betrieben. Wird dabei ein öffentlicher Betrieb mit öffentlich-rechtlicher Form in einen Betrieb mit privatrechtlicher Form überführt (sog. Umwandlung), spricht man von (formeller[1]) Privatisierung. Öffentliche Träger versprechen sich von solchen Entscheidungen Gewinne an betriebspolitischer Elastizität - die sich u.a. darin ausdrückt, dass unter dem Mantel der privaten Rechtsform die öffentlich-rechtlichen Arbeitsverhältnisse an Bedeutung verlieren.

Im folgenden wird ein Blick auf die gebräuchlichen Rechtsformen öffentlicher Betriebe geworfen. Dabei ist zwischen den Verwaltungsbetrieben mit und ohne eigene Rechtspersönlichkeit zu unterscheiden.

---

1 Sofern die öffentliche Hand alleiniger Eigentümer bleibt.

2.1.3.1 Verwaltungsbetriebe mit eigener Rechtspersönlichkeit

(1) Anstalt

Eine Anstalt öffentlichen Rechts ist eine zur Durchführung öffentlicher Aufgaben gebildete Organisation, bei der die öffentliche Hand dauernd einen maßgeblichen Einfluss behält. Die selbständige, rechtsfähige Anstalt öffentlichen Rechts ist daher eine Zusammenfassung personeller und sachlicher Mittel zur dauerhaften Verfolgung konkreter öffentlicher Zwecke. *(vgl. Schmidt 1998, S.118)* Sie hat keine Mitglieder, sondern Benutzer und wird durch Gesetz ins Leben gerufen, neu gestaltet oder aufgelöst. Die letztendliche Willensbildung erfolgt über den Anstaltsträger oder von ihm benannte Organe. Ein Beispiel auf Bundesebene ist die Bundesagentur für Arbeit, auf kommunaler Ebene sind es beispielsweise die Sparkassen.

Neben den rechtsfähigen Anstalten findet man unselbständige, die nachgeordnete, lediglich organisatorisch ausgegliederte Leistungseinheiten darstellen; Anstaltsträger sind die vorgeordneten Verwaltungsorganisationen, die eine relativ straffe Führung übernehmen. Beispiele finden sich in Straf- und Badeanstalten, Schulen, Museen, Feuerwehren.

(2) Körperschaft

Eine Körperschaft ist eine mitgliedschaftlich verfasste und unabhängig vom Wechsel ihrer Mitglieder bestehende Organisation. Es gibt Körperschaften des Privatrechts (z.B. Vereine, Aktiengesellschaften) und solche des öffentlichen Rechts. Dabei entstehen Körperschaften im Privatrecht durch Rechtsgeschäft (Verabschiedung einer Satzung) und Eintragung in ein gerichtliches Register (z.B. Vereinsregister). Körperschaften des öffentlichen Rechtes entstehen durch Gesetz oder auf Grund eines Gesetzes. Solche Körperschaften dienen öffentlichen Zwecken. Es stehen ihnen im Allgemeinen hoheitliche Befugnisse zu; darüber hinaus können sie privatrechtliche Geschäfte aller Art durchführen. Je nach Mitgliedschaftsorganisation unterscheidet man die Gebietskörperschaften (z.B. Gemeinden, Gemeindeverbände), Personalkörperschaften (z.B. Rechtsanwalts- oder Ärztekammern, Hochschulen), Realkörperschaften (z.B. Industrie- und Handelskammern) und Verbandskörperschaften (z.B. Deutscher Städtetag).

Körperschaften sind i.d.R. rechtsfähig und damit juristische Personen. Es gibt aber auch mitgliedschaftlich strukturierte Organisationen, die in der Wahrnehmung öffentlicher Zwecksetzungen über keine eigene Rechtspersönlichkeit verfügen. Beispiele sind Gesetzgebungskörperschaften (Parlamente) oder die Fachhochschule für öffentliche Verwaltung des Bundes (FH Bund).

(3) Stiftung

Stiftung bedeutet zunächst die Widmung von Vermögen zu einem bestimmten Zweck. Es gibt rechtsfähige Stiftungen des Privatrechts und des öffentlichen Rechts. Letztere sind mit eigener Rechtspersönlichkeit ausgestattete Vermögensmassen, die sich ausschließlich der Verfolgung bestimmter Zwecke widmen. Stiftungen kennen keine Mitglieder oder Benutzer, sondern allenfalls Nutznießer. Alle Verfügungen über das Stiftungsvermögen sind stets in vollem Umfang an den Stiftungszweck gebunden. Öffentlich-rechtlich Stiftungen entstehen durch Gesetz bzw. auf Grund eines Gesetzes.

2.1.3.2 Verwaltungsbetriebe ohne eigene Rechtspersönlichkeit

(1) Regiebetrieb

Regiebetriebe sind rechtlich und wirtschaftlich unselbständige Einrichtungen. Sie sind organisatorisch nicht vom Verwaltungsapparat ihres Trägers getrennt. Rechtsbeziehungen kommen ausschließlich zwischen Dritten und der Trägerverwaltung zustande. Die kameralistische Einnahme-Ausgabenrechnung ist voll integriert in die Finanzwirtschaft des Trägers (Bruttoprinzip, daher auch die Bezeichnung Bruttobetriebe). Typischerweise finden sich diese Betriebe bei städtischen Bibliotheken, Staatsforsten, zoologischen Gärten etc.

(2) Eigenbetrieb

Das Vermögen von Eigenbetrieben ist losgelöst von dem der Trägerkörperschaft. Es handelt sich um Sondervermögen öffentlicher Trägerkörperschaften. Die Einnahmen und Ausgaben werden in einem eigenen Rechenwerk verarbeitet und gehen nur mit einem Saldo (Nettoprinzip, daher auch Nettobetriebe) in die Finanzrechnung des Trägers ein. Die Vertretung erfolgt über Werksleitungen, die aber - wegen der fehlenden Rechtspersönlichkeit - Rechtsgeschäfte für die Trägerkörperschaften abschließen. Typische Beispiele finden sich in kommunalen Energieversorgungs- und Nahverkehrsbetrieben.

2.1.4 Privatisierung

Unter Privatisierung kann man zunächst verstehen, dass öffentliche Aufgaben durch private Träger durchgeführt werden. Die Formen sind vielfältig. *(vgl. Seewald 2003, S. 132ff)* Von **formeller Privatisierung** spricht man, wenn eine staatliche Aufgabe durch privatrechtliche Organisationen durchgeführt wird, deren Träger aber z.B. eine Gemeinde ist. Des weiteren spricht man von Teilprivatisierung, wenn einzelne Aufgaben bzw. Funktionen (beispielsweise Finanzierungen) von Privaten übernommen werden oder auch bei der Einbeziehung Privater als Erfüllungsgehilfen der Verwaltung. Im einfachsten Fall wird z.B. die Reinigung der Gebäude nicht mehr von verwaltungseigenem Personal sondern von einer privaten Reinigungsfirma übernommen.

Bei einer **materiellen Privatisierung** (Aufgabenprivatisierung) trennt sich die staatliche Institution völlig von der Durchführung einer Aufgabe und lässt sie zur Gänze durch Private durchführen. Sie ist nicht bei allen Aufgaben zulässig und erfordert häufig überwachende Pflichten.

Durch die scheinbar deutlich höhere Effizienz privatrechtlicher Organisationen und durch die Leere der öffentlichen Kassen ist Privatisierung nahezu ein Mode- und Zauberbegriff geworden. Im Zuge konkreter Entstaatlichungen kommt es häufig zum Rechtsformenwechsel öffentlicher Betriebe. Die Entscheidungskriterien der Rechtsformenwahl sind hier andere als im rein privaten Bereich. Vielfach spielen hier gerade Finanzierungsfragen eine Rolle. *(vgl. Kirchhoff/Müller-Godeffroy 1996)*

2.1.5 Abgrenzung Unternehmung – Verwaltung

Verwaltungen können als Betriebe bezeichnet werden, da sie alle erforderlichen Kriterien eines Betriebes erfüllen *(vgl. Kap.1.1.2)*. Die Ausführungen zu den Rechtsformen haben jedoch gezeigt, dass die öffentlichen Betriebe unter rechtlichen, darüber hinaus aber auch unter weiteren Aspekten Besonderheiten aufweisen. Es ist schon auf den ersten Blick ersichtlich, dass sich öffentliche Verwaltungen in vielerlei Hinsicht von privaten Unternehmungen unterscheiden, auch wenn sie beide Betriebe darstellen.

In der Betriebswirtschaftslehre herrscht dabei heute die Meinung vor *(vgl. z.B. Wöhe 2002, S. 6),* dass ‚Betrieb' der Oberbegriff darstellt und ‚Unternehmung' und ,Verwaltung' dem Betriebsbegriff unterzuordnen seien, also besondere Erscheinungsformen des Betriebes darstellen

Diese begriffliche Differenzierung erlaubt es, die öffentlichen Verwaltungen den Erkenntnissen der Betriebswirtschaftslehre zu öffnen, ohne in einer unsachgemäßen Weise die Unterschiede zu privatwirtschaftlichen Unternehmungen zu leugnen. Verwaltungen sind zwar Betriebe, sie können aber nicht als Unternehmungen bezeichnet werden.

Die begriffliche Unterscheidung und Abgrenzung zwischen Unternehmung und Verwaltung ist daher gerade für das Verständnis der Verwaltungsbetriebe von grundlegender Bedeutung, denn nicht selten scheitern betriebswirtschaftliche Konzepte in der Verwaltungspraxis, weil sie nicht an die spezifischen Bedingungen der Verwaltung angepasst sind.

Zu beachten ist, dass in den folgenden Gegenüberstellungen die charakteristischen Merkmale und Eigenheiten der Unternehmungen und der Verwaltungen idealtypisch herausgearbeitet werden. Es handelt sich um eine bewusst pointierte Darstellung im Interesse einer deutlichen Herausarbeitung des jeweils Typischen.

In der Praxis wird man diese idealtypische Trennung allerdings nicht immer antreffen. So haben beispielsweise die Ausführungen zu den Rechtsformen gezeigt, dass staatliche Aufgaben teilweise auch in Regiebetrieben oder Eigenbetrieben oder auch in privatwirtschaftlichen Rechtsformen wahrgenommen werden. Eine eindeutige Zuordnung dieser Betriebe in ein bipolares Schema Unternehmung-Verwaltung ist dann nicht möglich. Es gibt also durchaus Misch- und Zwischenformen.

Abb. 10: Betrieb - Unternehmung - Verwaltung

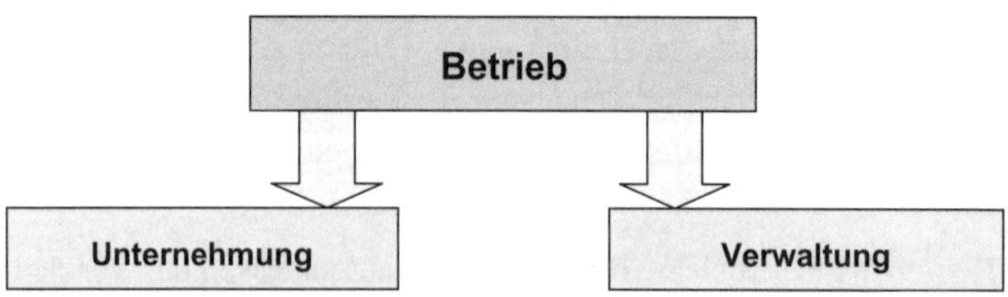

In der **Verwaltungsbetriebslehre**, die sich um den Transfer und die Adaption betriebswirtschaftlicher Ansätze auf die Verwaltung bemüht, steht die Herausarbeitung der besonderen Rahmenbedingungen und Eigenheiten der Verwaltung im Vordergrund. Die Abgrenzung zwischen der Verwaltung und der Unternehmung ist vor allem deshalb von grundlegender Bedeutung, da sie auf jeweils grundverschiedene wirtschaftliche Systeme verweist.

Nach Gutenberg *(Gutenberg 1984, S. 457ff)* ist die Unternehmung die historische Erscheinungsform des Betriebes unter den Bedingungen einer (idealtypisch gedachten) Marktwirtschaft. Gutenberg nennt drei Kriterien der Marktwirtschaft und stellt ihnen ebenfalls drei Kriterien einer Planwirtschaft (Zentralverwaltungswirtschaft) gegenüber[1].

(1) Autonomieprinzip versus Organprinzip
In einer Marktwirtschaft entscheidet der Unternehmer autonom darüber, was er produzieren will, in welcher Menge, Qualität usw. (Autonomieprinzip).
In der Zentralverwaltungswirtschaft wird ein zentraler Wirtschaftsplan erstellt, der Art, Menge, Beschaffenheit etc. der zu produzierenden Güter und Dienstleistungen vorschreibt. Der Betrieb ist hier ein unselbständiger Teil des volkswirtschaftlichen Ganzen (Organprinzip).

(2) Erwerbsprinzip versus Planerfüllungsprinzip
Das Streben des Unternehmers in einer Marktwirtschaft richtet sich auf die Erwirtschaftung eines Gewinnes (erwerbswirtschaftliches Prinzip).
Das Ziel planwirtschaftlich gelenkter Betriebe ist die Erfüllung des vorgegebenen Plansolls (Prinzip der plandeterminierten Leistungserstellung).

(3) Privateigentum versus Gemeineigentum
Kennzeichnendes Merkmal einer Marktwirtschaft ist das private Eigentum an den Produktionsmitteln (Grund und Boden, Gebäude, Maschinen ...). Der Eigentümer hat im Rahmen der Gesetze die Verfügungsgewalt über die Produktionsmittel. Er nutzt sie auf eigene Rechnung und eigenes Risiko.

Die zentralistische Planwirtschaft setzt dagegen das Gemeineigentum. Die Betriebe wirtschaften zum Wohle aber auch auf Rechnung und Risiko des Staates bzw. der Gemeinschaft.

---

[1] Neben diesen drei von einem Wirtschaftssystem abhängigen Faktoren nennt Gutenberg auch noch drei von den Wirtschaftssystemen unabhängige Faktoren: das Prinzip der Wirtschaftlichkeit, das Prinzip des finanziellen Gleichgewichts und die Kombination von Produktionsfaktoren.

Abb. 11: Kriterien der Wirtschaftssysteme

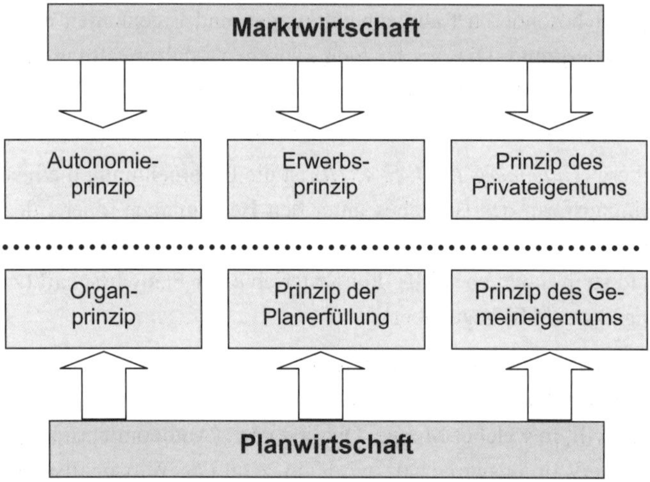

Auch wenn die Gegenüberstellung von markt- und planwirtschaftlichen Systemen heute als historisch überholt gelten kann, so ist doch gerade dieser Vergleich für die Abgrenzung von Unternehmung und Verwaltung interessant, denn sie zeigt, dass für das Handeln der Unternehmung die Prinzipien einer Marktwirtschaft gelten, während umgekehrt auf die Verwaltung eher die Regeln eines planwirtschaftlichen Systems anwendbar sind.

Unternehmen sind demnach diejenigen Betriebe, für welche die Prinzipien des Privateigentums, des Erwerbes und der Autonomie gelten. Das sind im wesentlichen alle privaten (besser: privatrechtlich geführten) Betriebe in marktwirtschaftlichen Systemen.

Öffentliche Verwaltungen jedoch sind keine Unternehmungen, weil ihnen deren wesentliche Merkmale (Privateigentum, Erwerbsprinzip, Autonomieprinzip) fehlen.

"Verwaltungsbetriebe können ... als eine Art planwirtschaftlichen Betriebstyps bezeichnet werden ..." *(Steinebach 1998, S. 60)*.
Die Verwaltung ist "... eine Variante des zentralverwaltungswirtschaftlichen Betriebstyps." *(Schmidt 1998, S. 22)*

2.1.6 Besonderheiten des Verwaltungsbetriebes

Einzelne Betriebe und Betriebstypen unterscheiden sich in vielfältiger Weise voneinander. Ein Handelsbetrieb hat andere Probleme, Ziele, Leistungen etc. als etwa ein Industriebetrieb. Ebenso hat ein **Verwaltungsbetrieb** typische Besonderheiten, die ihn von allen anderen Betrieben unterscheiden.

Zu den Eigenarten öffentlicher Verwaltungen im engeren (idealtypischen) Sinne[1] gehören verschiedene Merkmale:

Abb. 12: Besondere Merkmale von Verwaltungsbetrieben

- ⇨ meist keine Einzelabgeltung der Leistungen
- ⇨ kein Preiswettbewerb
- ⇨ Finanzierung überwiegend durch Steuern/Abgaben
- ⇨ meist Angebotsmonopol
- ⇨ z.T. zwangsweiser Konsum/Abnahmepflicht
- ⇨ z.T. kollektive Fremdbedarfsdeckung
- ⇨ z.T. nicht marktfähige Güter
- ⇨ Leistungsverpflichtung der Verwaltung
- ⇨ z.T. Abnahmepflicht für Verwaltungsleistungen
- ⇨ geringes Bestandsrisiko für Verwaltungen

(Vgl. auch Schmidt 1998, S. 16 – 22; Steinebach 1998, S. 66)

Betrachtet man systematisch die einzelnen Kernfunktionen *(vgl. Abb. 5)* des Betriebes, dann wird deutlich, dass sich Verwaltung und Unternehmung in einigen Aspekten grundlegend unterscheiden, während sie in anderen Teilbereichen weitgehend übereinstimmen.

[1] Reine Verwaltungen ohne Regie- und Eigenbetreibe und andere Misch- oder Sonderformen.

(1) Verwaltungsführung

Die Verwaltungsführung ist nicht völlig gleichzusetzen mit dem Management einer Unternehmung. Die Entscheidungsspielräume der Verwaltungsführung sind gegenüber dem Management einer Unternehmung wesentlich eingeengt. Weder kann die Verwaltungsführung grundlegende konstituierende Entscheidungen eigenständig treffen, noch über ihre Ziele und Aufgaben selbst befinden. Der Verwaltungsführung fallen demzufolge eher funktionale Aufgaben zu, also: Personalführung, Beschaffung, Organisation etc. Das Managementsystem selbst ist zumindest in Teilen extern angesiedelt: Wesentliche Managementfunktionen werden von den Parlamenten, Regierungen, Selbstverwaltungen etc. wahrgenommen. Die Verwaltungsführung füllt häufig diesen Mangel an originären Managementaufgaben, indem sie Aufgaben und Kompetenzen der nachgelagerten Bereiche an sich zieht. Hieraus resultiert eine Tendenz der Verwaltung zur Zentralisierung von Entscheidungskompetenzen.

(2) Abgrenzung nach außen

Die Abgrenzung der Verwaltung von dem sie umgebenden Umweltsystem ist schwierig. Während das Gemeinwesen der Unternehmung lediglich Rahmenbedingungen setzt, ohne damit ihre Entscheidungsautonomie anzutasten, zieht es in Bezug auf die Verwaltung die grundsätzlichen Entscheidungen an sich. Das Gemeinwesen ist deshalb als Teil des Managementsystems der öffentlichen Verwaltung zu sehen, jedenfalls insoweit es durch Zielsetzung und Entscheidung (z.B. im Gesetzgebungsprozess) in den Verwaltungsbetrieb eingreift.

Im Übrigen bleibt es aber Teil des Umweltsystems. Diese teilweise Externalisierung von Managementfunktionen stört das innere Gefüge des Managements und erhöht den Koordinationsbedarf im Managementsystem der Verwaltung beträchtlich.

(3) Rechnungswesen

Das Rechnungswesen der Unternehmung basiert auf der kaufmännischen doppelten Buchführung. Sie bildet die Grundlage für den Jahresabschluss und für die Kostenrechnung. Diese werden ergänzt um die Planungsrechnungen und die Betriebsstatistik.

Ein vergleichbares System hat die Verwaltung nicht. Ihr Rechnungswesen basiert noch weitgehend auf einer kameralistischen Einnahmen-Ausgaben-Rechnung, die weder als Grundlage eines Jahresabschlusses nach kaufmännischen Prinzipien noch als Ausgangspunkt einer differenzierten Kostenrechnung dienen kann. Auch Planungsrechnungen beschränken sich auf die Einnahmen- und Ausgabenplanung im Zuge der Haushaltsplanung. Dagegen werden zum Teil umfangreiche **Statistiken** erstellt. Viele Verwaltungen haben damit begonnen, ihr Rechnungswesen nach dem Vorbild der kaufmännischen Rechnungslegung zu reformieren.

(4) Personalführung

Die Personalführung der öffentlichen Verwaltung ist an den Normen und Werten des Beamtenrechts orientiert. Wesentliche Elemente sind: die Treuepflicht des Beamten und die Fürsorgepflicht des Dienstherrn, die u.a. auch das Alimentationsprinzip als Entlohnungsprinzip beinhaltet. Das Beamtenverhältnis ist auf Lebenszeit angelegt. Das Normen- und Wertesystem und das zugrunde liegende Menschenbild sind mit zeitgemäßen Vorstellungen von Personalführung und -management schwer vereinbar.

(5) Organisation

Die öffentliche Verwaltung neigt zu einem Übermaß an Organisation, sie entwickelt bürokratische Strukturen. Dies äußert sich vor allem in ablauforganisatorischen Regelungen in Form von Vorschriften, Dienstanweisungen, Formularwesen usw., die den Handlungs- und Entscheidungsspielraum der Mitarbeiter einengen. Das Gebot der Rechtmäßigkeit des Verwaltungshandelns aber auch das überkommene Menschenbild und die dargestellte Management-Lücke der Verwaltungsführung haben hieran erheblichen Anteil. Zeitgemäße Organisationsmodelle, die Entscheidungen delegieren und auf die Verantwortung und Motivation der Mitarbeiter zielen, sind deshalb schwer umzusetzen.

(6) Beschaffung

In der Beschaffung der Produktionsfaktoren unterscheidet sich die öffentliche Verwaltung nicht grundlegend von der Unternehmung. Sie ist Marktteilnehmer wie jeder andere Betrieb und beschafft im Allgemeinen zu den marktüblichen Konditionen.

(7) Absatz

Der Absatz der Leistungen der Verwaltungsbetriebe unterscheidet sich unter mehreren Gesichtspunkten von dem der Unternehmungen:

- Verwaltungsbetriebe geben ihre Leistung meistens **unentgeltlich** ab, manchmal wird eine Verwaltungsgebühr erhoben, die jedoch in der Regel nicht kostendeckend ist.
- Ein Großteil der Leistungen der öffentlichen Verwaltung ist **nicht marktfähig**, d.h., sie trifft nicht auf eine kaufkräftige Nachfrage.
- Für einige Leistungen besteht eine **Abnahmepflicht** der Leistungsempfänger (z.B. Schulpflicht).
- Ein Teil der Leistungen sind sog. **"kollektive Güter"**, d. h., sie können nur an die Allgemeinheit, nicht an Einzelne abgegeben werden.
- Größtenteils hat die Verwaltung ein rechtliches oder faktisches **Monopol** für ihre Leistungen.

(8) Finanzierung

Der Verwaltungsbetrieb ist Teil des Staates und wird von diesem direkt durch Steuermittel oder indirekt durch die Festsetzung von Beitrags- und Gebührensätzen finanziert. Die Geldmittel oder Geldquellen werden ihm zugewiesen. Finanztechnisch ist der Verwaltungsbetrieb also Bestandteil des Staatshaushaltes. Er hat demzufolge eine eingeschränkte Finanzierungsfunktion, die lediglich die Mittelbewirtschaftung umfasst, nicht jedoch die Mittelbeschaffung.

(9) Produktion

In seiner Produktionsweise unterscheidet sich der **Verwaltungsbetrieb** im Wesentlichen nicht von einer Unternehmung. Auf der Grundlage der Produktionsfaktoren und der hiermit geschaffenen Strukturen wird die Leistung erstellt. Sie ist im Verwaltungsbetrieb normalerweise eine immaterielle, also eine Dienstleistung. Im Unterschied zur Unternehmung, die individuell zurechenbare Leistungen erbringt, sind die Leistungen der Verwaltung jedoch oft kollektiver Natur.

(10) Erfolg

Ein weiterer grundlegender Unterschied zwischen Verwaltung und Unternehmung besteht hinsichtlich der Kriterien ihres **Erfolges**. Der Erfolg der Un-

ternehmung kann in erster Linie an ihrem Gewinn abgelesen werden. Es handelt sich um eine eindeutige und quantifizierbare Erfolgsgröße, die über das Rechnungswesen relativ zuverlässig ermittelt werden kann.
Der Erfolg der Verwaltung kann nicht mit einer vergleichbaren Genauigkeit und Sicherheit erfasst werden. Gewinn ist für die Verwaltung kein relevantes Kriterium. Der Erfolg der Verwaltung ist vielmehr ihr Beitrag zum Gemeinwohl. Das **Gemeinwohl** ist aber eine schwer fassbare Größe, die auch nicht aus dem Rechnungswesen abgeleitet werden kann.

Fazit

Verwaltungen – wie z.B. ein Einwohnermeldeamt oder eine Agentur für Arbeit - sind, so lässt sich zusammenfassend feststellen, Betriebe eigener Art, die sich in vielfältiger und teilweise grundlegender Weise von Unternehmungen unterscheiden. Es sind aber dennoch Betriebe die - unter Berücksichtigung ihrer Eigenart – einer betriebswirtschaftlichen Betrachtung zugänglich sind.

Diese Erkenntnis hat sich in den achtziger und neunziger Jahren auf breiter Front durchgesetzt. In allen Bereichen und auf allen Ebenen der Verwaltung ist ein Prozess der Verwaltungsreform und -modernisierung in Gang gekommen, der in seiner Zielrichtung auf eine effiziente und effektive Verwaltung hinsteuert. Dieser Reformprozess basiert im Wesentlichen auf betriebswirtschaftlichem Gedankengut, das immer mehr in die Verwaltungen eindringt.

2.2 Standort

2.2.1 Standortentscheidungen

Betriebliche Standortentscheidungen betreffen die Frage, wo ein Betrieb seine Leistungserstellung vollzieht. Die **Anlässe für Standortentscheidungen** sind vielfältig. Jeder Betrieb im Gründungsstadium muss sich diesem Problem stellen, aber auch im Verlauf der Betriebsgeschichte kann das Domizil überdacht werden. Zum Teil verändert sich die wirtschaftliche Situation und ein Betrieb wird verlagert, zum Teil werden einzelne Betriebsprozesse herausgelöst und an anderen Orten vollzogen und zum Teil werden z. B. bei Zusammenschlüssen verschiedener Betriebe Standortentscheidungen neu überdacht.

Da einem Betrieb fast die ganze Welt als möglicher Standort zur Verfügung steht, sind auch die **Formen der Standortwahl** vielfältig. Bei internationalen Standortentscheidungen werden über Standorte im internationalen Maße Überlegungen angestellt. Es geht um die Frage, in welchem Land bzw. in welchen Ländern Leistungen erbracht werden sollen. Im nächsten Schritt geht es um intranationale Entscheidungen: In welcher Region, Stadt oder Gemeinde eines Landes soll ein Betrieb beheimatet sein oder Betriebsstätten unterhalten? Im analytisch letzten Schritt behandelt man lokale Standortentscheidungen: Will sich z.B. ein Betrieb eher in einem Gewerbegebiet am Rande einer Stadt oder in deren Zentrum ansiedeln usw.?

2.2.2 Standortfaktoren

Diejenigen Größen, die einen Einfluss auf Standortentscheidungen von Betrieben haben, werden **Standortfaktoren** genannt. Standortqualität ist dann die Gesamtheit aller raumwirtschaftlichen Vorteile, die an einem konkreten Ort für die standortsuchende Unternehmung auf Grund der beabsichtigten Tätigkeit von Bedeutung sind.

Einer gängigen Klassifizierung nach lassen sie sich unterscheiden in solche, die auf der Inputseite der Betriebe lokalisiert sind, und solche, die auf Sachverhalte verweisen, die der Outputseite zuzurechnen sind. Nur einige wichtige Aspekte sollen hier kurz beschrieben werden.

2.2.2.1 Input-orientierte Standortfaktoren

Die Kombination von Produktionsfaktoren ist ein Sachverhalt, der in jedem Betrieb stattfindet. Entsprechend müssen Betriebe an ihren Standorten Arbeitkräfte, Betriebsmittel und Werkstoffe aber auch Kapital vorfinden.

(1) **Arbeitskräfte** sind ein besonders wichtiger Faktor bei den Standortüberlegungen von Betrieben, da sie zum einen über ihre Qualität und ihre Motivation die Arbeitsproduktivität[1] beeinflussen und zum anderen als Kostenfaktor auf die Gewinne wirken. Arbeitskosten setzen sich dabei zusammen aus:

---

[1] Arbeitsproduktivität ist das Verhältnis von Output zu Arbeitsleistung oder konkreter: Die Arbeitsproduktivität pro Stunde ist das Verhältnis von Wertschöpfung je Arbeitsstunde.

- dem Direktentgelt (Bruttoarbeitslohn pro Stunden) und
- den Personalzusatzkosten (Arbeitgeberanteil zur Sozialversicherung, Urlaubs- und Weihnachtsgeld etc.).

Abb. 13: Vergleich von Arbeitskosten in der Industrie (in €)

	Arbeitskosten je Stunde	davon: **Direktentgelte**	davon: **Personal-zusatzkosten**
Dänemark	28,14	21,06	7,08
Westdeutschland	**27,60**	**15,45**	**12,15**
Norwegen	27,31	18,46	8,86
Schweiz	25,31	16,66	8,65
....			
Vereinigtes Königreich	19,89	13,61	6,27
Irland	18,79	13,45	5,34
USA	18,76	12,98	5,78
....			
Ostdeutschland	**17,15**	**10,37**	**6,78**
...			
Polen	3,29	2,08	1,21

(Quelle: Schröder 2005)

In der Bundesrepublik sind nun nicht nur die Direktentgelte international vergleichsweise hoch, sondern darüber hinaus nehmen die Lohnnebenkosten im internationalen Vergleich einen Spitzenplatz ein, so dass die Arbeitskosten in der Bundesrepublik - insbesondere in Westdeutschland - insgesamt zu den höchsten in der Welt gehören. Ein solcher Sachverhalt erschwert es Betrieben, ihre Standortentscheidungen zugunsten eines solchen Hochlohnlandes zu treffen.

Auf der anderen Seite gehört die Bundesrepublik aber auch zu den Ländern mit den höchsten Arbeitsproduktivitäten in der Welt. Deutsche Arbeitskräfte leisten international vergleichend viel, so dass das Verhältnis von Lohnsatz pro Stunde zu Arbeitsproduktivität pro Stunde, die Lohnstückkosten, nicht die höchsten, aber auch nicht die niedrigsten, in der Welt sind. Die Lohnstückkosten nehmen international gesehen einen Mittelwert ein. Nur mit den hohen Leistungen der Arbeitskräfte bleibt die Bundesrepublik angesichts der hohen Arbeitskosten überhaupt als Standort attraktiv.

Auch innerhalb von Deutschland weichen die Arbeitskosten erheblich voneinander ab. Die effektiven Verdienste in den neuen Bundesländern liegen etwa bei 70 % derjenigen der alten. Andererseits liegt die Arbeitsproduktivität im Osten noch unter dieser Marke, so dass die Orientierungsgröße ‚Lohnstückkosten' in den neuen Ländern höher ist als in den alten.

(2) Neben den Arbeitskräften spielen auch die **Betriebsmittel** und darunter insbesondere die Lage und Verfügbarkeit von **Immobilien** eine z.T. wichtige Rolle bei Standortentscheidungen. Das gilt zum einen für Betriebe, die an die Lage und Qualität von Grund- und Boden gebunden sind: Landwirtschaftliche Betriebe, Fischereibetriebe, Werften etc.. Zum anderen stellen Immobilien unter dem Aspekt der Transportkosten einen Einflussfaktor dar. Verkehrsgünstig gelegenen Gewerbegebieten gilt z.B. das Interesse von Speditionen oder Distributionsbetrieben. Bei den Immobilien liegt auch ein traditioneller Ansatz der kommunalen Wirtschaftsförderung, die stets bemüht ist, erschlossene oder schnell erschließbare Gewerbegebiete auszuweisen, um sie ansiedlungswilligen Betrieben anbieten zu können.

(3) Bei den Werkstoffen können neben den **Rohstoffen**, die für rohstoffgewinnende Betriebe wie Berg- oder Kieswerke von zentraler Bedeutung sind, auch Betriebsstoffe wie **Energie** eine entscheidende Rolle spielen. Gerade die energieintensiven Betriebe (z.B. Eisen und Stahl erzeugende Industrie, Kupfer- und Aluminiumhütten) fällen ihre Standortentscheidungen unter expliziter Berücksichtigung der Verfügbarkeit ausreichender und kostengünstiger Energiemengen.

(4) Spielt die Verfügbarkeit von Kapital angesichts der hohen Beweglichkeit dieser Ressource meist eine eher untergeordnete Rolle bei Standortentscheidungen von Betrieben, so sind finanzielle Zuwendungen wie Subventionen oder Belastungen wie Steuern häufiger entscheidungsrelevant. So sind **international** höchst unterschiedliche **Steuern** und Steuersätze zu finden. Auch innerhalb der Europäischen Union kann von einer erfolgreichen Steuerharmo-

nisierung nicht gesprochen werden. Umgekehrt ist auch die Subventionspraxis auf staatlicher und auch kommunaler Ebene sehr unterschiedlich.

Abb. 14: Steuerbelastung im internationalen Vergleich 2001

	ESt-Eingangssatz[1 2]	**ESt-Spitzensatz**	**Tarifliche Grenzbelastung des Gewinns von Kapitalgesellschaften**[3]
Belgien	27,63	60,78	40,17
Deutschland	**19,9**	**51,17**	**38,65**
Frankreich	15,77	60,77	36,43
Irland	20	42	20/10
Italien	19,15	46,15	36
Vereinigtes Königreich	10	40	30
Japan	15	50	42,93
Schweiz	5,47	42,05	25
USA	16,06	45,57	40,8

(Quelle: Bundesministerium der Finanzen 2001)

Die Tabelle zeigt die Steuersätze, mit denen die Steuerbemessungsgrundlagen zu multiplizieren sind (Tarifsteuersätze). Vor der Reform der Körperschaftssteuer (von 40 auf 25%) nahm die Bundesrepublik einen Spitzenplatz ein und wurde als ‚Hochsteuerland' bezeichnet. Aber zum einen hat es in der Körperschaftssteuer und auch bei der Einkommensteuer verschiedene Reformen (Reduktionen) gegeben, zum anderen muss man berücksichtigen, dass die Bemessungsgrundlagen international in verschiedener Form berechnet werden. Das deutsche Steuerrecht bietet hier z.T. günstige Gestaltungsmöglichkeiten, so dass ein Steuerbelastungsvergleich sich auf effektive Steuersätze

[1] Steuersatz des Zentralstaates + Steuern der Gebietskörperschaften + sonstige Zuschläge

[2] Zum System der deutschen Einkommensteuer vgl. Jakob 2003, zu Freibeträgen, Vergünstigungen und Sondervorschriften siehe Bundesministerium der Finanzen 2001

[3] Körperschaftsteuer, Gewerbeertragsteuern und vergleichbare Steuern

beziehen muss. Auf Grund der nationalen Besonderheiten erweist sich die Ermittlung entsprechender vergleichbarer Daten jedoch als sehr schwierig.

Im **nationalen Standortwettbewerb** spielen Steuerbelastungen eine nicht so große Rolle wie in internationaler Betrachtung. Lediglich die Gewerbeertragsteuer kann zu unterschiedlichen Belastungen führen. *(vgl. Wehrheim 2002, S. 59ff)* Die zu zahlende Steuer errechnet sich als:

Gewerbesteuer =
Steuerbemessungsgrundlage[1] x Steuermesszahl (Tarifsatz) x Hebesatz

Der Hebesatz wird von der jeweiligen Gemeinde für ein oder mehrere Jahre für alle in der Gemeinde ansässigen Unternehmen in gleicher Höhe festgesetzt und differiert zwischen 150 und 600 %. Großstädte weisen eher die höheren, ländliche Kommunen eher die niedrigeren Hebesätze aus.

Von erheblichem Einfluss auf die Standortentscheidungen von Betrieben erweisen sich Sondermaßnahmen des Staates, wie beispielsweise die besonderen Abschreibungsmöglichkeiten im Gebiete der Neuen Bundesländer nach dem Beitritt 1990. Im Zuge dieser befristeten Steuererleichterung ist es z.B. zu erheblichen Standortverlagerungen von westlichen in östliche Kommunen gekommen.

Auch finanzielle Leistungen der öffentlichen Hände an Betriebe ohne unmittelbare ökonomische Gegenleistungen (**Subventionen**) unterscheiden sich deutlich. Erscheinungsformen von Subventionen sind vielfältig. Zu ihnen zählen nicht nur die direkten Zahlungen öffentlicher Hände an Betriebe sondern auch versteckte Sachverhalte wie z.B. die Übernahme von Exportbürgschaften durch staatliche Versicherungen oder Sondertarife für Energie oder Wasser. Entsprechend schwer lässt sich der 'Dschungel der Subventionen' in seiner Bedeutung für Standortentscheidungen verstehen. Auf internationaler Ebene werfen sich die verschiedenen Länder bzw. deren Zusammenschlüsse unfaire Handelspraktiken vor, da sie glauben, stets beim anderen ungerechtfertigte Beihilfe zu sehen und auch auf nationaler Ebene versuchen Gemeinden, mit attraktiven Angeboten Nachbargemeinden Betriebe abzuwerben. So spielen Subventionen sicherlich bei Standortentscheidungen eine große Rolle.

---

[1] Steuerbemessungsgrundlage = Gewerbeertrag ./. Freibeträge

Auf Grund der vielfältigen Erscheinungen lassen sich über den jeweiligen Einzelfall hinaus jedoch nur schwer generelle Aussagen treffen.

2.2.2.2 Output-orientierte Standortfaktoren

(1) Kunden bzw. Kundennähe

Insbesondere Dienstleistungsbetriebe müssen die Nähe zum Kunden suchen. Geschäfte, Bäckereien, Frisöre und andere Anbieter von Dienstleistungen sind in Wohn- oder Zentrumsgebieten regelmäßig zu finden. Andere versuchen sich für eine größere Kundenzahl verkehrsgünstig zu positionieren. So findet man mit dem Auto gut erreichbare Einkaufsmöglichkeiten an der Peripherie von Wohngebieten, während Ärzte und Anwälte vielfach in den Zentren von Städten ihre Praxen eröffnen.

(2) Konkurrenzsituation

Zunächst einmal könnte man vermuten, dass Betriebe bei ihren Standortentscheidungen sich stets konkurrenzvermeidend verhalten. Bei der Vermietung von Einkaufspassagen oder Gewerbegebieten wird häufig darauf geachtet, dass kein Mitbewerber einen Betrieb eröffnen darf. Es gibt dort nur einen Bäcker oder ein Schuhgeschäft. Gilt diese Aussage typischerweise für Produkte des täglichen Bedarfs, so finden sich bei teuren Waren des regelmäßigen Bedarfs (z.B. exklusive Kleidung) und bei Waren des unregelmäßigen Bedarfs (z.B. Möbel) Ballungen von Geschäften mit ähnlichen Produkten. Hier spielt es eine Rolle, dass die Konsumenten verstärkt Vergleiche anstellen wollen und dafür nicht entfernte Standorte aufsuchen möchten. In solchen Fällen suchen Betriebe konkurrenznahe Standorte.

2.2.2.3 Zur Bedeutung der Standortfaktoren

Angesichts der Fülle von Faktoren, von denen nur eine kleine Auswahl kurz beschrieben wurde, und der Fülle der betrieblichen Fälle fällt es schwer, allgemeine Aussagen zur Bedeutung von Standortfaktoren zu machen. Im Einzelfall spielt eine jeweils spezifische Mixtur von Sachverhalten die entscheidende Rolle.

Dennoch gibt es ein paar Hinweise auf besondere Faktoren. Materialabhängige Betriebe werden durch die Verfügbarkeit von Material standortmäßig festgelegt. Kiesgruben brauchen Kies, forstwirtschaftliche Betriebe Forsten. Darüber hinaus werden Produktionsbetriebe eher auf Input-orientierte Faktoren Wert legen, während Dienstleistungsbetriebe Output-orientiert sein müssen. Des weiteren dürfte die viel beschriebene Trennung von weichen und harten Standortfaktoren bei Intensivierung des Wettbewerbes zwischen den Betrieben insofern an Bedeutung verlieren, als die weichen Faktoren an Einfluss einbüßen. Je härter der Wettbewerb wird, desto weniger wird auf Faktoren wie Lebensqualität oder Klima geachtet!

2.3 Wiederholungsfragen

	Lösungshinweise siehe Seite
14. Nennen Sie je drei Rechtsformen von Personengesellschaften und von Kapitalgesellschaften.	15
15. Welche Arten von Verwaltungsbetrieben haben eine eigene Rechtspersönlichkeit und welche nicht?	16
16. Geben Sie einen Überblick über die wesentlichen Kriterien von OHG, KG, AG und GmbH.	17
17. Über welche Organe verfügt eine Aktiengesellschaft?	18
18. Worüber beschließt die Hauptversammlung einer AG?	19
19. An welchen Tatbeständen greift die Besteuerung der Unternehmen an?	20
20. Erläutern Sie das Halbeinkünfteverfahren.	21/22
21. Stellen Sie die unterschiedlichen Finanzierungsmöglichkeiten der AG und der GmbH dar.	23
22. Nennen Sie die wesentlichen Merkmale einer Genossenschaft.	25
23. Unterscheiden Sie Anstalt, Körperschaft und Stiftung.	27/28
24. Wie unterscheiden sich Regie- und Eigenbetriebe?	28
25. Grenzen Sie Verwaltung und Unternehmung voneinander ab.	30
26. Erläutern Sie das Gutenberg'sche Schema zur Abgrenzung von Markt- und Planwirtschaft.	31/32
27. Nennen Sie die wichtigsten Besonderheiten von Verwaltungsbetrieben.	33
28. Diskutieren Sie die Erfolgsgröße öffentlicher Verwaltungsbetriebe vor dem Hintergrund der Erfolgsmessung.	37
29. Nennen Sie typische Anlässe für Standortentscheidungen.	37/38
30. Was ist ein Standortfaktor?	38
31. Nennen Sie die wichtigsten input-orientierten Standortfaktoren.	38
32. Wie setzen sich die Arbeitskosten zusammen und welche Stellung nimmt Deutschland im internationalen Vergleich ein?	39

3 Management als Zielsetzungs- und Entscheidungsprozess

Betriebsführung (Management) umfasst grundsätzlich sämtliche wirtschaftlichen Ziel- und Mittelentscheidungen, die den Betrieb betreffen. Die Wahrnehmung dieser Entscheidungsfunktion setzt voraus, dass Planungen vorgenommen und Entscheidungen realisiert werden sowie ihr Erfolg kontrolliert wird.

Betrachtet man die einzelnen Aufgaben und Funktionen der Betriebsführung in ihrem Zusammenhang, dann ergibt sich eine bestimmte Logik in der Abfolge der einzelnen Aufgaben. Betriebsführung (Management) kann als ein Prozess verstanden werden, als eine sinnvolle Abfolge einzelner Funktionen (**Phasen**). Dieser innere Zusammenhang zwischen den einzelnen Managementfunktionen stellt sich als Kreismodell dar.

Abb. 15: Management-Kreis

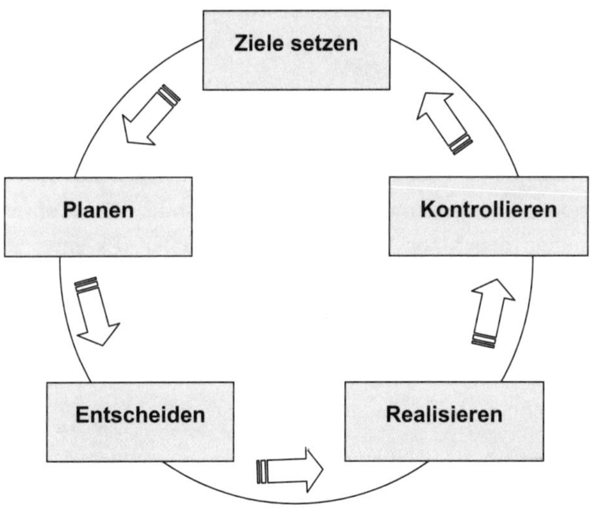

Zu den wesentlichen Aufgaben der Betriebsführung, die am Beginn des Management-Zyklus steht, gehört die Bestimmung der betrieblichen **Ziele**. Zielentscheidungen betreffen zum einen die grundlegende Zwecksetzung des Betriebes, deretwegen er gegründet wurde, aber zum anderen auch die konkreten Zielvorgaben, die generell oder für Teile des Betriebes, auf Dauer oder für bestimmte Planungsperioden vorgeben, was mit der betrieblichen Tätigkeit erreicht werden soll. Regelmäßig verfügen Betriebe über eine Vielzahl von Zielen, die zusammen als die Zielfunktion oder das **Zielsystem** der Unternehmung bezeichnet werden.

Zielentscheidungen münden in **Planungen** also in vorausschauende Überlegungen zur Erreichung der Ziele durch geeignete Maßnahmen.

Schließlich sind **Entscheidungen** zu treffen, welche Maßnahmen (Mittel) in welcher Art ergriffen werden sollen.

Die Durchführung dieser Maßnahmen erfolgt außerhalb der Sphäre des Management. Es müssen aber die Voraussetzungen zur Durchführung der Maßnahmen geschaffen und die tatsächliche Realisierung sichergestellt werden. Für das Management liegen die Aufgaben in der Realisierungsphase vor allem in der Schaffung einer geeigneten **Organisation** und der **Führung** der Mitarbeiter.

Und schließlich gehört es zur Aufgabe der Betriebsführung, die Ausführung der Maßnahmen zu überwachen (**Kontrolle**) und ihren Erfolg zu überprüfen.

Mit der Kontrolle der Maßnahmen schließt sich der Management-Kreis, da hier Informationen gewonnen werden, die im Wege der **Rückkoppelung** (feed-back) erneut in den Managementprozess einfließen. Es entsteht dadurch ein geschlossener Regelkreislauf, ein **kybernetisches System**. Seine betriebliche Gestaltung ist Gegenstand des **Controlling**.

3.1 Betriebliche Ziele

Ziele sind angestrebte zukünftige Zustände. Sie bezeichnen das, was in der Zukunft erreicht werden soll. Wirtschaftliche Ziele sind im allgemeinen numerische Werte von Zielvariablen; sie sind also zahlenmäßig festgelegt.

Die Ziele der Unternehmung, die durch die Betriebsführung gesetzt werden, können nach verschiedenen Kriterien differenziert werden, insbesondere: nach ihrem Inhalt, nach dem angestrebten Zielerfüllungsgrad und nach ihrem zeitlichen Bezug. Dies sind die drei Grundelemente, aus denen Ziele gebildet werden.

Abb. 16: Elemente von Zielen

Eine wirksame **Zielsetzung** setzt im Allgemeinen voraus, dass ein Ziel diese drei Elemente umfasst. Fehlt einer Zielangabe eines dieser Elemente, dann ist es unvollständig und seine verhaltenssteuernde Wirkung geht ganz oder teilweise verloren.
Vereinbart beispielsweise ein Vorgesetzter mit einem Mitarbeiter eine Umsatzsteigerung von 10%, so sind damit der Inhalt (Umsatz) und der angestrebte Erfüllungsgrad (10%) bestimmt. Unterlässt er aber eine zeitliche Fixierung des Zieles (z.B. bis zum Jahresende), so wird dies in das Belieben des Mitarbeiters gestellt. Die Zielvereinbarung bleibt wirkungslos.

3.1.1 Zielarten

Nach ihrem Inhalt können zunächst **Formalziele** und **Sachziele** unterschieden werden. Letztere beinhalten Soll-Vorgaben über das, **was** die Unternehmung erreichen soll, etwa eine bestimmte Produktion aufrecht zu erhalten, eine bestimmte Qualität zu erreichen usw.

Formalziele dagegen bestimmen, **wie** die Sachziele angestrebt und erreicht werden. Sie setzen die Rahmenbedingungen und Restriktionen, die bei der Verfolgung der Sachziele zu berücksichtigen sind, so z.B. die Beachtung des Wirtschaftlichkeitsprinzips. ‚Zwischen Formalzielen und Sachzielen gibt es eine klare Rangordnung: Formalziele wie Gewinnmaximierung oder Kostenminimierung bestimmen die Grundlinie unternehmerischen Handelns. Sachziele ... haben Instrumentalcharakter. Sie stehen also im Dienst der Erreichung von Formalzielen.' *(Wöhe 2002, S. 94)*

Abb. 17: Zielinhalte

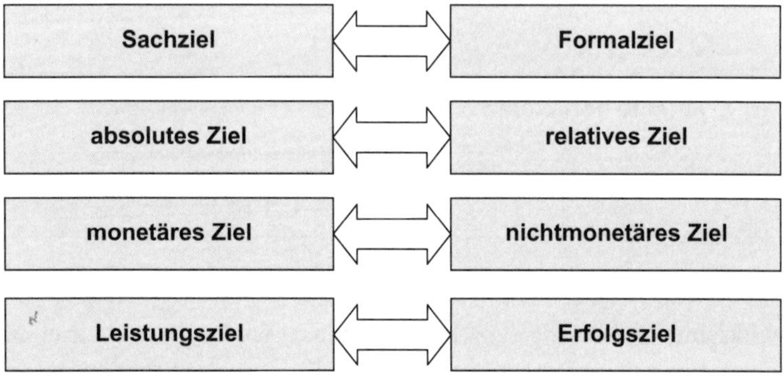

Die Ziele können entweder **absolute** oder **relative** Parameter (Zielvariablen) verwenden. So ist der Marktanteil oder die Rentabilität eine relative, der Gewinn oder der Umsatz jedoch eine absolute Zielvorgabe.

Die Zielsetzungen der Unternehmung können sich sowohl auf **monetäre** als auch auf **nicht-monetäre** Größen beziehen. Monetäre Ziele sind z.B. Umsatzziele, Gewinnziele, Rentabilitätsziele. Nicht monetäre Ziele können sich beispielsweise auf die Produktionsmenge, den Marktanteil, das Firmenimage etc. beziehen.

Die **Leistungsziele** betreffen den Bereich der Leistungserstellung einschließlich der Beschaffung und des Absatzes und zwar vorwiegend im Bezug auf die nicht-monetären Tatbestände.

Die **Erfolgsziele** hingegen beziehen sich überwiegend auf monetäre Größen, die das wirtschaftliche Ergebnis der Leistungserbringung und -verwertung repräsentieren. Den Erfolgszielen kommt insofern eine herausragende Bedeutung zu, als sie die letztendlichen Ziele, also die **Zwecke** der Unternehmung beinhalten. Diese sind hergeleitet aus dem Erwerbsprinzip. Die unternehmerische Tätigkeit hat primär den Zweck des Erwerbs. Demgegenüber haben die Leistungsziele eher Mittelcharakter. Die Leistungserstellung des Betriebes ist nicht Selbstzweck, sondern sie dient dem Zweck des Erwerbs, der Gewinnerwirtschaftung also. Die Leistung ist jedoch die Grundlage und die Voraussetzung des Erfolges.

Nach dem angestrebten **Zielerreichungsgrad** sind **Punkt-, Intervall-** und **Richtungsziele** zu unterscheiden.

Abb. 18: Zielerreichungsgrad

Ein Punktziel ist z.B. die Vorgabe einer ganz bestimmten Produktionsmenge eines Erzeugnisses. Ein Intervallziel sieht einen Zielbereich vor, der durch einen oberen und einen unteren Extremwert begrenzt wird, etwa wenn angestrebt wird, dass die Eigenkapitalquote innerhalb einer bestimmten Bandbreite verbleiben soll. Richtungsziele sind hingegen unbegrenzt und geben lediglich eine Richtung an, wenn z.B. als Ziel die Verringerung des Ausschusses oder die Maximierung des Gewinnes bestimmt wird.

Nach ihrem **Zeitbezug** können die Zielvorgaben auf einen **Zeitpunkt** oder einen **Zeitraum** bezogen sein.

Abb. 19: Ziele nach dem Zeitbezug

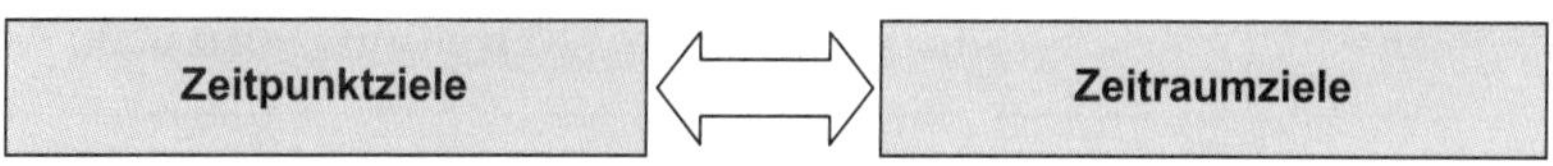

Wird zu einem bestimmten Termin z.B. die Erreichung eines bestimmten Marktanteils gefordert, so handelt es sich um ein zeitpunktbezogenes Ziel. Hingegen sind Zielsetzungen, die sich z.B. auf den Gewinn innerhalb einer Periode beziehen, zeitraumbezogen.

3.1.2 Zielhierarchie

Wenn man die Unternehmensziele nach ihrer Reichweite und Allgemeinheit hierarchisch anordnet, dann unterstreicht dies die besondere Bedeutung der

Erfolgsziele. Es ist in der Regel der Erfolg der Unternehmung (z.B. Gewinn), der an der Spitze der **Zielhierarchie** steht

Die **obersten** Zielsetzungen betreffen die Unternehmung als Ganzes und haben grundsätzliche Bedeutung. Ihre Setzung ist Sache der Führungsspitze. Sie werden von den nachgelagerten Instanzen als **Zwischen-** und **Unterziele** konkretisiert und zwar soweit, dass sie für die ausführenden Stellen operational sind. Ein Ziel ist dann operational, wenn es für die Mitarbeiter, welche für die Zielerreichung verantwortlich sind, möglich ist, Wege zur Erreichung des Zieles zu finden und diese auch zu beschreiten.

Abb. 20: Zielhierarchie in der Unternehmung

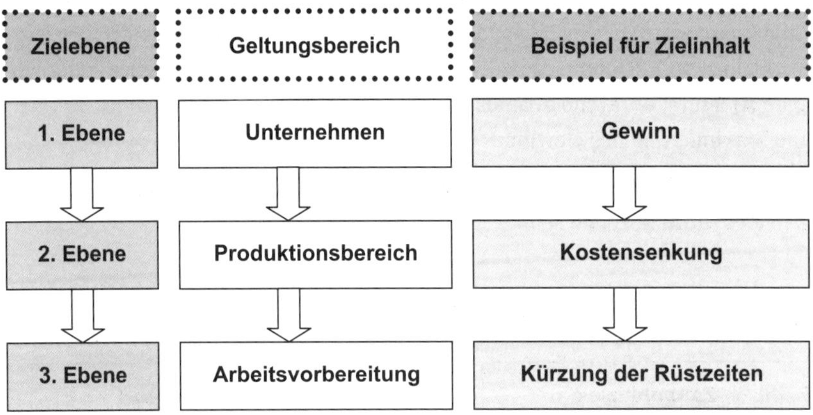

So wäre es völlig sinnlos, einem Arbeiter am Fließband die Gewinnmaximierung des Unternehmens als Ziel vorzugeben. Er könnte mit dieser Vorgabe vermutlich wenig anfangen. Ein operationales Ziel könnte hier z.B. die Verringerung der Ausschussmenge um einen bestimmten Prozentsatz sein. Dieses Ziel ist erkennbar aus dem übergeordneten Gewinnziel abgeleitet und für den betreffenden Mitarbeiter operational.

3.1.3 Zielrelationen

Wenn im Zuge der Operationalisierung die Ziele von oben nach unten über mehrere Ebenen ‚heruntergebrochen' werden, entsteht ein komplexes Zielsystem, das aus einer Vielzahl von einzelnen Zielen besteht. Es kann nicht davon ausgegangen werden, dass ein derartiges Zielsystem in sich vollkommen konsistent und widerspruchsfrei ist.

Grundsätzlich sind drei Zielrelationen denkbar: **Kongruenz** (Komplementarität), **Konkurrenz** und **Indifferenz**.

Kongruente oder **komplementäre** Zielsetzungen ergänzen sich.

Mit der Erhöhung des Zielerreichungsgrades für das eine Ziel wird gleichzeitig eine Erhöhung des Zielerreichungsgrades für das andere Ziel erreicht. So ist beispielsweise mit einer Erhöhung des Marktanteiles im allgemeinen auch eine Zunahme des Umsatzes verbunden. Die Ziele, den Marktanteil und den Umsatz zu erhöhen, sind in diesem Falle kongruent.

Abb. 21: Zielrelationen

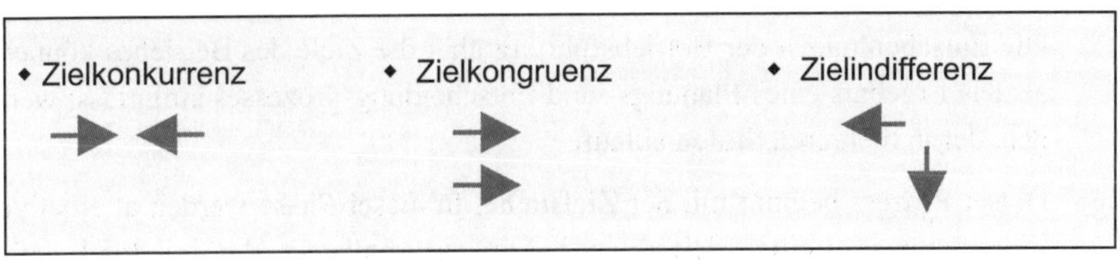

Zielindifferenz liegt vor, wenn beide Ziele voneinander unabhängig, ohne gegenseitige Beeinflussung angestrebt werden können.

Konkurrierende oder antinomische Ziele hingegen schließen sich gegenseitig aus. Wird das eine Ziel verfolgt, so geschieht dies zu Lasten des konkurrierenden Zieles. So kann z.B. die Erhöhung der Rücklagen bei gegebenem Gewinn nur zu Lasten der Ausschüttung an die Aktionäre erfolgen. Konkurrierende Zielbeziehungen entstehen u.a. auch dann, wenn Mitarbeiter im Betrieb Ziele verfolgen, die den Zielvorgaben des Managements widersprechen. Es gehört deswegen zu den Aufgaben der Betriebsführung, die Interessenlage der Mitarbeiter zu erkennen und zur Vermeidung oder zum Abbau und zur Regelung von Konflikten beizutragen.

Moderne Managementmodelle verwenden deswegen zur Kennzeichnung des Prozesses der Zielbestimmung den Begriff der **‚Zielvereinbarung'**. Ziele sollen nicht von oben diktiert, sondern gemeinsam mit den Mitarbeitern bestimmt und vereinbart werden. Die Gefahr von nicht-operationalen oder auch unrealistischen Zielsetzungen kann damit verringert werden. Von der Zielvereinbarung verspricht man sich aber auch eine stärkere Identifikation der Mitarbeiter mit den Zielen des Betriebes und eine höhere Arbeitsmotivation.

Es darf aber nicht verkannt werden, dass die Zielsetzungen nicht frei und nach Belieben des Managements oder der Mitarbeiter gesetzt werden können. Denn letztendlich ist der Erfolg bzw. der Gewinn der Unternehmung eine von dem System der Marktwirtschaft zwingend vorgegebene Existenzbedingung. In Bezug dazu dysfunktionale Zielsetzungen mindern den Unternehmenserfolg und gefährden seine Existenz.

3.1.4 Zielsetzung als Prozess

Die Entscheidungen der Betriebsführung über die Ziele des Betriebes können als das Ergebnis eines Planungs- und Entscheidungsprozesses aufgefasst werden, der in mehreren Stufen abläuft.

Dieser Prozess beginnt mit der **Zielsuche**. In dieser Phase werden alternative Zielsetzungen ermittelt. Diese werden **operationalisiert**, d.h. inhaltlich definiert und im Hinblick auf den anzustrebenden oder ereichbaren Zielerreichungsgrad bestimmt. Sind die Alternativen insofern klar und eindeutig formuliert, so können sie einer **Analyse** unterzogen werden, die sich zum einen auf den Beitrag nachgeordneter Ziele zum übergeordneten Ziel, sowie zum anderen auf die Relation der Ziele untereinander bezieht. Insbesondere ist hierbei zu prüfen, inwieweit die Verfolgung eines Zieles zu unerwünschten Nebenfolgen führt (z.B. bei Zielkonkurrenz). Aufgrund dieser Analyse kann eine Bewertung der Alternativen vorgenommen werden, die es ermöglicht, eine **Rangordnung** der Ziele zu erstellen, d.h. Präferenzen zu bilden. Schließlich ist zu prüfen, ob und in welchem Ausmaß die einzelnen Ziele tatsächlich **realisierbar** sind. Auf der Grundlage dieser Vorüberlegung kann eine **Zielentscheidung** getroffen werden. Die **Durchsetzung** der Ziele bezieht sich auf ihre Verankerung in den nachgelagerten Führungsebenen, so dass sie als gültige Norm akzeptiert und verwirklicht werden. Schließlich ist nach einer angemessenen Zeit zu **überprüfen**, ob und zu welchem Grad das Ziel erreicht wurde. Bei gravierenden Abweichungen von der Zielvorgabe kann eine **Revision** die Ursachen aufdecken. Die hierbei gewonnenen Informationen fließen erneut in den Zielplanungsprozess ein (Rückkoppelung). Der Prozess der Zielsetzung enthält also in seiner Feinstruktur selbst alle Elemente des Managementkreises.

Abb. 22: Phasen der Zielplanung

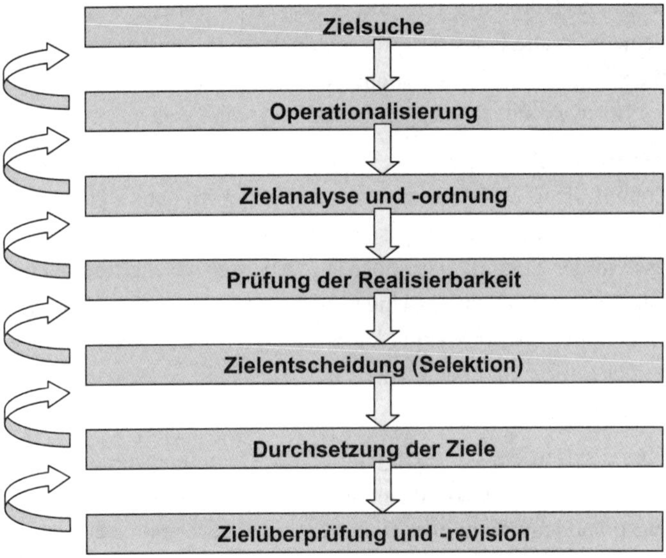

(vgl. Schierenbeck 2000, S. 80)

Alle weiteren Aktivitäten der Betriebsführung basieren auf den getroffenen Entscheidungen zu den Betriebszielen. Die Betriebsziele sind somit die Orientierungspunkte, auf die das gesamte betriebliche Geschehen hin ausgerichtet ist.

3.2 Planung

3.2.1 Begriff

Die betriebliche Planung umfasst zum einen – wie gesehen – die Planung der Ziele des Betriebes (Zielplanung) sowie zum anderen und mit Schwerpunkt die Planung der Maßnahmen (Maßnahmenplanung), die zur Erreichung dieser Ziele ergriffen werden sollen.

Planung ist die gedankliche Vorwegnahme zukünftigen Handelns durch Abwägen verschiedener Handlungsalternativen zur Vorbereitung zielgerichteter Entscheidungen. *(vgl. Wöhe 2002, S. 103)*

Planung bezeichnet somit eine besondere Form der Entscheidung, nämlich eine auf gedanklicher Durchdringung und Abwägung beruhende Entscheidung. Sie ist also eine rationale Form der Entscheidung im Gegensatz zu einer mehr gefühlsmäßigen, intuitiven Entscheidung, wie sie im betrieblichen Alltag und vor allem bei Entscheidungen von geringerer Tragweite weit verbreitet ist.

Ein Kernproblem der Planung resultiert aus ihrer Ausrichtung auf Ereignisse, die in der Zukunft liegen. Die Zukunft ist – objektiv betrachtet - grundsätzlich ungewiss. **Ungewissheit** bedeutet, dass nicht vorhergesagt werden kann, welche Ereignisse in der Zukunft stattfinden werden oder welche Rahmenbedingungen dabei angetroffen werden. Ungewissheit ist also der Mangel an Wissen über die Zukunft. Dieser Mangel kann prinzipiell nicht vollständig beseitigt werden. Der Rationalität des Planens und Entscheidens ist damit objektiv eine Grenze gesetzt.

Dennoch muss der Betrieb, wie auch jede Privatperson, planen und Entscheidungen treffen, die in die Zukunft hinein reichen. Er würde sonst aufhören, zielgerichtet zu handeln, denn alle Ziele, die angestrebt und erreicht werden können, liegen in der Zukunft.

Eine wesentliche Aufgabe der Planung kann darin gesehen werden, die Ungewissheit in Entscheidungssituationen auf das geringst mögliche Maß zu reduzieren. Wenn die Ungewissheit in einem Mangel an Wissen über die Ereignisse und Zustände in der Zukunft begründet liegt, dann kann die Relation von vorhandenem Wissen zu notwendigem Wissen als ein Maßstab für die Ungewissheit betrachtet werden:

$$\textbf{Ungewissheit} \Leftrightarrow \frac{\textbf{vorhandene Information}}{\textbf{notwendige Information}}$$

Dieser Quotient könnte theoretisch Werte zwischen 0 und 1 annehmen. Bei einem Wert von 1 würde man von einer vollkommenen Information (Sicherheit) sprechen können, der aber aus den vorgenannten Gründen prinzipiell nicht möglich ist. Er würde den Zustand der Allwissenheit voraussetzen, der den Menschen bekanntlich abgeht. Möglich ist jedoch der Zustand der vollkommen Ignoranz mit einem Quotienten von 0. Die Werte zwischen 0 und 1 bezeichnen die Situation der unvollkommenen Information, die in der Praxis am häufigsten vorkommt.

3.2.2 Planung als Prozess

Aus der Grundproblematik der Planung bei Ungewissheit ergeben sich die Kernaufgaben der Planung, nämlich die Informationsgewinnung und die Informationsverarbeitung.

(1) Die Maßnahmenplanung im engeren Sinne beginnt mit der Sammlung und Aufbereitung von **Informationen** über den zu planenden Sachverhalt.

(2) Auf der Grundlage dieser Daten, die einen gegenwärtigen oder vergangenen Zustand beschreiben, wird eine **Prognose** über deren Entwicklung im Planungszeitraum erstellt.

(3) Aus dem durch die Prognose gewonnenen Zukunftsszenario werden schließlich die **Handlungsalternativen** entwickelt, die unter Beachtung dieser Rahmenbedingungen geeignet sind, die betrieblichen Zielsetzungen zu realisieren. Es geht in dieser Phase also um die Gewinnung alternativer Maßnahmenpläne, durch welche das betriebliche Handlungsfeld abgesteckt wird.

Die Planung findet ihren Abschluss durch eine **Entscheidung** über den zu realisierenden Maßnahmenplan.

3.2.3 Arten der Planung

Planung ist eine universelle Aufgabe, die sich prinzipiell auf alle Teilbereiche und Funktionen der Unternehmung erstreckt. In der funktionalen Gliederung der Planung spricht man beispielsweise von:

- Produktionsplanung
- Absatzplanung
- Lagerplanung
- Personalplanung etc.

Es handelt sich hier um interdependente Teilpläne, die zusammen die Grundlage der Unternehmensplanung darstellen. Die Interdependenz der Teilpläne erfordert deren Koordination, so dass sämtliche Planungen aufeinander abgestimmt und miteinander verzahnt sind. So kann beispielsweise die Personalplanung nicht unabhängig von der Produktionsplanung gesehen werden, weil die Produktion letztlich den Personalbedarf determiniert. Die Produktionsplanung ihrerseits muss der Absatzplanung folgen etc.

Die Methoden der Planung, die in der betrieblichen Praxis zur Anwendung gelangen, sind sehr vielfältig. Jedes Planungsproblem setzt seine eigenen Anforderungen an die Planungsmethode. So sind beispielsweise die Probleme und Methoden einer Personalplanung völlig verschieden von denen der Produktionsplanung, die sich wiederum grundlegend von denen der Investitionsplanung unterscheiden.

Ungeachtet der Vielfalt der Planungstechniken haben sich in der betrieblichen Praxis einige Verfahren als relativ vielseitig einsetzbar erwiesen. Dazu gehört u.a. die **Netzplantechnik**. Sie ist ein Verfahren der Prozess- und Terminplanung und -steuerung, das sich vor allem zur Planung von Projekten jeglicher Größenordnung eignet.

3.2.4 Prinzipien der Planung

Wenn Planung die rationale Form des Entscheidens sein soll, so sind an sie Anforderungen zu stellen, die diesen Anspruch sicherstellen. Die betriebliche Planung sollte daher einigen Prinzipien Rechnung tragen:

(1) Grundsatz der Vollständigkeit

Vollständigkeit der Planung bedeutet, dass alle wesentlichen Teilaspekte des betrieblichen und außerbetrieblichen Geschehens in die Planung mit einbezogen werden. So ist beispielsweise bei Teilplanungen, die sich nur auf einzelne Unternehmensbereiche oder Funktionsbereiche beziehen, stets deren Interdependenz mit anderen Teilen und Funktionen der Unternehmung zu berücksichtigen. Das Prinzip der Vollständigkeit bezieht sich also nicht auf die Detailliertheit (Tiefe) der Planung sondern auf ihre Reichweite (Breite).

Abb. 23: Planungsprinzipien

(2) Grundsatz der Genauigkeit

Die Genauigkeit der Planung muss sich an ihrem Zweck orientieren. Es ist nicht generell eine größtmögliche, sondern eine dem jeweiligen Vorhaben angemessene (Prinzip der Wirtschaftlichkeit) Genauigkeit anzustreben. Für eine Grobplanung z.B. sind an die Genauigkeit geringere Anforderungen zu setzen als an eine Detailplanung.

(3) Prinzip der Elastizität (Flexibilität)

Durch Planung werden zukünftige Strukturen vorherbestimmt. Durch Planung wird also der gestalterische Freiraum für die Zukunft eingeschränkt, der Improvisation werden Grenzen gesetzt. Der Planung wohnt infolgedessen eine Tendenz zur Starrheit inne, welche die Flexibilität und Anpassungsfähigkeit des Betriebes einschränken kann. Es ist deshalb erforderlich, dieser nachteiligen Eigenart der Planung durch geeignete Maßnahmen entgegenzuwirken. Hierzu gehören u.a.:

- Berücksichtigung von **Reserven** (Kapazitäts-, Zeit-, oder Liquiditätsreserven), die bei Änderung der Rahmenbedingungen eine Fortführung der geplanten Maßnahmen erlauben, ohne den Plan selbst ändern zu müssen.

- Erarbeitung und Bereithaltung von **Eventualplänen**, die bei Bedarf an die Stelle der eigentlichen Planung treten.
- Laufende **Revision** der Planung in dem Sinne, dass der Ordnungsprozess im Sinne des Managementmodells als ein geschlossener Regelkreislauf verstanden wird, in den durch Feed-Back ständig aktualisierte Daten einfließen.
- Planungsentscheidungen sollen **zeitnah** erfolgen; die Zeitspanne zwischen Planungsentscheidung und Planausführung wird auf das unbedingte Minimum beschränkt.

(4) Prinzip der Einfachheit und Klarheit

Dies bedeutet, dass die Planungen inhaltlich einer klaren Struktur folgen und auch in der Art und Weise ihrer Darstellung stets darauf ausgerichtet sind, dass die mit der Durchführung betrauten Personen sich über die Ziele und Inhalte der Maßnahmen stets im Klaren sind. Jede vermeidbare Kompliziertheit sollte unterbleiben. Insbesondere muss sich die Darstellung an den intellektuellen Möglichkeiten der Mitarbeiter orientieren, die von der Planung betroffen sind.

(5) Prinzip der Wirtschaftlichkeit

Die bisher dargelegten Prinzipien finden ihre Begründung - aber auch ihre Grenze - in dem übergeordneten Prinzip der Wirtschaftlichkeit. Wie jede betriebliche Funktion, so hat auch die Planung den Grundsatz der Wirtschaftlichkeit als oberstes Gebot zu berücksichtigen. In Bezug auf die Planung heißt dies, dass sie nur dann und solange eine ökonomische Rechtfertigung findet, als der durch die Planung erwirtschaftete Ertrag den dadurch verursachten Aufwand übersteigt. Planung ist nicht Selbstzweck sondern stets den wirtschaftlichen Zwecksetzungen des Betriebes unterworfen. In Bezug auf die zuvor genannten Prinzipien der Planung bedeutet dies: Vollständigkeit, Genauigkeit etc. sind keine Maximierungsziele, sondern Prinzipien, deren Realisierung vor dem Hintergrund wirtschaftlicher Vernunft beurteilt werden muss. *(vgl. Korndörfer 2003, S. 439-441)*

3.3 Entscheidung

3.3.1 Begriff

"Als **Entscheidung** bezeichnet man die Auswahl einer von zwei oder mehreren Handlungsmöglichkeiten (Alternativen), die dem Entscheidungsträger zur Realisierung eines Ziels zur Verfügung stehen." *(Wöhe 2002, S. 120)*

Wird eine Entscheidung im Zusammenhang mit einer Planung getroffen, so schließt die Entscheidung die Planung ab. Die Planung mündet in eine Entscheidung in der Art, dass von den im Zuge der Planung aufgezeigten Handlungsalternativen eine als die zu realisierende bestimmt wird. Planung und Entscheidung sind in diesem Falle aufeinander bezogen. Die Planung dient der Entscheidungsfindung und bereitet diese vor.

Entscheidung kann jedoch auch unabhängig von Planung betrachtet werden z.B., wenn Entscheidungen ad hoc, das heißt nicht nach vorheriger Planung, getroffen werden.

Unabhängig davon, ob eine Entscheidung einen vorausgegangenen Planungsprozess abschließt oder nicht, ist das Entscheiden als solches eine eigenständige und komplexe Managementaufgabe.

3.3.2 Entscheidung unter Ungewissheit

Das Grundproblem der **Ungewissheit** ist indessen beiden Managementfunktionen gemeinsam. Die Ungewissheit liegt in der Natur jeglicher Planung und Entscheidung. Sie resultiert aus dem Mangel an **Information** über die Tatbestände, welche die Entscheidung beeinflussen, der nicht vollständig behoben werden kann.

Wie können aber dann überhaupt rationale Entscheidungen getroffen werden?

(1) Hier muss man sich als erstes vor Augen halten, dass es überhaupt nicht möglich ist, keine Entscheidungen zu treffen. Die Dinge nehmen ihren Lauf auch ohne unser Zutun. Wenn eine Entscheidung zwischen den Handlungsalternativen A und B zu treffen ist, so besteht damit explizit die Möglichkeit, zwischen A und B zu wählen. Implizit beinhaltet das Entscheidungsproblem aber eine dritte Alternative, nämlich weder A noch B zu wählen, also keine explizite Entscheidung zu treffen. Dies ist, wenn man so will, die Entscheidung, keine Entscheidung zu treffen, also eben auch eine

dung, keine Entscheidung zu treffen, also eben auch eine Entscheidung. In seiner Wirkung kommt die Unterlassung einer Entscheidung dem Treffen einer Entscheidung gleich. In beiden Fällen hat unser Tun oder Lassen einen bestimmenden Einfluss auf den weiteren Gang der Dinge. Unterlässt man jedoch die explizite Entscheidung, dann vergibt man die Chance, gestaltend auf die Zukunft einzuwirken.

(2) Die Rationalität einer Entscheidung ist nicht an ihrem Ergebnis abzulesen. Eine Entscheidung ist nicht deswegen als rational zu bezeichnen, weil sie sich im nachhinein als ‚richtig', d. h. als erfolgreich erwiesen hat. Dann müsste auch der Treffer in der Lotterie als das Ergebnis einer rationalen Entscheidung gelten, wo er doch bloß auf dem Zufall beruht. Rationalität zeigt sich vielmehr in dem Prozess der Entscheidungsfindung. Der Entscheidungsprozess kann dann als rational bezeichnet werden, wenn er die Handlungsalternativen auf der Grundlage von Wissen über den Entscheidungsgegenstand und Verständnis über die das Ergebnis beinflussenden Faktoren hinsichtlich ihres Beitrages zur Zielerreichung bewertet und auswählt.

(3) Die Rationalität einer Entscheidung ist des weiteren im historischen Kontext zu beurteilen. Rational ist eine Entscheidung dann, wenn sie auf der Grundlage des jeweils verfügbaren Wissens- und Erkenntnisstandes getroffen wird. So wird man beispielsweise eine medizinische Therapie, die heute als veraltet oder schädlich gilt, für die Zeit, in der sie dem Stand der Wissenschaft entsprach, nicht als irrational bezeichnen können.

(4) Und letztlich basiert jede Entscheidung auf der subjektiven Wahrnehmung der Entscheidungssituation. Erst dieses subjektive Element ermöglicht den Umgang mit dem im Grunde nicht lösbaren Ungewissheitsproblem. Nimmt man beispielsweise einen Stein zur Hand und lässt ihn los, so wird man sicher sein, dass er zu Boden fällt. Es gibt zwar keine objektive Gewissheit, dass dies so geschehen wird, aber eine subjektive Sicherheit. Die Frage, was wäre, wenn der Stein einmal nicht mehr herunterfallen würde, oder wie es dazu kommen könnte, ist denn auch eher eine philosophische denn eine betriebswirtschaftliche. Träte dieser Fall tatsächlich ein, dann hätte auch alles Planen, Entscheiden etc. ein Ende. Die Frage ist also für die praktische betriebliche Tätigkeit wie auch für die private Lebensführung ohne jede Bedeutung.

3.3.3 Entscheidungssituationen

An die Stelle einer nicht erlangbaren objektiven Gewissheit stellt die betriebswirtschaftliche Entscheidungslehre deshalb den Begriff der subjektiven **Sicherheit der Erwartungen** über die Zukunft. Eine sichere Erwartung liegt vor, wenn man alle relevanten Faktoren einer Entscheidung kennt oder zu kennen glaubt. Weiß man überhaupt nichts darüber, dann spricht man von einer unsicheren Erwartung bzw. von einer Entscheidung unter Unsicherheit. Glaubt man, für das Eintreffen bestimmter Ereignisse in der Zukunft Wahrscheinlichkeiten angeben zu können, dann handelt es sich um eine Entscheidung unter Risiko.

Abb. 24: Entscheidungssituationen

Die **normative** betriebswirtschaftliche **Entscheidungstheorie** versucht, für die unterschiedlichen Sicherheitsgrade Handlungsanweisungen zu formulieren, mit deren Hilfe das Rationalitätsprinzip verwirklicht wird. Es geht hier darum, aufzuzeigen, wie bei unterschiedlichen Sicherheitsgraden rationale Entscheidungen getroffen werden können.

Diese Aussagen können in zwei Bereiche unterteilt werden:

(1) Systematische Analyse des Entscheidungsfeldes

(2) Entscheidungsregeln.

3.3.4 Entscheidungsfeld

(1) Handlungsalternativen

Entscheiden setzt voraus, dass mehrere Handlungsalternativen zur Verfügung stehen, zwischen denen eine Entscheidung herbeigeführt wird. Die Gesamtheit aller Entscheidungsmöglichkeiten und -alternativen bildet den Aktionenraum (Entscheidungsraum). Die einzelne **Handlungsalternative** besteht ihrerseits aus Aktionsparametern, das heißt aus einzelnen Handlungselementen, die zusammengenommen eine Handlungsalternative bilden.

Beispiel:
Ein landwirtschaftlicher Betrieb steht vor der Auswahlentscheidung über die Feldfrüchte, die kommendes Jahr angebaut werden sollen:
Handlungsalternative 1: Anbau von Weizen (a_1)
Handlungsalternative 2: Anbau von Rüben (a_2)
Handlungsalternative 3: Anbau von Kartoffeln (a_3)

(2) Umweltbedingungen

Zu welchen Ergebnissen die einzelnen Handlungsalternativen führen, kann nicht allgemein sondern nur vor dem Hintergrund einer bestimmten zukünftigen **Umweltsituation** beurteilt werden. So wird es in dem o.g. Beispiel u.a. davon abhängen, mit welchen Witterungsverhältnissen in der kommenden Wirtschaftsperiode zu rechnen ist. In die Betrachtung müssen also Informationen über diese Umweltkonstellation mit einfließen. Die Umweltkonstellation wird auch als Zustand bezeichnet und die Menge aller möglichen Zustände als der **Zustandsraum**.

Beispiel:
Zustand 1: trockene und heiße Witterung (z_1)
Zustand 2: regnerische und kühle Witterung (z_2)
Zustand 3: feuchte und warme Witterung (z_3)

(3) Ergebnisse

Aus der Gegenüberstellung des Aktionenraums und des Zustandsraums entsteht eine **Ergebnismatrix**. Jede Handlungsalternative wird mit jeder Umweltkonstellation (Zustand) konfrontiert und hieraus das Handlungsergebnis abgeleitet; es entsteht dann eine Ergebnismatrix, die für jede mögliche Kombination von Aktion und Zustand ein hieraus abgeleitetes Ergebnis aufzeigt.

In dem hier betrachteten Beispiel bestehen die Ergebnisse zunächst und in der Hauptsache in den unterschiedlichen Erntemengen der Feldfrüchte in Abhängigkeit von den möglichen Witterungsverhältnissen. Der Anbau der Feldfrüchte zeitigt aber weitere Ergebnisse, die vielleicht unbeabsichtigt und auch unerwünscht sind, aber dennoch berücksichtigt werden müssen. So werden als weitere Ergebnisse des Anbaus z.B. die Verbesserung/Verschlechterung der Bodenqualität (+/o/-) und der Verbrauch von Ressourcen (1 – 10) mit in die Überlegungen einfließen.

Abb. 25: Beispiel einer Ergebnismatrix

Zustandsraum / Aktionenraum *Fruchtanbau*	*Witterungsverhältnisse* z_1	z_2	z_3
a_1	e_{11}: **10/+/9**	e_{12}: **12/o/7**	e_{13}: **14/o/8**
a_2	e_{21}: **11/-/8**	e_{22}: **7/-/6**	e_{23}: **3/+/2**
a_3	e_{31}: **15/o/5**	e_{32}: **23/-/10**	e_{33}: **19/-/7**

Hier bedeutet dann z.B. **e_{11}: 10/+/9** gleich: 10t Ertrag/Verbesserung der Bodenqualität/hoher Verbrauch von Ressourcen

(4) Ergebnisbewertung

Die Ergebnismatrix enthält die **unbewerteten Ergebnisse** der einzelnen Handlungsalternativen. Sie ist das Rohmaterial, das zur Entscheidungsfindung noch weiter aufbereitet werden muss. Denn die Ergebnisse besagen für sich genommen noch nichts darüber, wie sie betriebswirtschaftlich zu bewerten sind. Erst durch den Vergleich der Ergebnisse mit den betrieblichen Zielsetzungen lässt sich der **Nutzen** der Ergebnisse für den Betrieb ermessen. Die Ergebnisse sind also hinsichtlich ihres Nutzens zu bewerten. Hierbei ist auch zu berücksichtigen, dass die einzelnen Ergebnisse mehrere oder auch eine Vielzahl von Merkmalen haben können, die nicht ohne weiteres vergleichbar sind. So beinhaltet das Ergebnis e_{32} in dem obigen Beispiel zwar die höchste Produktionsmenge, sie führt aber gleichzeitig zu einer Verschlechterung der Bodenqualität und ist mit dem größten Ressourcenverbrauch verbunden, während das Ergebnis e_{23} zwar einen geringen Mengenertrag bringt, aber die Bodenqualität verbessert und einen sehr geringen Ressourcenverbrauch verursacht. Es ist deshalb erforderlich, die einzelnen Ergebnisse einer **Nutzwert-**

analyse zu unterziehen, welche die verschiedenen Teilergebnisse zu einem einzigen Nutzenwert verdichtet und die Ergebnisse damit vergleichbar macht.

Die Nutzwerte der Ergebnisse können dann analog der Ergebnismatrix in einer Nutzwertmatrix dargestellt werden. In der Tabelle sind die Nutzwerte u der für die Beispiel-Ergebnisse des landwirtschaftlichen Betriebes fiktiv eingetragen. Die Bewertung erfolgt nach einer Fünferskala, wobei 1 den niedrigsten und 5 den höchsten Nutzen bezeichnet.

Abb. 26: Beispiel einer Nutzwertmatrix

Zustandsraum / **Aktionenraum** *Fruchtanbau*	***Witterungsverhältnisse*** z_1	z_2	z_3
a_1	u_{11}: **4**	u_{12}: **2**	u_{13}: **3**
a_2	u_{21}: **1**	u_{22}: **2**	u_{23}: **4**
a_3	u_{31}: **1**	u_{32}: **3**	u_{33}: **5**

3.3.5 Entscheidungsregeln

(1) Entscheidungen bei Sicherheit

Entscheidungen bei Sicherheit basieren auf der sicheren Annahme oder Erwartung des Eintretens eines bestimmten Zustandes. Die Wahrscheinlichkeit für das Eintreten dieses Zustandes ist p = 1 oder 100 %. Der Zustandsraum verengt sich damit auf nur einen in die Betrachtung einfließenden Zustand. Die Nutzwertmatrix beinhaltet dann also nur noch eine Spalte.

In dem Beispiel des landwirtschaftlichen Betriebes sei angenommen, der Landwirt habe einen direkten Draht zu Petrus und sei deshalb sicher, dass im kommenden Jahr mit trocken-heißer Witterung (z_1) zu rechnen sei.

Abb. 27: Beispiel einer Nutzwertmatrix bei Entscheidungssicherheit

Zustandsraum / Aktionenraum	z_1 Nutzwerte
a_1	**4**
a_2	1
a_3	1

Dem Landwirt wird die Entscheidung nicht schwer fallen. Der Anbau von Getreide (a_1) ist hier die mit Abstand nutzbringendste Alternative.

(2) Entscheidungen bei Risiko

Entscheidungen bei Risiko sind dadurch gekennzeichnet, dass das Eintreffen der einzelnen Umweltzustände nicht mit Sicherheit sondern lediglich mit einer bestimmten Wahrscheinlichkeit vorhergesagt werden kann. Dabei addieren sich die Wahrscheinlichkeiten der einzelnen Zustände auf 1 (100 %). Nach dem **Bayes-Prinzip** ist in diesem Falle diejenige Alternative zu wählen, die den größtmöglichen Erwartungswert realisiert. Der Erwartungswert seinerseits ist die Summe der mit der Zustandswahrscheinlichkeit multiplizierten Nutzenwerte einer Handlungsalternative.

Für das Beispiel des landwirtschaftlichen Betriebes sei im folgenden angenommen, dass die Witterungsverhältnisse aufgrund einer Wetterprognose mit jeweils bestimmten Wahrscheinlichkeiten erwartet werden können.

Abb. 28: Beispiel einer Nutzwertmatrix bei Risikoentscheidungen

Zustandsraum				
Wahrscheinlichkeitein für	z1	z2	z3	
Aktionenraum	0,2	0,5	0,3	Erwartungswert
a_1	4	2	3	4 x 0,2 + 2 x 0,5 + 3 x 0,3 = 2,7
a_2	1	2	4	1 x 0,2 + 2 x 0,5 + 4 x 0,3 = 2,4
a_3	1	3	5	1 x 0,2 + 3 x 0,5 + 5 x 0,3 = **3,2**

Der höchste Erwartungswert wird in diesem Beispiel bei der Alternative a_3 erreicht. Der Landwirt würde dann also Kartoffeln anbauen.

(3) Entscheidungen bei Unsicherheit

Entscheidung bei Unsicherheit besagt, dass über das Eintreten der einzelnen Zustände des Zustandsraumes keine Wahrscheinlichkeitsaussagen möglich sind. Es ist völlig offen, ob ein bestimmter Zustand eintritt oder nicht und es ist auch nicht abzuschätzen, mit welcher Wahrscheinlichkeit dies der Fall sein wird. Zur Lösung des Entscheidungsproblems bei Unsicherheit wurden eine Reihe von Entscheidungsregeln formuliert, die jeweils mit spezifischen Vor- und Nachteilen verbunden sind.

Zu den bekanntesten Entscheidungsregeln bei Unsicherheit gehören die Maximin-Regel und die Maximax-Regel.

⇨ **Maximin-Regel**

Nach der Maximin-Regel wird jene Handlungsalternative bevorzugt, die das Maximum der Zeilenminima erreicht.

Abb. 29: Beispiel einer Nutzwertmatrix nach der Maximin-Regel

Zustandsraum / Aktionenraum	z_1	z_2	z_3	Zeilen-minima
a_1	4	3	3	**3**
a_2	1	2	4	1
a_3	1	3	5	1

Der Maximin-Regel liegt eine pessimistische Haltung zugrunde. Sie entscheidet für jene Handlungsalternative, die bei Eintritt ungünstiger Bedingungen einen dann noch vergleichsweise guten Nutzwert gewährleistet.

In dem Beispiel des landwirtschaftlichen Betriebes würde bei dieser pessimistischen Haltung der Getreideanbau zu bevorzugen sein. Es ist dann zwar kein überragendes Ergebnis zu erwarten, es besteht aber auch nicht das Risiko einer totalen Missernte.

⇨ Maximax-Regel

Nach der Maximax-Regel wird jene Handlungsalternative bevorzugt, die das Maximum der Zeilenmaxima erreicht.

Die Maximax-Regel geht von einer optimistischen Grundhaltung aus. Sie maximiert den Nutzen bei Eintritt günstiger Annahmen über den Zustandsraum.

Bei einer optimistischen Erwartungshaltung wird sich der Landwirt für den Kartoffelanbau entscheiden. Er verspricht bei günstigen Witterungsbedingungen den besten Ertrag. Er riskiert dabei jedoch auch eine totale Missernte, wenn die Witterung ungünstig ist.

Abb. 30: Beispiel einer Nutzwertmatrix nach der Maximax-Regel

Zustandsraum / Aktionenraum	z_1	z_2	z_3	Zeilen-maxima
a_1	4	3	3	4
a_2	1	2	4	4
a_3	1	3	5	**5**

⇨ Hurwicz-Regel

Die Hurwicz-Regel (Pessimismus-Optimismus-Regel) kombiniert die beiden vorgenannten Entscheidungsregeln miteinander. In die Überlegungen werden beide Aspekte mit einbezogen.

In einem ersten Schritt werden in der Nutzwertmatrix sowohl die Zeilenmaxima als auch die Zeilenminima berechnet. In dem hiesigen Beispiel können die Werte aus den beiden vorgenannten Tabellen übernommen werden.

Abb. 31: Beispiel einer Nutzwertmatrix nach der Hurwicz-Regel

Zustandsraum / Aktionenraum	z_1	z_2	z_3	Zeilen-maxima	Zeilen-minima
a_1	4	3	3	4	**3**
a_2	1	2	4	4	1
a_3	1	3	5	**5**	1

Um jedoch eine differenzierte Einbeziehung des Risikobewusstseins des Entscheidungsträgers zu ermöglichen, wird nach der Hurwicz-Regel zusätzlich ein ‚Optimismus-Parameter' (λ) eingeführt. Er kann Werte zwischen 0 und 1 annehmen. Ist dieser Optimismus-Parameter hoch (nahe bei 1), dann bringt dies eine optimistische Haltung des Entscheidungsträgers über den Zustandsraum zum Ausdruck. Ist der Wert sehr niedrig (nahe 0), so drückt er eine pessimistische Haltung aus. Indem der Entscheidungsträger diesen Wert frei bestimmen kann, basiert eine Entscheidung nach der Hurwicz-Regel auf einer differenzierteren Lagebeurteilung und Einschätzung der Entscheidungssituation als nach den zuvor beschriebenen Methoden, die lediglich die Einnahme von Extrempositionen erlauben.

Abb. 32: Bewertung mit dem Optimismus-Parameter

Zeilen-extremwerte / Aktionenraum	Zeilen-maxima $* \lambda$	Zeilen-minima $* (1 - \lambda)$	Summe
a_1	3 * 0,7 = 2,1	3 * 0,3 = 0,9	2,1 + 0,9 = 3,0
a_2	4 * 0,7 = 2,8	1 * 0,3 = 0,3	2,8 + 0,3 = 3,1
a_3	5 * 0,7 = 3,5	1 * 0,3 = 0,3	3,5 + 0,3 = **3,8**

In dem Rechenbeispiel wird für den Optimismusparameter ein Wert von $\lambda = 0{,}70$ angenommen. Dies bedeutet, dass der Landwirt relativ optimistisch ist, dass eine Wettersituation eintritt, die ihm nicht die gesamte Ernte verdirbt. Seine Haltung ist stärker risiko- als sicherheitsorientiert.

Die Entscheidung nach der Hurwicz-Regel erfolgt auf der Grundlage einer Gewichtung der Zeilenmaxima bzw. –minima, mit dem Optimismus-Parameter (λ) bzw. mit dem Faktor (1 – λ). Die Summe der Produkte aus beiden Gewichtungen bestimmt die Entscheidung. Es wird jene Alternative bevorzugt, deren Gewichtungssumme den höchsten Wert erreicht. In dem hiesigen Beispiel ist dies Alternative a_3.

Gemeinsam ist den dargestellten Entscheidungsregeln wie auch allen anderen Versuchen in dieser Richtung, dass sie das Problem der Ungewissheit nicht beseitigen können. Ungewissheit kann verringert werden durch eine intensive Information über die zur Entscheidung anstehenden Probleme und ihre sorgfältige Analyse und Abwägung. Eine wirklich sichere Entscheidung, die den Erfolg garantieren kann, gibt es jedoch nicht.

Eine der wesentlichen Aufgaben verantwortlicher Betriebsführung ist gerade darin zu sehen, im vollen Bewusstsein der Risiken und Unwägbarkeiten und unter Ausschöpfung aller verfügbaren Daten und Informationen rationale Entscheidungen herbeizuführen, die den Bestand und die Entwicklung des Betriebes gewährleisten.

3.3.6 Nutzwertanalyse

Die Nutzwertanalyse wird vor allem dann angewandt, wenn eine Entscheidung getroffen werden soll, die von mehreren Zielkriterien abhängt und in die **qualitative** Überlegungen einfließen. Denn in vielen Fällen bereitet die zahlenmäßige Darstellung der Entscheidungskriterien große Schwierigkeiten, vor allem bei offenen Entscheidungsmodellen. Die Kriterien sind auch oft subjektiv oder unbewußt.

Kaufentscheidungen unterliegen beispielsweise stark subjektiv-unbewußten Auswahlkriterien. Eine Verbesserung wird hier durch die Nutzwertanalyse erreicht, weil sie die **subjektiven** Entscheidungskriterien bewußt macht und zur Begründung zwingt. Auch wenn sie letztlich keine Methode zu einer objektiven Entscheidungsfindung ist, so ist sie doch eine rationale Methode, die den Entscheidungsprozess bewusst und transparent macht.

An einem Beispiel soll eine solche Nutzwertanalyse durchgeführt werden.

Beispiel:
Beim Kauf einer Stereoanlage wird man nicht irgendein Gerät nehmen, sondern eine Auswahl treffen, d. h. zu einer Entscheidung für ein bestimmtes Gerät kommen. Je sorgfältiger die Auswahl erfolgt, desto größer wird die Zufriedenheit mit diesem Gerät sein.

Wenn diese Entscheidung nicht spontan getroffen wird, was in Alltagssituationen häufig der Fall ist, dann basiert sie auf einer gedanklichen Abwägung des Für und Wider, ist also das Ergebnis eines mehr oder weniger rationalen Entscheidungsprozesses, der aus mehreren Phasen oder Schritten besteht. Wenn nun diese Phasen aus dem Zustand der Unbewußtheit heraustreten und transparent gemacht werden, so hat dies zum Ziel, eine Fehlentscheidung mit einiger Wahrscheinlichkeit zu vermeiden.

1. Phase: Problemdefinition und Problemanalyse
Das Problem selbst ist hier der Wunsch nach einer Stereoanlage. Bei der Problemanalyse ergeben sich dann - jedenfalls theoretsich - zwei Möglichkeiten: Kauf der Anlage oder Selbstbau. Im folgenden wird davon ausgegangen, dass der Selbstbau hier ausscheidet, dass es sich also um eine Kaufentscheidung handlelt.

Bei betrieblichen Entscheidungen, etwa bei der Errichtung neuer Anlagen, stellt sich allerdings in der Tat oft die Frage, ob man benötigte Anlagen, Gebäude etc. nicht auch selbst herstellen kann (Make-or-Buy-Entscheidung, vgl. Kap. 5.1.3.2).

2. Phase: Festlegung der Entscheidungskriterien
Der Preis soll max. 2.000,-- € betragen. Die Musikleistung soll mindestens 100 Watt je Kanal betragen. Die Anlage muss der DIN-Norm 45500 entsprechen. Der Frequenzumfang soll 20 - 20.000 Hertz umfassen. Der Klirrfaktor soll nicht größer als 0,5 % sein. Die Technik soll modern sein. Der Anschlusswiderstand für die Lautsprecherboxen muss 4 Ohm betragen.

Diese Auswahlkriterien sind nun zunächst dahingehend zu überprüfen, ob es sich um Sollziele (Sollkriterien) oder um Mussziele (Musskriterien) handelt.

Musskriterien sind zwingend. Eine Lösungsalternative, die sie nicht erfüllt, scheidet aus.

Sollkriterien hingegen beinhalten diejenigen Zielsetzungen, die möglichst weitgehend realisiert werden sollen. Der Zielerreichungsgrad ist dann Maßstab der Bewertung.

Beispiel:
In unserem Beispiel soll der Anschlusswiderstand ein Musskriterium sein, da die Anlage auf jeden Fall mit den bereits vorhandenen Boxen betrieben werden soll. Eine Anlage mit einem anderen Anschlusswiderstand als 4 Ohm kommt also auf keinen Fall in Betracht.
Desweiteren wird die Einhaltung der DIN-Norm als zwingendes Kriterium angesehen.
Die übrigen Kriterien werden hingegen als Sollvorgaben aufgefasst.

3. Phase: Informationsbeschaffung

Die Sammlung von Katalogen und Prospekten und die erste Sichtung hat ergeben, dass folgende Anlagen den Muss-Kriterien genügen:

Abb. 33: Beispiel einer Ergebnismatrix

	Gerät A	Gerät B	Gerät C	Gerät D
Preis	1.700,--	1.900,--	1.250,--	1.350,--
Frequenzbereich	20-20 KHz	10-40 KHz	20-20 KHz	20-30 KHz
Klirrfaktor	0,5 %	0,4 %	0,5 %	0,2 %
Ausgangsleistung (sinus)	2 x 120 W	2 x 90 W	2 x 80 W	2 x 100 W
techn. Ausstattung	Fernbedienung Sendersuchlauf, Sensortasten	Sendersuchlauf, Digitalanzeige	Standard Transistor	Standard Transistor

4. Phase: Gewichtung der Entscheidungskriterien

Die Entscheidungskriterien werden in eine Rangfolge gebracht und entsprechend ihrer subjektiv empfundenen Bedeutung mit Faktoren gewichtet.

(1) Diese Gewichtung kann in Form einer **freihändigen** Vergabe von Gewichtungspunkten vorgenommen werden.

Dies kann beispielsweise in der Art geschehen, dass insgesamt maximal 100 Punkte zur Verfügung stehen, die entsprechend der Bedeutung, die der Entscheidungsträger den Kriterien beimisst, vergeben werden, etwa wie in dem folgenden Beispiel:

Abb. 34: Beispiel einer freihändigen Gewichtung von Kriterien

lfd. Nr.	Kriterium	Gewichtung
1	Preis	40 Punkte
2	Frequenzbereich	30 Punkte
3	Klirrfaktor	15 Punkte
4	Ausgangsleistung	10 Punkte
5	techn. Ausstattung	5 Punkte
	gesamt	100 Punkte

Das Verfahren der freihändigen Punktevergabe hat jedoch den Nachteil, dass die Gewichtung weitgehend willkürlich ist und vor allem die Gefahr besteht, dass das Ergebnis der Nutzwertanalyse durch die Gewichtung der Kriterien manipuliert werden kann.

(2) Deshalb ist es zumeist sinnvoller, anstelle der freihändigen Punktvergabe ein Verfahren zu wählen, dass der willkürlichen Gewichtung weniger Raum läßt. Ein solches Verfahren ist die Anwendung der **Präferenz-Matrix** (Präferenz-Dreieck).

Die Methode des Präferenzdreiecks beruht auf dem Prinzip des **paarweisen** Vergleichs. Jedes Kriterium wird mit allen anderen verglichen. Bei dem Vergleich zweier Kriterien gibt der Anwender jeweils einem Kriterium die **Präferenz**. Diese Präferenz wird in das Dreieck eingetragen. Sodann wird für jedes Kriterium die Summe der Präferenzen (**Vorzugshäufigkeit**, VH) ermittelt und als Prozentwert berechnet.

Dieser Prozentwert ist ein Maß für das Gewicht des Kriteriums.

Für unser Beispiel könnten sich folgende Präferenzen und Gewichte ergeben:

Abb. 35: Beispiel für ein Präferenzdreieck

Laufende Nummer	Kriterium	Vorzugs-häufigkeit	Gewicht (%)	Präferenzen
1	Anschaffungspreis	3	30	
2	Frequenzbereich	2	20	
3	Klirrfaktor	3	30	
4	Ausgangleistung	1	10	
5	Techn. Ausstattung	1	10	

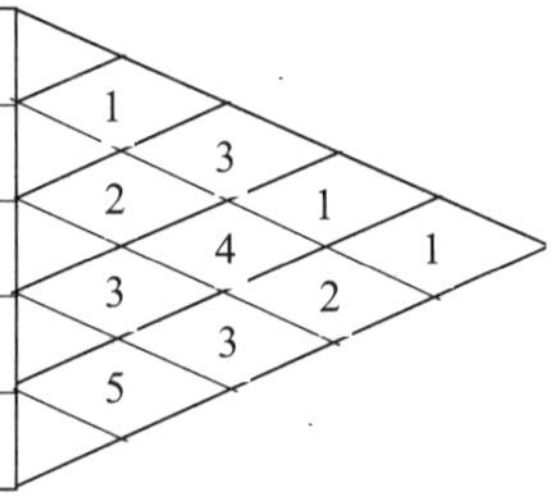

Die Gewichtungsfaktoren (GwF) in % für das Kriterium i bei insgesamt n Kriterien errechnet sich nach der Gleichung:

$$GwF_i = \frac{VH_i * 100}{\sum VH} = \frac{VH_i * 2 * 100}{n(n-1)}$$

Natürlich führt auch die Anwendung der Präferenzmatrix letztendlich nicht zu einer objektiven Gewichtung der Kriterien. Eine solche kann es auch gar nicht geben. Denn die Gewichtung ist immer der Ausdruck subjektiver Bewertungen. Das Verfahren zwingt aber dazu, sich intensiv mit den eigenen Präferenzen auseinander zu setzen und es wirkt der willkürlichen und manipulativen Gewichtung entgegen.

5. Phase: Vergabe von Teilpunktwerten für die einzelnen Merkmale

Verbreitet ist für die Punktvergabe eine Fünferskala. Gelegentlich werden auch Zehnerskalen vorgeschlagen *(vgl. z.B. Schierenbeck 2000, S. 158-162)*. Bei der Fünferskala entspricht ein Punkt der schlechtesten, 5 Punkte entsprechen der besten Bewertung. Die Punktwerte können auch durch Symbole oder Begriffe dargestellt werden.

Abb. 36: Punktetabelle für eine Fünferskala

Punktezahl	Symbol	Bezeichnung
5	+ +	sehr gut
4	+	gut
3	0	mittel
2	-	schlecht
1	- -	sehr schlecht

(1) Punktvergabe bei rein *qualitativen*, nicht quantifizierbaren Kriterien
Qualitative Kriterien sind solche, deren Merkmalsausprägungen nicht gemessen und in Zahlenangaben ausgedrückt werden können. Dazu rechnen z.B. Merkmale wie: Aussehen und Bedienungskomfort oder auch, wie in unserem Beispiel, die technische Ausstattung eines Gerätes. Bei solchen Merkmalen wird die Punktvergabe zwangsläufig subjektive Elemente aufweisen. So ist z.B. die Bewertung des Aussehens eines Gegenstandes eine rein subjektive Geschmacksfrage, für die es keinen allgemeingültigen Maßstab gibt. Auch die Bewertung der technische Ausstattung z.B. einer Stereoanlage ist nicht frei von subjektiven Urteilen, denn es kann nicht ohne weiteres angenommen werden, dass jedes Mehr an technischer Ausstattung von jedem auch als positiv empfunden wird. Die Bewertung qualitativer Kriterien wird also immer ein mehr oder weniger subjektiver Vorgang sein, für den es keine allgemeinen Verfahrensregeln geben kann.

Ein weiteres Problem taucht hier auf: nämlich die Frage nach der **Normierung** der Bewertungsskala.

Hierzu wird in der Literatur z.T. die Ansicht vertreten, dass generell der besten Alternative die höchstmögliche Punktzahl (5 Pkt.), der schlechtesten immer die kleinstmögliche Punktzahl (1 Pkt.) vergeben werden solle. Diesem Ansatz muss jedoch widersprochen werden, da er zu fehlerhaften und möglicherweise absurden Ergebnissen führen kann. So wäre es durchaus möglich, dass bei einem Entscheidungsproblem sämtliche Alternativen unseren Vorstellungen nur sehr unzureichend genügen. Dennoch wird aber die beste dieser schlechten Lösungen eine insgesamt hohe Punktzahl erreichen. Es wird dann also eine Lösung akzeptiert, die eigentlich unannehmbar ist.

Hieraus folgert, dass die Normierung der Skala, d.h. die Bestimmung ihrer Extremwerte, nicht anhand der vorgefundenen Lösungsmöglichkeiten sondern an unabhängig hiervon existierenden **Maßstäben** orientiert sein muss.

Wenn unter den zur Wahl stehenden Alternativen (z. B. Stereoanlagen) keine in ihrem Aussehen dem individuellen Geschmack entspricht, so werden eben alle Modelle nach diesem Merkmal eine schlechte Bewertung erfahren. Es darf jedenfalls nicht sein, dass eine Alternative mit "sehr gut" bewertet wird, nur weil sie weniger hässlich ist (nach subjektivem Geschmack) als alle anderen. Dieses Problem findet sich im übrigen analog auch in der Bewertung von Prüfungsleistungen, der Beurteilung von Mitarbeitern etc.

In dem hier betrachteten Beispiel ist also die Punktvergabe für das Kriterium "technische Ausstattung" ein derart qualitatives Problem.

Beispiel:
Es sei hier angenommen, dass der Käufer mit einer Standardausstattung durchaus zufrieden wäre; er würde dann also den Geräten C und D jeweils 3 Punkte geben; für eine Unterschreitung des Standards würde er eine Abwertung bis minimal 1 Punkt vornehmen. Bei Gerät B könnte er z. B. den Sendersuchlauf als positiv, aber die Digitalanzeige als negativ einstufen, weil er Analog-Instrumente bevorzugt, so dass er im Ergebnis für B vielleicht auch nicht mehr als 3 Punkte zu vergeben bereit ist. Die Extras bei Gerät A entsprächen jedoch eher seiner Idealvorstellung, es fehlt ihm daran eigentlich nur eine zusätzliche LED-Anzeige. Er gibt also dem Gerät A 4 Punkte.

(2) Punktvergabe bei *quantitativen* Kriterien

Bei quantifizierbaren Kriterien ist die Situation insofern günstiger, als die Punkteverteilung zwischen den Extremwerten nach einem objektiven Verfahren vorgenommen werden kann. Und zwar läßt sich die Punktezuordnung anhand eines Koordinatenkreuzes oder einer Punkteskala objektivieren.

Für das Kriterium "Preis" in unserem hiesigen Beispiel könnte dies etwa folgendermaßen aussehen:

Beispiel einer Bewertung anhand einer Skala:

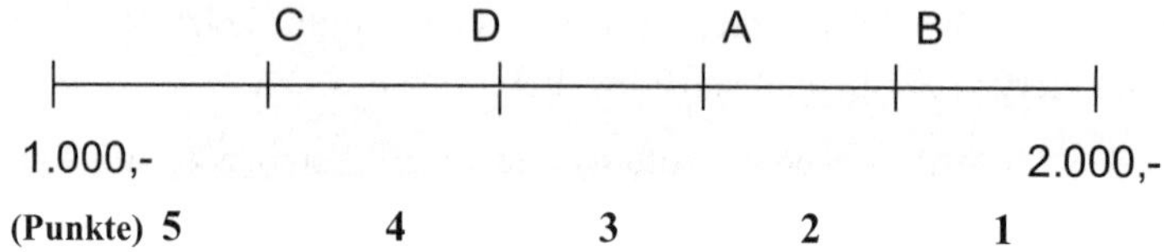

Es ergeben sich demnach folgende Bewertungen:

A = 2 Punkte

B = 1 Punkt

C = 4 Punkte

D = 4 Punkte.

Nun enthält diese Skala bereits eine Festlegung, die aus den vorhandenen Daten nicht zwingend geschlossen werden kann, nämlich die Normierung der Skala. Die Punkteskala 1 - 5 wird einer Preisskala von 1.000,-- € bis 2.000,-- € gegenübergestellt. Für diese Abgrenzung der Preisskala gibt es keine objektiven Verfahren. Es ist vielmehr eine subjektive Setzung des Akteurs. Die Skala besagt: ein Kaufpreis von mehr als 1.800,-- € wird als sehr hoch empfunden. Geräte, die mehr als diesen Betrag kosten, erhalten die kleinstmögliche Punktzahl.

Umgekehrt wird ein Preis von 1.200,-- € oder weniger als sehr günstig angesehen, solche Geräte erhalten die maximale Punktzahl (5 Punkte). Liegt der Preis zwischen den Extremwerten, so kann nach der Skala ein Punktwert zugeordnet werden.

In dem Beispiel werden die Geräte C und D seinen Preisvorstellungen am ehesten, aber eben doch nicht hundertprozentig gerecht.

Durch die Skala kann also das Verfahren der Punktezuordnung objektiviert werden. Die Normierung der Skala bleibt aber auch hier ein rein **subjektiver** Bewertungsvorgang.

Analog kann für die verbleibenden Kriterien eine Punktezuordnung vorgenommen werden.

6. Phase: Erstellen und Berechnen einer Nutzwerttabelle

Die Ergebnisse der Gewichtung der Kriterien und der Bewertung der Alternativen werden in einer Nutzwerttabelle zusammengefasst.

Abb. 37: Beispiel einer Nutzwerttabelle

			Alternativen							
Kriterien			Gerät A		Gerät B		Gerät C		Gerät D	
Nr.	Bezeichnung	Gew. (%)	Bew.	TNW	Bew.	TNW	Bew.	TNW	Bew.	TNW
1	Preis	30	2	60	1	30	4	120	4	120
2	Frequenzbereich	20	3	60	5	100	3	60	3	60
3	Klirrfaktor	30	2	60	3	90	2	60	5	150
4	Ausg.Leist.	10	5	50	3	30	3	30	4	40
5	techn. Ausst.	10	4	40	3	30	3	30	3	30
	Gesamt-Nutzwert			**270**		**280**		**300**		**400**

In die Nutzwerttabelle werden die Alternativen und ihre Bewertung **(Punkte)** sowie die Kriterien und ihre Gewichtung **(Prozentzahlen)** eingetragen. Aus der Multiplikation der Gewichtung mit der Punktzahl ergibt sich der **Teilnutzwert**. Die Summe der Teilnutzwerte **(TNW)** (Spaltensumme) ergibt den **Gesamtnutzwert (GNW)** einer Alternative (eines Gerätes). Der Gesamtnutzwert ist ein Maß für den Nutzen, den eine Alternative dem Akteur stiftet. Er ist das **Kriterium der Entscheidung** für eine von mehreren Alternativen.

7. Phase: Ergebnisanalyse

Bevor aufgrund dieser Nutzwerttabelle eine Entscheidung getroffen werden kann, sind ihre Ergebnisse zu überprüfen. Dies geschieht in zweierlei Hinsicht:

(1) Diskriminanz

Es ist zum einen zu fragen, ob das Ergebnis **eindeutig** ist, ob sich als Ergebnis also eine klare Entscheidung für eine bestimmte Alternative abzeichnet. Hier ist der Abstand zwischen der besten und der zweitbesten Alternative zu untersuchen **(Diskriminanz [D])**. Das Ergebnis ist nur dann eindeutig, wenn sich die beste Alternative von der zweitbesten deutlich abhebt. Liegen beide Alternativen dicht beieinander, dann ist das Ergebnis zweifelhaft; denn die Genauigkeit der Nutzwertanalyse ist nicht sehr groß, sie beinhaltet eben eine Reihe subjektiver und z. T. auch willkürlicher Elemente. Es läßt sich allerdings kein genereller Grenzwert angeben, wie groß der Unterschied sein müsse. Dies hängt letztlich davon ab, wie sicher man sich bei der Entscheidung sein will oder muss. Will man ein irrtümliches oder zufälliges Ergebnis mit hoher Sicherheit (Wahrscheinlichkeit) ausschließen, dann wird man eine große Differenz zwischen den beiden Alternativen fordern (etwa einen Unterschied der Nutzwerte von 20 % oder gar 30 % oder mehr). Ist man eher geneigt und in der Lage, auch ein größeres Fehlerrisiko zu tolerieren, so mögen die Anforderungen entsprechend niedriger angesetzt werden (also z.B. Differenz von 5 % oder 10 %).

(2) Akzeptanz

Desweiteren ist das Ergebnis dahingehend zu überprüfen, ob die beste Alternative auch den **Anforderungen** entspricht **(Akzeptanz [A])**. Möglich wäre ja, dass die Nutzwerte aller Alternativen, auch der besten, sehr weit hinter den maximalen Nutzwerten zurückblieben. Dann wäre also vielleicht eine der Alternativen zwar eindeutig die beste, sie wäre aber von der Idealvorstellung noch so weit entfernt, dass man sich guten Gewissens nicht für sie entscheiden könnte. Man würde dann z.B. auf den Kauf der Stereoanlage verzichten, weil keines der Modelle auch nur annähernd den eigenen Anforderungen entspricht. Auch hier kann keine allgemeingültige Grenze angegeben werden, denn dies hängt ganz von den individuellen Notwendigkeiten und Anforderungen ab. Benötigt man nun wirklich ganz dringend eine Stereoanlage, dann wird man zu Abstrichen von der Idealvorstellung eher bereit sein als wenn man der Ansicht ist, auch ohne eine Anlage ganz gut leben zu können und sich zum Kauf nur entschließen, wenn man genau das Passende findet.

In jedem Falle sollte aber der Anwender der Nutzwertanalyse seine Grenzwerte zuvor festgelegt haben, etwa in der Art, dass man zur Eindeutigkeit des Ergebnisses verlangt, dass die beste Alternative einen um X % höheren Nutzwert hat als die zweitbeste **(Diskriminanzniveau)** und dass die beste Alternative mindestens Y % des maximalen Nutzwertes erreicht **(Akzeptanzniveau)**. Der maximale Nutzwert beträgt bei einer 5er-Skala immer 500.

(3) Berechnung von Diskriminanz und Akzeptanz

Die **Diskriminanz (D)** wird nach folgender Formel berechnet:

$$D = \frac{höchster\ GNW - zweithöchster\ GNW}{höchster\ GNW} * 100$$

Für die Berechnung der **Akzeptanz (A)** gilt:

$$A = \frac{höchster\ GNW}{\max\ GNW} * 100$$

Für das Beispiel werden folgende Forderungen angenommen:

a) Diskriminanzniveau $\geq$ 20 %

b) Akzeptanzniveau > 80 %

Tatsächlich erreicht werden:

$$D = \frac{400 - 300}{400} * 100 = \frac{100}{400} * 100 = \underline{\underline{25\%}}$$

$$A = \frac{400}{500} * 100 = \underline{\underline{80\%}}$$

Das geforderte Diskriminanzniveau wird deutlich überschritten, das Ergebnis besitzt also die geforderte Eindeutigkeit.

Das gewünschte Akzeptanzniveau wird genau im Minimum erreicht. Zur Absicherung des Ergebnisses wäre es in diesem Fall sinnvoll, noch einmal alle Schritte der Nutzwertanalyse zu wiederholen und dort, wo Unsicherheiten z.B. in der Kriterienauswahl und ihrer Gewichtung oder bei der Bewertung deutlich werden, die Daten zu variieren. Es wird sich - nach ggf. mehrmaliger Wiederholung - zeigen, ob sich das Ergebnis bestätigt oder als zufallsbedingt herausstellt.

3.4 Realisierung

Die Realisierung der getroffenen Entscheidungen ist im engeren Sinne eine operative Aufgabe, die nicht dem Management zugerechnet werden kann. Im Zuge der Realisierung kommen die Entscheidungen des Managements für alle Betriebsbereiche zur Anwendung. Ausführende Aufgaben stehen daher hier im Vordergrund.

Unter zweierlei Gesichtspunkten ist jedoch die Tätigkeit des Managements auch in diesem Stadium des betrieblichen Prozesses erforderlich: das Management muss zum einen durch die Schaffung einer geeigneten **Organisation** (vgl. Kap. 4.1) die Voraussetzungen schaffen, damit die getroffenen Entscheidungen in die Praxis umgesetzt werden können. Dazu gehört sowohl die Gestaltung einer Gebildestruktur aus Stellen und Instanzen einschließlich der Besetzung und Ausstattung dieser Stellen **(Aufbauorganisation)** wie auch die Regelung der Arbeitsabläufe im Rahmen der Prozessstrukturierung **(Ablauforganisation)**. Zum anderen liegt es in der Verantwortung des Managements, die geschaffenen Strukturen in Gang zu setzen und zu halten. Es muss daher im Zuge der **Personalführung** (vgl. Kap. 4.2) beständig auf die Mitarbeiter in dieser Organisation einwirken und sie dazu veranlassen, die notwendige Arbeitsleistung zu erbringen und die einzelnen Beiträge koordinieren.

Die Managementaufgabe erschöpft sich also nicht darin, Entscheidungen vorzubereiten und zu treffen. Das Management trägt vielmehr die Verantwortung dafür, dass diese Entscheidungen tatsächlich umgesetzt werden. Es ist insgesamt für die Leistung und den Erfolg des Betriebes verantwortlich. Zu seinen Aufgaben gehört folglich alles, was diesen Erfolg beeinflussen oder sicherstellen kann, insbesondere auch die Aufgabe der Steuerung (vgl. Kap.4.3) und der Kontrolle.

3.5 Kontrolle

3.5.1 Begriff

Das Management **überwacht** die betriebliche Tätigkeit. Die Überwachung geschieht durch **Kontrolle** und **Prüfung** (Revision).

Im Gegensatz zur Kontrolle, welche die Überwachung durch eine mit der Aufgabe betraute Person bezeichnet (i. d. R. der Vorgesetzte), spricht man von Prüfung, wenn die Überwachung durch eine dritte Person durchgeführt wird, die nicht unmittelbar in die Aufgabenerledigung einbezogen ist und nicht dem jeweiligen Verantwortungsbereich angehört.

Abb. 38: Überwachung - Kontrolle - Prüfung

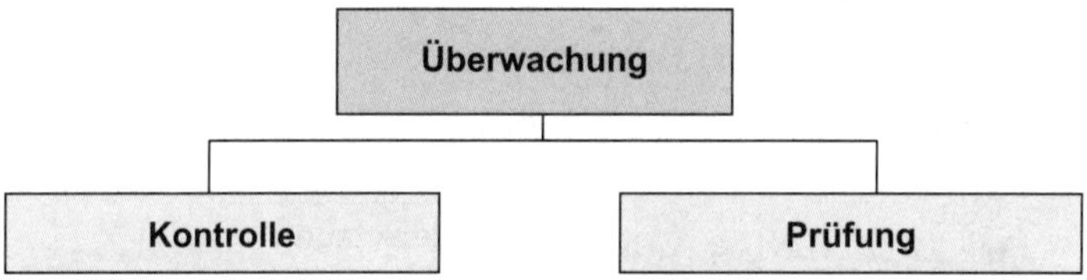

Auf die begriffliche Differenzierung von Kontrolle und Prüfung wird gelegentlich auch verzichtet, stattdessen werden Überwachung und Kontrolle (im weiteren Sinne) gleichgesetzt *(vgl. z.B. Schmidt 1998, S. 266).*

3.5.2 Aufgabe und Funktion der Kontrolle

Die Aufgabe und die Funktion der Kontrolle veranschaulicht ihre Stellung im Managementkreis. Sie schließt den Managementzyklus ab und leitet zum nächsten über.

Die Aufgabe der Kontrolle besteht darin, das Ausmaß der Übereinstimmung oder Abweichung zwischen dem von der Betriebsführung Gewollten und dem tatsächlich Erreichten bzw. Eingetretenen festzustellen. Kontrolle beinhaltet also immer einen **Soll-Ist-Vergleich**.

Kontrolle kann sich auf alle Tatbestände beziehen, die Gegenstand der Willensbildung der Betriebsführung sind, also auf alle durch Planungen und Entscheidungen der Betriebsführung geregelten Tatbestände. Dies sind insbesondere:

- die Feststellung des Grades der Zielerreichung auf allen Zielebenen,
- die Überprüfung der Durchführung der Maßnahmen auf ihre Übereinstimmung mit den Weisungen.

Die **Kontrolle** beinhaltet zusammengefasst also den **Soll-Ist-Vergleich** zwischen **Planung** (Ziel- und Maßnahmenplanung) und **Realisierung**.

Planung (einschl. der Entscheidung) und Kontrolle bedingen sich also gegenseitig: "Planung ist ohne Kontrolle sinnlos" und "Kontrolle ist ohne Planung unmöglich" *(Schmidt 1998, S. 267).*

Abb. 39: Kontrolle im Managementsystem

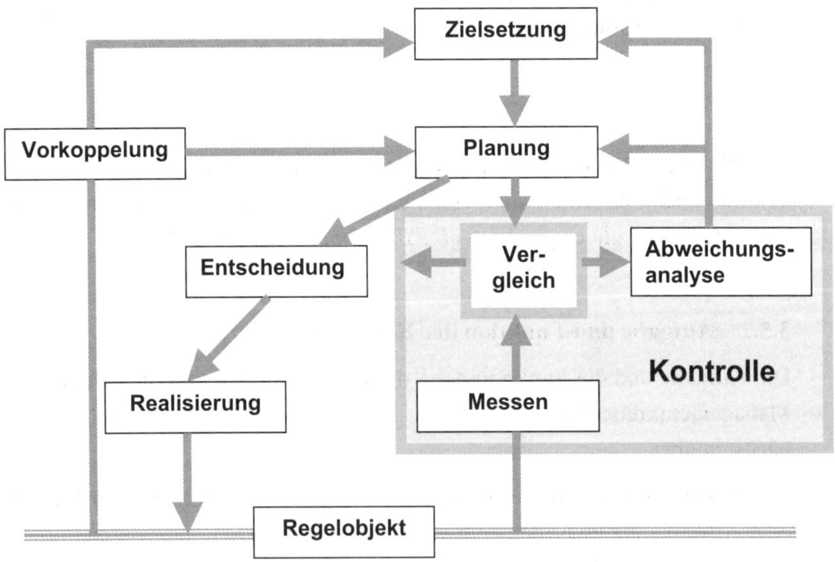

Kontrolle hat die Funktion, der Betriebsführung Informationen zu liefern, die für die Steuerung des Betriebes notwendig sind. Sie zeigt Abweichungen vom Geplanten auf und versetzt das Management damit in die Lage, korrigierend einzugreifen und die tatsächliche Entwicklung des Betriebes bei ihren Planungen und Entscheidungen stets zu berücksichtigen. Zuverlässige Kontrolle gewährleistet, dass die Entscheidungen der Betriebsführung der Realität Rechnung tragen. Mangelt es an der Kontrolle, so verliert auch die Betriebsführung mehr und mehr den Bezug zur Realität. Entscheidungen werden dann in Unkenntnis oder falscher Einschätzung der tatsächlichen Gegebenheiten des Betriebes getroffen.

Die Kontrolle ist also eine notwendige Voraussetzung für eine wirksame **Rückkoppelung** (feed back). Die Rückkoppelung speist die Daten, die am Ende des Managementzyklus durch die Kontrolle gewonnen werden, erneut in den Regelkreis ein.

Kommt es zwischen dem angestrebten Sollzustand, der aus den Zielsetzungen der Betriebsführung unter Berücksichtigung angenommener Einflussgrößen **(Vorkoppelung)** bestimmt wird, und dem Ist-Zustand zu einer Differenz, dann sind die Ursachen der Abweichung in einer **Abweichungsanalyse** zu erfassen. Das Ergebnis der Kontrolle und der Abweichungsanalyse bildet die Grundlage weiterer Planungen und Entscheidungen der Betriebsführung.

3.5.3 Arten der Kontrolle

Die Kontrolle (Überwachung) des betrieblichen Geschehens vollzieht sich auf verschiedene Weise.

(1) Die **interne Kontrolle** wird von betriebsangehörigen Kontrollorganen wahrgenommen, entweder als Bestandteil des **laufenden Führungs- und Steuerungsprozesses** und/oder im Rahmen der **internen Revision** (Innenrevision)

Unter der internen Revision versteht man eine von der Unternehmensführung angeordnete Überwachung, die vom laufenden Arbeitsprozess losgelöst ist, der Führung berichtet und sie berät. Die interne Revision erstreckt sich auf die Überwachung aller der Führungsspitze nachgeordneten Bereiche durch Personen, die von diesen nachgeordneten Stellen unabhängig sind.

In jüngerer Zeit zeichnet sich vor allem bei Großunternehmen ein Wandel in der Aufgabenstellung ab. Die Interne Revision hat zunehmend die Unternehmensführung bei Grundsatzentscheidungen zu unterstützen. Sie trifft jedoch keine eigenen Entscheidungen, sondern stellt sicher, dass die dazu erforderlichen Informationen vollständig und objektiv zur Verfügung stehen. Außerdem wirkt sie bei der Aufgabe der Koordination der betrieblichen Teilbereiche sowie dem wirksamen Einsatz der Instrumente „Planung" und „Organisation" und deren laufender Optimierung mit *(vgl. Korndörfer 2003, S. 461f)*.

Abb. 40: Arten der Kontrolle (Überwachung)

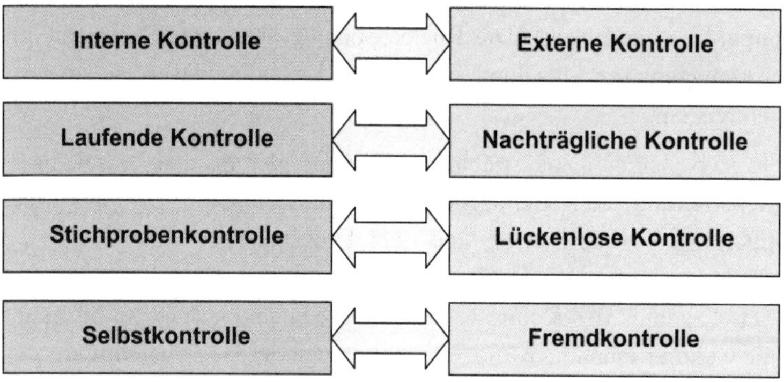

Die interne Revision ist häufig in spezialisierten Stellen oder Abteilungen institutionalisiert, die unmittelbar der Führungsspitze nachgeordnet sind, nur dieser berichten und nur von dieser weisungsabhängig sind.

Zu den Aufgaben der internen Revision zählen im einzelnen:

- Rentabilitäts- und Wirtschaftlichkeitsanalysen
- Rationalisierungsuntersuchungen
- Organisationsanalysen
- Unternehmensbewertungen
- Unternehmensplanung
- Statistik.

Darüber hinaus obliegt der internen Revision die **"Überwachung der Überwachung"**, d. h. die Überwachung des gesamten Kontrollsystems. Analog der internen Revision in den Unternehmungen verfügen Verwaltungsbetriebe über interne Kontrollinstanzen.

(2) Die **externe Prüfung** wird von betriebsfremden Personen oder Institutionen wahrgenommen. Externe Kontrollen können für die Unternehmen gesetzlich vorgeschrieben sein (z.B. Jahresabschlussprüfung bei Kapitalgesellschaften), behördlich angeordnet werden (z.B. Prüfung strafrechtlich relevanter Tatbestände) oder freiwillig durchgeführt werden (z.B. Prüfung auf Kreditwürdigkeit).

Externe Prüfungsaufgaben werden zum einen durch staatliche Institutionen wahrgenommen, wie z. B. durch die Finanzverwaltung und die Aufsichtsbehörden, zum anderen werden externe Prüfungen auch von Privaten vorgenommen, wie z. B. Wirtschaftsprüfer, Steuerberater, Banken usw.

Gelegentlich gehen externe Prüfungen auch über die reine Kontrollfunktion hinaus, wenn sie im Rahmen der **Unternehmensberatung** durchgeführt werden. Verwaltungsbetriebe unterliegen wie private Unternehmungen der externen Kontrolle, jedoch treten hier andere Kontrollinstanzen auf. Bei öffentlichen Betrieben nehmen insbesondere die Parlamente, Selbsverwaltungsorgane, Gerichte und Rechnungshöfe wesentliche externe Kontrollaufgaben wahr.

(3) Die **laufende Kontrolle** ist ein zentrales Element der Personalführung. Sie ist am ehesten geeignet, Fehler präventiv aufzudecken und frühzeitig Korrekturen zu bewirken.

Die laufende Kontrolle der betrieblichen Tätigkeit ist zum einen eine **orgnisatorische** Aufgabe:

- Arbeitsabläufe sind so zu gestalten, dass sie **zwangsläufig** in einer bestimmten Art und Reihenfolge ausgeführt werden müssen.
- Durch **Funktionsteilung** kann die gegenseitige Kontrolle der Mitarbeiter verstärkt werden.
- Durch den Einbau von **Kontrolleinrichtungen** (Kontrollinstanzen, technische Einrichtungen) kann die Dichte der Kontrolle erhöht werden.

Zum anderen ist die Kontrolle aber auch eine Aufgabe der **Personalführung**. Die Kontrollfunktion des Vorgesetzten erstreckt sich hier vor allem auf die Arbeitsabläufe und die Arbeitsergebnisse. Der Vorgesetzte beobachtet und korrigiert das Verhalten seiner Mitarbeiter.

Hilfsmittel der **laufenden Kontrolle** durch den Vorgesetzten sind u. a.:

- Organisationspläne
- Geschäftsverteilungspläne
- Arbeitsanweisungen
- Arbeitsablaufpläne
- Formulare
- Richtlinien und Vorschriften aller Art.

Diese Hilfsmittel beinhalten im wesentlichen die Soll-Vorgaben.

Die Ermittlung des Ist-Zustandes erfolgt durch die unmittelbare Beobachtung des Vorgesetzten, sie kann aber auch durch technische Einrichtungen erfolgen oder unterstützt werden (z. B. Registrierkassen, Stempeluhr ...).

Organisatorische Maßnahmen gewährleisten in Verbindung mit der Aufsicht durch den Vorgesetzten die laufende Kontrolle. Sie kann auf unterschiedlichste Tatbestände gerichtet sein und sich der verschiedensten Methoden und Techniken bedienen.

(4) Die **nachträgliche Kontrolle** hat den Vorzug, dass die zu prüfenden Gegenstände und Handlungen sorgfältig untersucht werden können. Die Handlungen sind auch in der Regel bereits abgeschlossen und ihre Folgen bekannt. Die nachträgliche Kontrolle kann daher sehr umfassend und detailliert ihren Untersuchungsgegenstand prüfen und würdigen. Ihr Nachteil ist allerdings, dass sie Fehler erst im Nachhinein erkennen, aber nicht verhindern kann.

(5) Auch für die Kontrollaufgabe gilt das Gebot der Wirtschaftlichkeit. Deshalb wird das Bestreben nach umfassender oder lückloser Kontrolle zummeist nicht zu realisieren sein. Bei der **Stichprobenkontrolle** kommt es vor allem darauf an, dass die kontrollierte Stichprobe für die Gesamtheit, aus der sie gezogen wurde repräsentativ ist, also nicht zu einem verzerrten Bild führt.

Ihrem Wesen nach ist die interne Revision immer eine nachträgliche Kontrolle und im allgemeinen auch stichprobenartig. Prüfungen werden in mehr oder weniger langen, regelmäßigen oder unregelmäßigen Zeitintervallen durchgeführt. Sie können nach einem zuvor erstellten Plan **(Revisionsprogramm)** oder aus **aktuellem** Anlaß (z. B. geplante Betriebsänderung) vorgenommen werden.

(6) Eine **lückenlose Kontrolle** ist vor allem dort anzustreben, wo es um besonders wichtige, für den Bestand oder die Entwicklung des Betriebes, die Sicherheit von Menschen etc. relevante Tatbestände geht. Aus Gründen des Aufwandes sollte sie aber auf solche Bereiche beschränkt bleiben. Auch ist zu prüfen, ob die notwendige Kontrolle in diesen Fällen durch technische oder organisatorische Maßnahmen kostensparend gewährleistet werden kann.

(7) Traditionell wird unter Kontrolle vor allem die **Fremdkontrolle** verstanden, d. h. es findet eine Trennung statt zwischen der Aufgabenausführung und der Kontrolle. Die Trennung von Ausführung und Kontrolle schließt subjektive Verfälschungen der Kontrollergebnisse aus, wird von den betroffenen Mitarbeitern, deren Arbeit oder Arbeitsergebnisse kontrolliert werden aber nicht selten als Misstrauen verstanden und abgelehnt.

(8) In modernen Führungsmodellen wird daher der Möglichkeit der **Selbstkontrolle** mehr Raum gegeben. Es wird angenommen, dass qualifizierte und motivierte Mitarbeiter in hohem Maße zu selbstverantwortlichem Handeln befähigt sind und weniger der Fremdkontrolle bedürfen. Stark arbeitsteilig zerlegte Arbeitsvollzüge werden unter diesem Gesichtspunkt um Planungs- und Kontrollaufgaben angereichert, um die Arbeitszufriedenheit und Motivation der Mitarbeiter zu fördern.

3.6 Wiederholungsfragen

	Lösungshinweise siehe Seite
36. Erläutern Sie die einzelnen Phasen des Managementkreises.	47
37. Welche Aufgaben hat die Betriebsführung bei der Realisierung?	48
38. Nennen Sie die drei Elemente von Zielen.	49
39. Was ist der Unterschied zwischen Sach- und Formalzielen?	50
40. Grenzen Sie Leistungs- und Erfolgsziele voneinander ab.	50
41. Nennen Sie je zwei Beispiele für absolute und relative Ziele.	50
42. Nennen Sie je zwei Beispiele für monetäre und nicht-monetäre Ziele.	50
43. Nennen Sie verschiedene Zielerreichungsgrade.	51
44. Geben Sie zwei Beispiele für Ziele mit unterschiedlichem Zeitbezug.	51
45. Formulieren Sie zwei vollständige Ziele.	49-51
46. Leiten Sie aus dem Oberziel 'Gewinn' für den Produktionsbereich und den Absatzbereich die zweite und dritte Zielebene ab.	52
47. Nennen und erläutern Sie die drei möglichen Zielrelationen.	53
48. Beschreiben Sie die einzelnen Phasen des Zielplanungsprozesses.	55
49. Beschreiben und diskutieren Sie das Problem der Ungewissheit.	56-57
50. Nennen Sie beispielhaft 5 Arten der Planung.	58
51. Nennen Sie 5 Planungsprinzipien.	59
52. Erläutern Sie das Prinzip der Flexibilität.	60
53. Stellen Sie die besondere Rolle des Wirtschaftlichkeitsprinzips dar.	60
54. Definieren Sie den Begriff ‚Entscheidung'.	61
55. Diskutieren Sie den Satz: ‚Rationalität der Entscheidung liegt in dem Prozess, nicht in ihrem Ergebnis begründet.'	62
56. Erläutern Sie die drei Entscheidungssituationen.	63

57.	Bauen Sie eine Ergebnismatrix auf mit je 3 Aktionen und 3 Zuständen auf. Wählen Sie hierzu ein beliebiges Beispiel.	64/65
58.	Transformieren Sie die Ergebnismatrix in eine Nutzwertmatrix auf der Basis einer Fünferskala. Vergeben Sie hierzu beliebige Nutzwerte.	66
59.	Treffen Sie nach dieser Nutzwertmatrix eine Entscheidung unter Sicherheit, wobei z_1 der sicher erwartete Zustand ist.	66/67
60.	Treffen Sie nach der Nutzwertmatrix eine Entscheidung unter Risiko mit den Zustandswahrscheinlichkeiten $p_1 = 20\%$, $p_2 = 50\%$ und $p_3 = 30\%$.	67
61.	Treffen sie nach der Nutwertmatrix eine Entscheidung unter Unsicherheit nach der Maximax-Regel.	68
62.	Erläutern Sie, inwiefern der Maximin-Regel eine pessimistische Zukunftserwartung zugrunde liegt.	69
63.	Was drückt der ‚Optimismus-Parameter' nach der Hurwicz-Regel aus?	69/70
64.	Erläutern Sie in einzelnen Schritten (Phasen) die Vorgehensweise bei der Nutzwertanalyse.	71-79
65.	Was ist der Unterschied zwischen Soll- und Muss-Kriterien bei der Nutzwertanalyse?	72/73
66.	Stellen Sie die Bestimmung der Gewichtungsfaktoren anhand eines Präferenzdreieckes dar.	74/75
67.	Nennen und erläutern Sie die einzelnen Stufen einer Fünferskala zur Bewertung der Alternativen.	76
68.	Erläutern Sie an einem Beispiel die Bewertung (Punktevergabe) bei quantitativen Kriterien.	78
69.	Stellen Sie für ein beliebiges Zahlenbeispiel eine vollständige Nutzwerttabelle auf.	79
70.	Was versteht man unter Diskriminanz und wie wird sie berechnet?	81
71.	Grenzen Sie die Begriffe ‚Überwachung', ‚Kontrolle' und ‚Prüfung' voneinander ab.	82/83
72.	Stellen Sie Kontrolle als eine Element eines kybernetischen Regelkreismodells dar.	84

4 Management als Gestaltungs- und Steuerungsfunktion

4.1 Organisation

4.1.1 Begriff

Eine Organisation ist ein Handlungssystem, welches im Hinblick auf die zu erfüllenden Ziele gestaltet ist. Hierbei werden dauerhafte betriebliche Regelungen geschaffen, durch die eine zweckmäßige interpersonale Arbeitsteilung erreicht werden soll.

4.1.2 Ziele der Organisation

Betriebliche Ziele können nur durch die Aufteilung der Gesamtaufgabe erreicht werden. Arbeitsteilung wird damit zum Ausgangspunkt und Grundproblem einer Organisation. Die verschiedenen Teilaufgaben müssen hierbei bestmöglich miteinander koordiniert werden. Daher ist es erforderlich, Beziehungen zu schaffen hinsichtlich der

- Kommunikation
- Anordnungen
- Kontrollen

In jedem funktionierenden Betrieb muss es derartige Regeln für interne Sachverhalte geben. Diese Regeln können entweder allgemeiner oder spezieller Art sein. Je mehr gleichartige und sich wiederholende Tatbestände es im Betriebsgeschehen gibt, um so mehr allgemeine Regeln können eingeführt werden.

Der Vorteil einer generellen Regelung liegt in der erheblichen Vereinfachung und damit Entlastung der betrieblichen Führung. Auf der anderen Seite kann sie zu unflexiblen, nicht optimalen Lösungen führen.

Anzustreben ist ein betrieblicher Zustand, bei dem alle wesentlichen, sich wiederholenden Vorgänge durch allgemeine Regeln gesteuert werden, darüber hinaus aber noch ausreichend Spielraum für spezielle, dem Einzelfall entsprechende Regelungen bleibt.

Dies ist die grundlegende Aufgabe einer Organisation. Sie muss gleichzeitig auch so flexibel sein, dass sie sich von der Betriebsführung gewünschten oder von der Umwelt erzwungenen Änderungen kurzfristig anpassen kann.

Organisation kann auch als Ordnung verstanden werden, welche das Unternehmen durch das Organisieren erhält. Der betriebliche Aufbau (Aufbauorganisation) und die Durchführung der betrieblichen Funktionen (Ablauforganisation) sind rational zu gestalten und im Sinne der betrieblichen Zielsetzungen zu optimieren.

4.1.3 Formale und informelle Organisation

Unter der **formalen** Organisationsstruktur wird ein System vorgegebener, fester Regelungen des Betriebsablaufs und des Betreibsaufbaus verstanden. Diese bewusst gestaltete Ordnung bildet die weiter unten behandelte Aufbau- und Ablauforganisation.

Daneben entwickeln sich in jeder Organisation, da sie ein soziales Gebilde darstellt, unbewusste Regelwerke, die sich im Laufe der Zeit verändern. Sie haben ihre Ursache in gemeinsamen Interessen, Sympathien oder Antipathien der Mitarbeiter. Solche informellen Netzwerke kommen den Bedürfnissen der Beschäftigten entgegen. Ihre persönliche Wünsche nach Akzeptanz, Anerkennung, Zugehörigkeit und Wahrnehmung ihrer Interessen können oftmals in dem starren, formal geregelten Organisationsablauf nicht genügend berücksichtigt werden. So sind **informelle** Beziehungen für den einzelnen ein bedeutender Faktor zur Integration in den Betrieb.

Diese „inoffiziellen" Strukturen entziehen sich weitgehend der Reglementierung durch die Leitungsebenen, dennoch haben sie häufig erheblichen Einfluss auf das Betriebsklima und die Leistungsfähigkeit eines Betriebes. Informelle Vernetzungen können sowohl einen hemmenden als auch einen fördernden Einfluss auf das Betriebsgeschehen haben.

In der Vergangenheit herrschte die Auffassung vor, informelle Strukturen ergäben für eine Organisation dysfunktionale Effekte und es sei deshalb die Aufgabe der Leitung, solche Einflüsse möglichst weitgehend abzubauen.

Mittlerweile hat sich jedoch die Auffassung durchgesetzt, dass dieses Beziehungsgeflecht auch zur Ergänzung und Stabilisierung der formalen Organisationsstruktur und zur Verbesserung ihrer Leistung beitragen kann. *(vgl. Schreyögg 2003, S. 14ff)*

4.1.4 Grundsätze der Organisation

Erfolgreiches organisatorisches Wirken setzt die Beachtung einiger grundlegender Prinzipien voraus, u.a.:

(1) Grundsatz der Zweckmäßigkeit

Organisieren ist ein zweckgerichtetes Handeln, das heist, dass alle strukturierenden Entscheidungen im Hinblick auf ihren Zweck optimiert werden müssen.

(2) Grundsatz der Wirtschaftlichkeit

Organisation ist kein Selbstzweck. Sie ist vielmehr notwendig, um in arbeitsteiliger Produktion die wirtschaftlichen Zielsetzungen der Unternehmung zu realisieren. Bei mehreren gleichwertigen organisatorischen Handlungsmöglichkeiten ist stets derjenigen mit der größten Wirtschaftlichkeit der Vorzug zu geben.

(3) Grundsatz des organisatorischen Gleichgewichts

Ein Betrieb erhält sein organisatorisches Gleichgewicht durch das für ihn passende Maß an stabilen und flexiblen Regeln. Dieses Verhältnis steht niemals fest sondern verändert sich. So wird beispielsweise im allgemeinen bei einem neu gegründeten Betrieb das Ausmaß an elastischen Regelungen größer sein als bei einem etablierten, weil der Erste mehr Flexibilität benötigt. *(vgl. Jung 2002, S. 243f)*

gehören zusammen
ergänzen sich

4.1.5 Aufbauorganisation

S. 115 Ablauforganisation

Die Aufbauorganisation befasst sich mit dem auf längere Dauer möglichst sinnvoll angelegten Betriebsaufbau (Gebildestruktur). Sie strukturiert das Handeln der Unternehmung und erstellt so den generellen organisatorischen Rahmen für das betriebliche Geschehen. Die allgemeine Aufgabe der Aufbauorganisation besteht in der zweckmäßigen **Gliederung** des gesamten Betriebes in funktionsfähige, aufgabenbezogene Handlungseinheiten und deren **Koordinierung**. Im einzelnen setzt sich die betriebliche Organisationsstruktur aus zwei aufeinanderbezogenen Gestaltungsphasen zusammen, und zwar aus:

- **der Aufgabenanalyse** (d.h. die Aufspaltung in so viele Teilaufgaben, dass die Gesamtaufgabe des Unternehmens erfüllt werden kann) und
- **der Aufgabensynthese** (d.h. die Zusammenfassung dieser Teilaufgaben zu arbeitsfähigen betrieblichen Einheiten).[1]

4.1.5.1 Aufgabenanalyse

Die Aufgabenanalyse bildet den Ausgangspunkt einer rationalen Gliederung des Betriebes. Ihr Hauptzweck ist es, die Gesamtaufgabe in logisch abgrenzbare **Teilaufgaben** zu zerlegen. Die Zerlegung der Gesamtaufgabe kann nach unterschiedlichen Gliederungsmerkmalen vorgenommen werden. Dabei können sachliche und formale Gliederungsmerkmale unterschieden werden.

Abb. 41: Gliederungsmerkmale für die Aufgabenanalyse

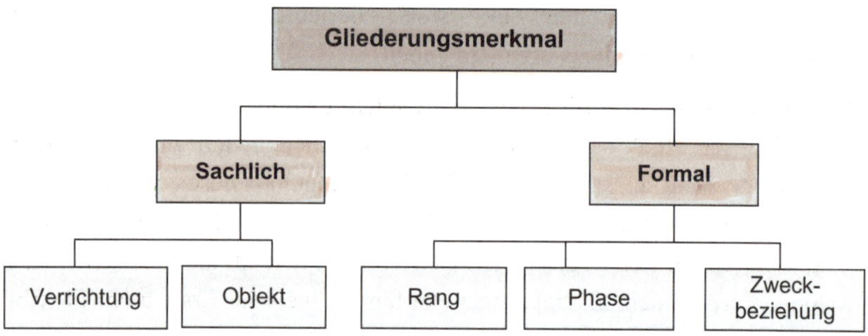

Die Analyse der Arbeitsaufgaben nach Verrichtung und Objekt wird als **sachliche Aufgabenanalyse** bezeichnet. **Verrichtungen** sind die Tätigkeiten, die zur Erledigung der Aufgabe notwendig sind. In dem folgenden Beispiel sind Drehen, Montieren etc. die Verrichtungen, die weiter in Teilverrichtungen (Vordrehen, Fertigdrehen etc.) untergliedert werden.

[1] vgl. im Folgenden Jung 2002, S. 248ff

Abb. 42: Beispiel für eine Aufgabenanalyse nach Verrichtungen

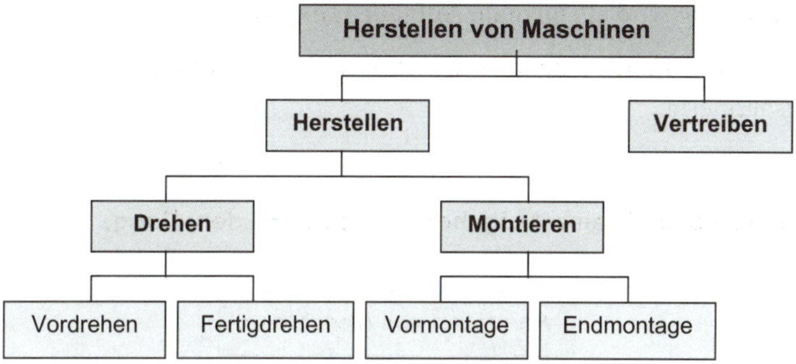

Objekte sind die Gegenstände, an denen diese Verrichtungen vorgenommen werden. In dem hier betrachteten Beispiel werden die Verrichtungen an verschiedenen Maschinen, die produziert werden, vorgenommen. Die Objekte ihrerseits können in verschiedene Untergruppen (Teilautomat/Vollautomat) oder auch in Teilobjekte (Gehäuse/Motor) unterteilt werden.

Abb. 43: Beispiel für eine Aufgabenanalyse nach Objekten

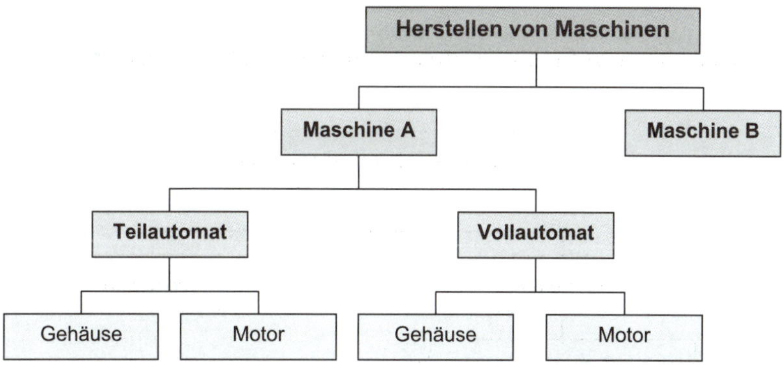

Die Zerlegung der Aufgaben nach dem Rang, der Phase oder der Zweckbeziehung wird als **formale Aufgabenanalyse** bezeichnet.

Das Kriterium Rang unterscheidet zwischen Entscheidungs- und Ausführungsaufgaben.

Abb. 44: Beispiel für eine Aufgabenanalyse nach dem Rang

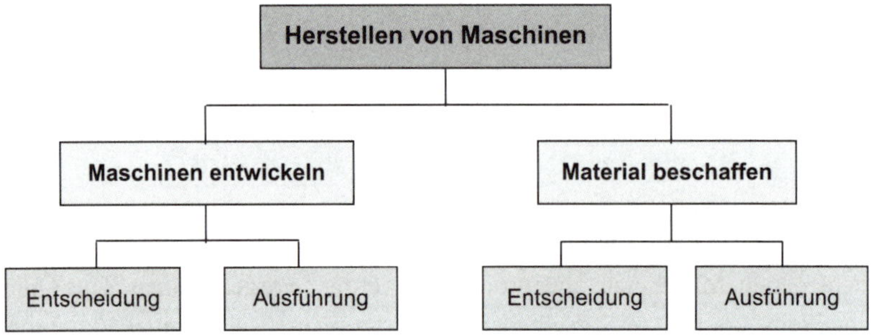

Nach dem Ablauf der Tätigkeiten ist es möglich, die Teilaufgaben jeweils in das Phasenschema „Planung, Realisation, Kontrolle“ einzuordnen.

Abb. 45: Beispiel für eine Aufgabenanalyse nach der Phase

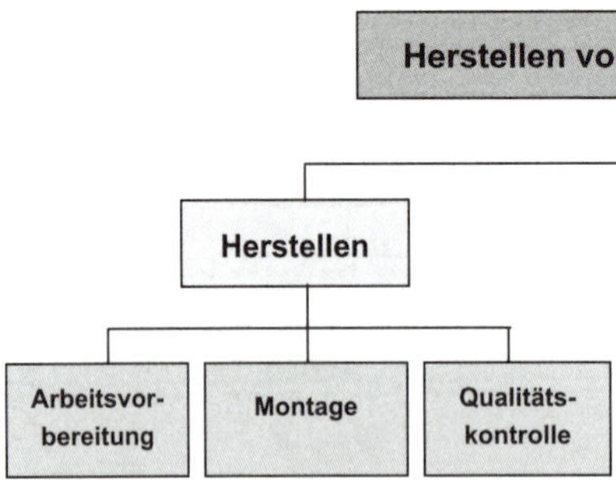

Bei der Analyse nach der Zweckbeziehung wird die Gesamtaufgabe in Primär- und Sekundäraufgaben zerlegt. Primäraufgaben haben unmittelbar mit dem eigentlichen Betriebszweck zu tun (Zweckaufgaben), während Sekundäraufgaben (Verwaltungsaufgaben) indirekt der Gesamtaufgabe dienen. Sie tragen zur zielgerichteten Erledigung der Primäraufgaben bei.

Abb. 46: Beispiel für eine Aufgabenanalyse nach der Zweckbestimmung

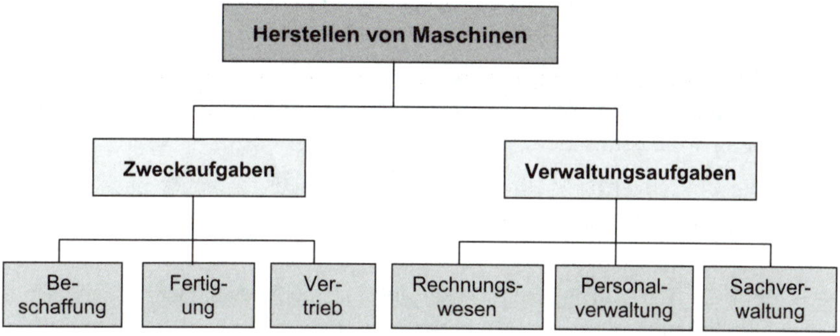

Eine Teilaufgabe muss nach allen fünf Gliederungsmerkmalen dargestellt werden können. Mit fortschreitender Untergliederung (**Gliederungstiefe**) werden die Teilaufgaben zunehmend homogener.

Ein praktisches Problem stellt die Entscheidung über die jeweilige Gliederungstiefe dar. Die Aufgabengliederung wird dann beendet, wenn eine Teilaufgabe direkt einem **Aufgabenträger** zugeordnet werden kann.

4.1.5.2 Aufgabensynthese

Durch die **Aufgabensynthese** soll die im Rahmen der Aufgabenanalyse in ihrem sachlichen Zusammenhang gewonnene Menge an Teilaufgaben so miteinander kombiniert werden, dass daraus kleinste organisatorische Einheiten zur Erfüllung von Aufgaben (Stellen) entstehen. Dieses bedingt eine Zusammenfassung **(= Zentralisation)** der Teilaufgaben.

Diese Zentralisation kann nach unterschiedlichen Merkmalen erfolgen, und zwar zunächst nach den Kriterien, die auch bei der Aufgabenanalyse verwendet wurden, sowie darüber hinaus nach weiteren Kriterien.

- Bei der **Verrichtungszentralisation** werden gleichartige Verrichtungen an unterschiedlichen Objekten zusammengefasst, z.B. in einer Dreherei werden sämtliche anfallenden Dreharbeiten für alle Metallteile erledigt.
- Die **Objektzentralisation** stellt die Erzeugnisse als das entscheidende Gliederungskriterium in den Vordergrund. Die Fertigung beispielsweise ist danach eingeteilt in Getriebe, Gehäuse, Motoren usw.
- **Entscheidungszentralisation** bedeutet das Zusammenfassen der Entscheidungsaufgaben an der Spitze des Betriebes oder den Stellen, deren Bereich sie betreffen.
- Die **Phasenzentralisation** gliedert das Betriebsgeschehen nach Planungs- und Kontrollaufgaben wie beispielsweise Fertigungsplanung und Endkontrolle.
- Bei der **Verwaltungszentralisation** sind die Verwaltungsaufgaben in einer besonderen Einheit zusammengefasst.
- Unter **sachmittelorientierter Zentralisation** wird eine Einteilung nach den zur Verfügung stehenden Sachmitteln verstanden. (Beispiel: Fertigungsautomat, manuell zu bedienende Maschine).
- **Raumzentralisation** heißt eine Aufgabeneinteilung nach räumlichen Gesichtspunkten. Dieses können verschiedene Fertigungsgebäude, aber auch Städte oder Länder sein.
- Die **personale Zentralisation** gliedert die Aufgaben nach den einzelnen Mitarbeitern, um so deren Potential möglichst weitgehend zu nutzen.

Neben diesen Zentralisationsmöglichkeiten gibt es im Betriebsgeschehen auch das Prinzip der **Dezentralisierung**, das immer dort angebracht ist, wo eine Zentralisierung wegen fehlender Nähe zur Praxis oder aus Gründen einer Überforderung nicht sinnvoll erscheint.

4.1.5.3 Stellenbildung

Das Grundelement jeder Organisation ist die **Stelle**. Sie ist die kleinste organisatorische Einheit und bündelt diejenigen Aufgaben, welche von einer gedachten Person normaler Leistungsfähigkeit und entsprechenden Kenntnissen ausgeführt werden können. Hierbei werden insbesondere gleichartige Aufgaben gebündelt. Im Rahmen der Aufgabensynthese werden diese Teilaufgaben zu möglichst homogenen Stellen zusammengefasst. Nachdem dies geschehen ist, können sie im Rahmen einer **Stellenbeschreibung** eindeutig und vollständig beschrieben werden.

Stellenbeschreibungen sollten die folgenden Angaben enthalten:

- Stellenbezeichnung
- Organisatorische Eingliederung der Stelle
- Ziele der Stelle
- Unter- bzw. Überstellung des Stelleninhabers
- Kommunikationsbeziehungen
- Regelung der Stellvertretung des Stelleninhabers
- Aufgaben
- Kompetenzen und Verantwortung
- Anforderungen an den Stelleninhaber
- Vergütung

(Vgl. Dincher 2003, S. 102ff)

Aus den Stellenbeschreibungen können entsprechende **Anforderungsprofile** gebildet werden, welche im Rahmen einer **Stellenbesetzung** mit den jeweiligen **Fähigkeitsprofilen** der Bewerber verglichen werden. Ziel ist es, die von ihr gebildeten Aufgaben auf bestimmte Personen zu übertragen. Diesen Vorgang bezeichnet man als **Stellenbesetzung**. Dabei wird eine möglichst weitgehende Deckungsgleichheit beider Profile angestrebt.

4.1.5.4 Gruppen- und Abteilungsbildung

Durch die Zusammenfassung von Stellen entstehen Stellenmehrheiten. Deren Bildung kann hierbei nach dem **Gruppenprinzip** oder dem **Hierarchieprin-**

zip erfolgen. Wird das Gruppenprinzip angewendet, so führt dies zur Bildung von **Arbeitsgruppen** während die Anwendung des Hierarchieprinzips zur Bildung von **Abteilungen** führt.

Arbeitsgruppen sind dadurch gekennzeichnet, dass mehrere Stellen gleichberechtigt an der Erfüllung einer gemeinsamen Aufgabe arbeiten. Arbeitsgruppen, denen zeitlich begrenzte Aufgaben übertragen werden, heißen **Projektgruppen**.

Abteilungen entstehen durch die Zusammenfassung von nicht gleichberechtigten Stellen. Ziel ist hierbei die Schaffung eines einheitlichen, in sich geschlossenen und von anderen Abteilungen deutlich abgegrenzten Aufgabenbereiches. Einem der Stelleninhaber der in einer Abteilung zusammengefassten Stellen werden Leitungsaufgaben gegenüber den anderen Stelleninhabern übertragen, so dass eine Leitungsstelle **(Instanz)** entsteht.

Abb. 47: Schematische Darstellung einer Abteilung

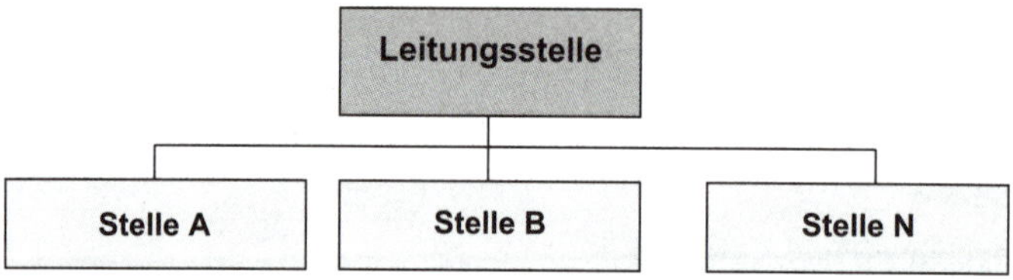

Leitungsaufgaben sind durch verschiedene Merkmale bestimmt. Neben den im Vordergrund stehenden **Entscheidungsaufgaben** bestehen noch **Anordnungs-** und **Kontrollaufgaben**. Zu den Leitungsaufgaben zählt insbesondere auch das kreative Element, das sich u.a. im Setzen neuer Ziele niederschlägt.

Die Zahl der Mitarbeiter, die einem Vorgesetzten direkt unterstellt sind, wird als **Leitungsspanne** bezeichnet. Die Größe der Leitungsspanne sollte so bemessen sein, dass eine optimale Betreuung erfolgen kann. Sie ist u. a. abhängig von:

- Der Komplexität der Aufgaben
- Der Qualifikation der Mitarbeiter
- Dem Umfang und der Art des Sachmitteleinsatzes.
- Der Art des Führungsstils.

Organisationstechnisch hat eine kleine Leitungsspanne eine tiefe Gliederung des Leitungssystems mit einer vergleichsweise steilen Organisationspyramide zur Folge, während eine große Leitungsspanne zu einer ausgedehnten Gliederungsbreite und einem relativ flachen Organisationskegel führt.

In der Praxis geht der Trend zu flachen Organisationspyramiden mit möglichst wenigen Hierarchieebenen. Dieses verkürzt den vertikalen Kommunikationsfluss, die Organisation kann flexibler reagieren und Bürokratisierungserscheinungen wird entgegengewirkt.

Die Nachteile der sich so ergebenden großen Leitungsspannen bestehen vor allem in der Gefahr der Überforderung der Vorgesetzten. So besteht hier ein Optimierungsproblem: Die Leitungsspannen sollen so groß wie möglich bemessen werden, gleichzeitig aber von den Vorgesetzten noch beherrscht werden können. Eine bestimmte Relation anzugeben, ist nicht möglich, da dies von einer Vielzahl von Faktoren abhängt.

Abb. 48: Organisatorische Breiten- und Tiefengliederung

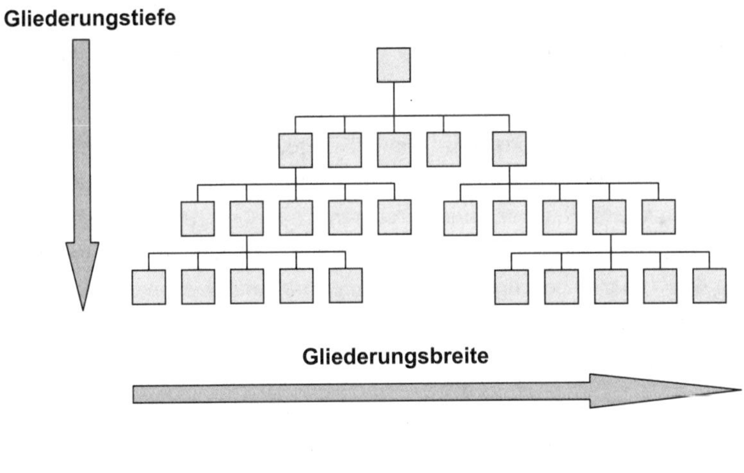

Mit der größer werdenden Zahl von Mitarbeitern einer Unternehmung steigt tendenziell die Zahl der benötigten hierarchischen Ebenen. Damit wird allerdings auch der Kontakt von oben nach unter geringer und die formalen Kommunikationswege werden länger.

4.1.5.5 Formen der Aufbauorganisation[1]

(1) Einliniensystem

Einliniensystem bedeutet, dass jede untergeordnete Organisationseinheit jeweils nur von einer übergeordneten Organisationseinheit Weisungen erhält. Jeder Mitarbeiter ist nur einem einzigen Vorgesetzten gegenüber verantwortlich.

Abb. 49: Einliniensystem

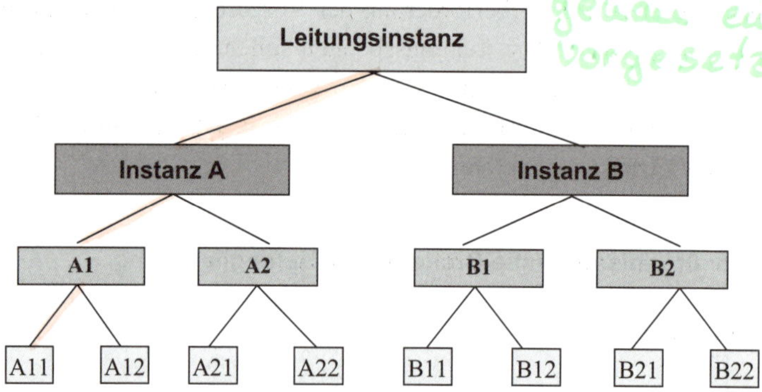

Bei dieser Organisationsform wird davon ausgegangen, dass Anordnungen und Informationen von oben nach unten alle Leitungsinstanzen sowie von unten nach oben alle Stellen der Linie durchlaufen müssen **(„Dienstweg")**. Wollen zwei gleichgeordnete Stellen miteinander Kontakt aufnehmen, müssen sie den „Umweg" über die nächsthöhere gemeinsame Instanz nehmen. In diesem System hat jeder Mitarbeiter einen und nur einen Vorgesetzten.

Beispiel :

Bearbeitet der Mitarbeiter A11 einen Vorgang, der die Mitwirkung von B22 erfordert, so kann er diesen nicht direkt ansprechen, sondern er muss über den Dienstweg (A11 - A1 - A - LI - B - B2 - B22) die Mitwirkung herbeiführen und erhält auch auf diesem Wege die angeforderte Leistung von B22.

---

[1] vgl. im Folgenden Jung 2002, S. 262ff

Vorteile des Einliniensystems sind:

- präzise Regelung des Instanzenweges
- klare Zuständigkeitsabgrenzung
- eindeutige Kommunikationsbeziehungen
- relativ einfacher organisatorischer Aufbau

Nachteile dieses Systems sind:

- Schwerfälligkeit
- Überlastung der Führungskräfte
- wenig flexible Entscheidungsfindung
- Problem der Filterung von Informationen

(2) Mehrliniensystem

Das **Mehrliniensystem** besagt, dass eine untergeordnete Organisationseinheit mehreren (mindestens zwei) übergeordneten Instanzen unterstellt ist. Für jeden Funktionsbereich ist ein Vorgesetzter zuständig. In den Fällen, in denen die Aufgabenerledigung des Mitarbeiters mehrere Funktionsbereiche betrifft, muss er Weisungen von mehreren Vorgesetzten entgegennehmen.

Abb. 50: Mehrliniensystem

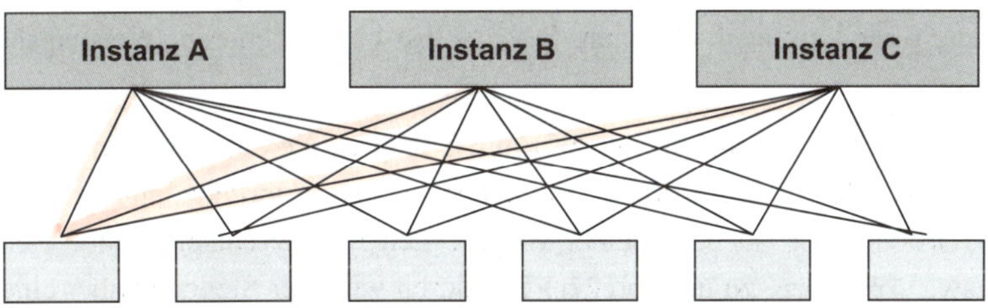

Beim Mehrliniensystem ist eine präzise Abgrenzung der jeweiligen Aufgabenbereiche und Kompetenzen erforderlich, da es sonst leicht zu Kompetenzstreitigkeiten kommen kann.

Vorteile des Mehrliniensystems sind:

- Spezialisierung durch Funktionsteilung
- direkte Weisungs- und Kommunikationswege
- größere Flexibilität der Vorgesetzten
- flache Hierarchie

Zu den **Nachteilen** dieses Sytems gehören:

- Problem der Abgrenzung von Verantwortlichkeiten
- Schwierigkeit der Fehlerzurechnung
- Gefahr der Überschneidung von Aufgaben und Kompetenzen
- Reibungsverluste durch Abstimmungsaufwand bzw. Kompetenzstreitigkeiten

(3) Stabliniensystem

Stäbe sind Assistenzstellen der Leitung. Sie sind nicht mit ausführenden Arbeiten befasst, sondern beraten und unterstützen die Instanzen bei der Erfüllung ihrer Leitungsfunktionen. Stäbe selbst haben keinerlei Weisungsbefugnis.

Ein Stab kann beispielsweise bestimmte Fragen, die eine kontinuierliche und intensive Auseinandersetzung mit einer Materie erfordern, untersuchen und aufarbeiten. Er hat dann seiner vorgesetzten Instanz entsprechende Berichte bzw. Vorschläge zu unterbreiten. Hierdurch wird der Stelleninhaber einer Instanz entlastet oder eine Entscheidung wird ihm nur durch diese Zuarbeit möglich, da er selbst nicht über die in diesem Fall erforderlichen Fachkenntnisse verfügt.

Die Grundidee des Stabliniensystems ist, dass dem Einliniensystem zugrundeliegende Prinzip der Einheitlichkeit der Leitung mit den Vorteilen des Mehrliniensystems hinsichtlich einer Spezialisierung im Leitungsbereich zu verbinden. Es ist vor allem dort angebracht, wo besondere Fachkenntnisse oder besonderer Zeitaufwand zur Lösung von Fachaufgaben erforderlich sind, welche die Kapazitäten der Führungskraft überfordern.

Am Entscheidungsverbund von Stab und Linie wird kritisiert, Stäbe würden nicht selten die Entscheidung durch eine entsprechende Alternativensuche und -bewertung vorwegnehmen, ohne diese verantworten zu müssen. Dadurch könnten sie Macht **(„Expertenmacht")** ausüben. So können die Entscheidungsträger deren Entscheidungsvorschläge wohl verwerfen oder akzeptieren, kontrollieren können sie diese jedoch kaum.

Dieses führt dann bei den Linieneinheiten u.U. zu einem Missverhältnis zwischen formalem Machtanspruch und faktischer Kompetenz.

Abb. 51: Stabliniensystem

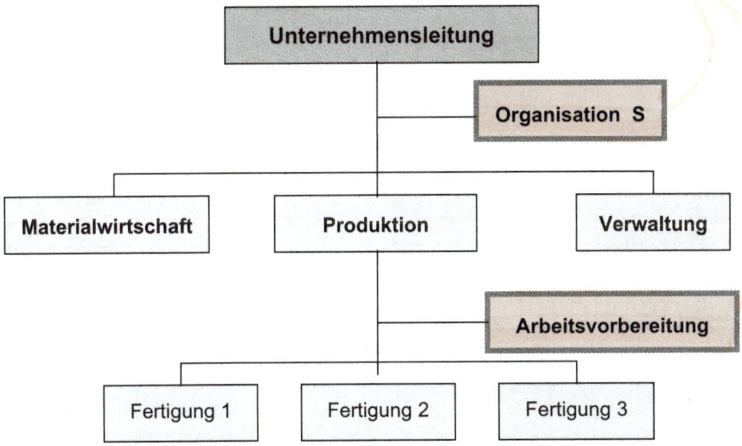

Vorteile des Stabliniensystems sind:

- Entlastung der Linieninstanzen durch Stäbe
- Spezialisierungsvorteile durch die Stäbe
- klare Zuständigkeitsabgrenzung

Nachteile dieses Systems sind:

- Konfliktgefahr durch Trennung von Entscheidungsvorbereitung und Entscheidung
- mögliche Demotivierung der Stäbe durch die nicht vorhandene Entscheidungsbefugnis
- Gefahr von Konflikten durch unterschiedlichen Sachverstand und unterschiedliche Sichtweisen

(4) Funktionalorganisation

Von einer Funktionalorganisation wird gesprochen, wenn die Organisationseinheiten unterhalb der Leitung nach Funktionen wie z.B. Materialwirtschaft, Produktion, Marketing, Verwaltung gegliedert sind. Die Leitung in dieser Struktur erfolgt nach dem **Einliniensystem**. Die Funktionsbereiche sind somit der Unternehmensleitung verantwortlich unterstellt.

Abb. 52: Funktionalorganisation

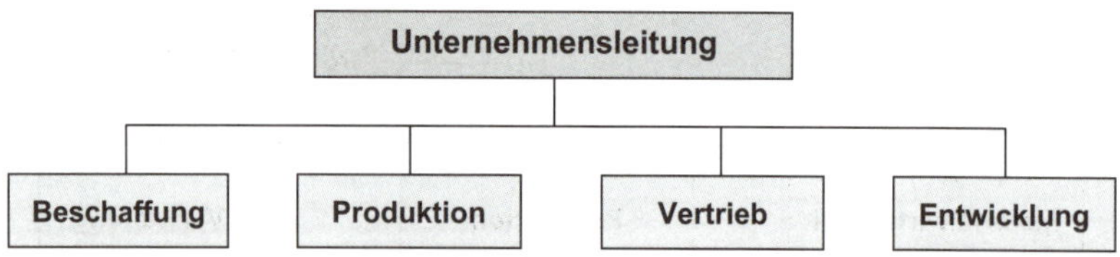

Vorteile der Funktionalorganisation:

- Nutzung von Größenvorteilen bei Beschaffung, Produktion, Absatz und Entwicklung
- Spezialisierungsvorteile durch Beschränkung auf die jeweilige Funktion
- klarer eindeutiger Aufbau der Organisation

Nachteile dieses Systems:

- Größere Schwerfälligkeit der Organisation
- keine Zurechnung der Erlöse zu den Funktionsbereichen möglich
- Funktionsausrichtung fördert Bereichsdenken und Ressortegoismus

(5) Spartenorganisation

Eine Spartenorganisation gliedert die Unternehmung in mehrere Geschäftsbereiche (= Sparten bzw. Divisions), die jeweils ähnliche Produkte bzw. Produktgruppen herstellen (Objektgliederung). Die Geschäftsbereiche als "Quasiunternehmen" besitzen in ihrer Aufbauorganisation üblicherweise alle für ein Unternehmen notwendigen Funktionen.

Aus der Sicht des Rechnungswesens können die Geschäftsbereiche auch als Profitcenter betrachtet werden, weil bei dieser Organisationsform die direkte Gewinnverantwortung an den Geschäftsbereich delegiert werden kann.

Daneben existieren noch sogenannte Zentralabteilungen, in denen gleichartige Arbeiten zentral erledigt werden

Abb. 53: Spartenorganisation Gegenstück zur Funktionalorganisation

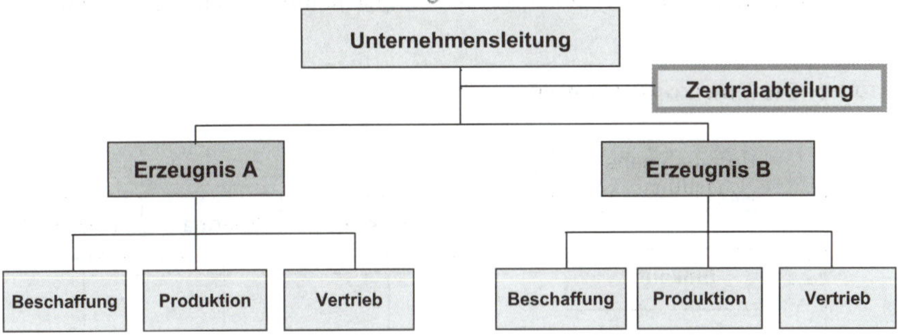

Vorteile der Spartenorganisation:

- gute Transparenz
- Vergleichbarkeit der einzelnen Sparten
- Flexibilität durch kurze Kommunikationswege

Nachteile dieses Systems:

- Gefahr eines Eigenlebens der Geschäftsbereiche
- Koordinatonsprobleme
- hoher Bedarf an qualifizierten Fachkräften

(6) Matrixorganisation

Das Konzept der Matrixorganisation versucht, die Vorteile des Funktionalprinzips mit denen des Spartenprinzips zu verbinden.

Matrixorganisationen werden durch das Überlagern von funktionsorientierten und objektorientierten Organistionseinheiten gebildet. Damit zeigt dieser Organisationstyp zwei sich bewusst überlagernde Kompetenzstrukturen. Die aus der Überschneidung beider Leitungskompetenzen entstehende gitterartige Vernetzung gleicht formal einer Matrix. Die einzelnen Stellen regeln ihre Abstimmungsprozesse ohne die Einschaltung der Unternehmensleitung. Hat beispielsweise die Sparte Kosmetik einen zusätzlichen Bedarf im Bereich Vertrieb, wird sie sich unmittlbar an diese Stelle wenden.

Der Vorteil einer solchen Organisationsform besteht in der Möglichkeit, das Spezialwissen der einzelnen Führungskräfte zu nutzen. Diese Form birgt aber auch die Gefahr einer systematischen Kompetenzüberschreitung mit sich.

Abb. 54: Matrixorganisation

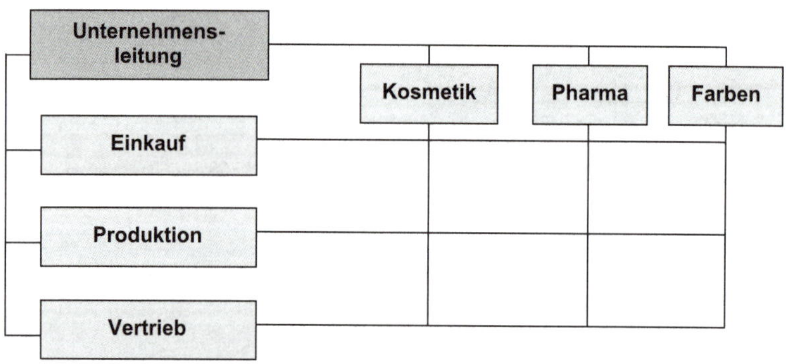

Da das Problem einer klaren Kompetenz- und Verantwortungsabgrenzung hier kaum befriedigend gelöst werden kann, existieren in der Praxis Matrixstrukturen meistens nur in abgeschwächter Form oder als temporäre Organisation in einer Übergangsphase.

So hat in der Praxis ein Produktmanager häufig nur ein eingeschränktes Weisungsrecht gegenüber anderen Stellen. Er wird deshalb die Produktinteressen vor allem durch persönliche Überzeugungskraft vertreten müssen.

Der Matrixorganisation liegt die Erkenntnis zugrunde, dass Konflikte zwischen Instanzen nicht unbedingt nachteilig sein müssen. Sie können vielmehr auch positive Auswirkungen haben, wenn sie bei den Beteiligten Leistungsreserven mobilisieren.

Vorteile der Matrixorganisation:

- Aufgaben werden unter verschiedenen Aspekten betrachtet
- Entlastung der Unternehmensleitung
- Spezialisierungsvorteile
- direkte Kommunikationswege

Nachteile dieses Systems sind:

- Neigung zu dysfunktionalen Konflikten
- unklare Unterstellungsverhältnisse
- ggf. schwerfällige Entscheidungsfindung
- hoher Kommunikationsbedarf

(7) Projektmanagement

Zur Bewältigung von komplexen zeitlich befristeten Vorhaben (z.B. Einführung veränderter Betreuungssysteme) wird in zunehmendem Maße das Projektmanagement eingesetzt. Alle ein solches Projekt betreffenden Aufgaben werden hier in einer Projektgruppe zentralisiert.

Dies sind hierarchisch strukturierte Organisationseinheiten, welche vom Auftraggeber mit klarer Kompetenz ausgestattet wurden und ihm gegenüber verantwortlich sind.

Wegen ihres besonderen Charakters lassen sich Projektaufgaben selten genau vorherplanen. Die Leitungsaufgaben des Projektes werden vom Projektleiter wahrgenommen, wobei seine Weisungsbefugnisse gegenüber den Mitarbeitern unterschiedlich umfassend ausgestaltet sein können. Projekte überschreiten typischerweise die festgelegten Abteilungen des Unternehmens. Häufg ist der Grad der Neuheit, Komplexität oder Dringlichkeit bei Projektaufgaben besonders hoch, was es erforderlich macht, die Kompetenz mehrerer Personen zu nutzen.

Die Mitglieder eines Projektes gehören in der Regel unterschiedlichen Bereichen der Unternehmung an und bringen so verschiedene Qualifikationen in die Projektgruppe ein. Im Zeitablauf werden einzelne erledigte Projekte durch andere ersetzt. Wurde in der Vergangenheit die Projektgruppe eher als eine zusätzliche Ergänzung zur Linienorganisation betrachtet, gehört die Projektarbeit heute immer mehr zum betrieblichen Alltag.

Für Projektgruppenorganisation sprechen Leistungsvorteile in der Bearbeitung und Lösung von komplexen Aufgaben. Dem können Probleme bei der Wiedereingliederung der Mitarbeiter nach Beendigung des Projektes gegenüberstehen.

Abb. 55: Projektorganisation

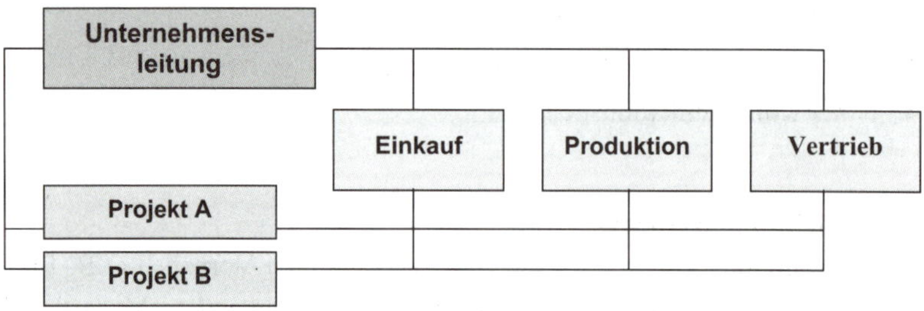

Vorteile des Projektmanagements:

- besondere Betreuung von Produkten oder neuen Entwicklungen
- Ausnutzung von Spezialisierungsvorteilen
- häufig hohe Motivation der am Projekt Beteiligten

Nachteile dieses Systems:

- Schwierigkeiten beim Festlegen der Kompetenzen
- Konfliktgefahr durch die sich ergebende Mehrfachunterstellung
- Erfolg ist von guter Zusammenarbeit abhängig

(8) Teamorganisation

Unter einem **Team** wird eine kleine, auf eine Funktion ausgerichtete Arbeitsgruppe mit gemeinsamer Zielsetzung, relativ intensiven wechselseitigen Beziehungen und einem ausgeprägten Gemeinschaftsgeist verstanden. Durch derartige kooperative Arbeitsformen sollen die betrieblichen Leistungsprozesse optimiert werden.

Teamarbeit kann konkrete Vorteile mit sich bringen, wie beispielsweise eine höhere Kreativität. Die höchste Ausnutzung dieses Kreativitätsvorteils liegt bei einer Teamgröße zwischen sieben und zwölf Personen, während die Fehlerhäufigkeit bereits ab fünf Gruppenmitgliedern drastisch reduziert ist. Dagegen steigt der Organisationsaufwand stufenförmig ab fünf Personen an.

Teams eignen sich einerseits für die effektive Lösung von komplexen Problemen. Gleichzeitig kann durch Teamarbeit persönlichen Bedürfnissen der Mitglieder hinsichtlich der Integration und Akzeptanz im Kollegenkreis besser entsprochen werden. Auf der anderen Seite besteht das Risiko, dass eine Arbeitsgruppe das positiv erlebte „Wir-Gefühl“ über den Leistungsgedanken stellt. Weiterhin kann ein spezielles Gruppendenken entstehen, welches die Ausgrenzung von Andersdenkenden fördert.

Um die Realisierung der Organisationsziele durch die Arbeit in den Teams sicherzustellen, ist eine Koordination der Leistungen unentbehrlich. Der Vorgesetzte ist hier weniger Entscheidungsinstanz als vielmehr Moderator von Gruppenprozessen. Seine Aufgabe besteht darin, im Team sowohl die Zufriedenheit der Mitglieder als auch die Leistungsaspekte zu betonen. Er hat seine Mitarbeiter so zu unterstützen und zu fördern, dass sie in der Lage sind, eigenständig die vereinbarten Arbeitsziele zu erreichen. Gleichzeitig muss er für die erforderlichen Rahmenbedingungen sorgen, d.h. er hat zu gewährleisten, dass die benötigten Ressourcen in personeller, zeitlicher und finanzieller Hinsicht dem Team zur Verfügung stehen.

Vorteile der Teamorganisation sind:

- kurze Kommunikationswege
- Synergievorteile
- umfassende Nutzung des Potentials der Mitarbeiter
- Motivation durch Selbstentfaltungsmöglichkeiten

Nachteile dieses Systems:

- mögliche Dominanz von Teammitgliedern
- Belastungen für weniger leistungsfähige Teammitglieder
- ggf. hoher Diskussions- und Zeitaufwand
- Konfliktgefahr wegen fehlender Strukturen und Regelungen

(9) Organisation der Führungsinstanz

Neben den bisher besprochenen Organisationssystemen und -formen ist das Problem der Organisation der obersten Führungsinstanz zu lösen. Hier existieren zwei grundsätzliche Möglichkeiten: Entweder ist die Führung der Unternehmung in letzter Verantwortung **einer** Person überlassen (Direktorialprinzip, Singularinstanz) oder **mehreren** Personen (Kollegialprinzip, Pluralinstanz).

Beim **Direktorialprinzip** konzentriert sich die Entscheidungsgewalt auf eine **einzige** Person.

Die **Vorteile** dieses Prinzips liegen in der eindeutigen Zuordnung von Kompetenz und Verantwortung. Hier ist eine straffe und klare Führung mit schnellen Entscheidungs- und Reaktionsmöglichkeiten gegeben, Einheitlichkeit und Berechenbarkeit der Leitung bleiben gewahrt.

Nachteile dieses Leitungsprinzips sind neben der möglichen Überforderung der Führungsperson in mengenmäßiger und fachlicher Hinsicht die hohe Machtkonzentration und fehlenden Kontrollmöglichkeiten. Auch lassen sich Probleme der Vertretung und der Kontinuität schlechter lösen als in einer Pluralinstanz.

Das Direktorialprinzip eignet sich überall dort, wo die wirtschaftlichen, technischen und personellen Verhältnisse noch einigermaßen überschaubar sind.

Aber selbst dann hängt der Erfolg weitgehend davon ab, ob es gelingt, eine qualitativ gut besetzte zweite Führungsebene zu schaffen.

Beim **Kollegialprinzip** werden die grundlegenden Entscheidungen von einer **Personenmehrheit** bei gemeinsamer Letztverantwortung getroffen. Diese Mehrheit hat sich gemeinsam nach eventuell vorgegebenen Bestimmungen (z.B. Satzung) zu richten.

Der **Vorteil** des Kollegialprinzips liegt aufgrund der Kombination von Sach- und Fachkenntnissen vor allem in einer höheren Entscheidungsqualität.

Die **Nachteile** liegen insbesondere in einer möglichen erheblichen Verzögerung der Entscheidungsfindung sowie mangelnder Einheitlichkeit der Leitung.

4.1.6 Ablauforganisation

Während sich die Aufbauorganisation mit der zweckmäßigen Gliederung des Betriebes in einzelne, den zu erledigenden Aufgaben entsprechende Einheiten und deren Koordination befasst, entwickelt die Ablauforganisation Verfahrensregelungen für **Arbeitsabläufe**.*(vgl. Steinbuch 2000, S. 227)*

Die Aufbau- und die Ablauforganisation sind direkt aufeinander bezogene Sichtweisen. Sie sind eng miteinander verknüpft und bilden zusammen den förmlich geregelten und offiziell eingeführten Teil der Betriebsorganisation. Die Ablauforganisation konzentriert sich speziell auf die Arbeitsprozesse. Sie zu steuern und ihnen Personen und Sachmittel zuzuordnen, ist ihre Funktion. Konkret steht hierbei das Abstimmen der Arbeitsleistungen in den Dimensionen Raum und Zeit im Vordergrund, d.h. die Ordnung in ein Neben- und Hintereinander der im Betrieb anfallenden Arbeiten.

Ähnlich wie bei der Aufgabenanalyse und Aufgabensynthese der Aufbauorganisation vollzieht sich die Gestaltung der Ablauforganisation durch Arbeitsanalyse (einzelne Teilarbeiten werden aus den einer Person übertragenen Tätigkeiten ermittelt) und Arbeitssynthese (aus den Teilarbeiten werden Arbeitsgänge bestimmt) mit dem Ziel, sowohl die Arbeitszeit der Mitarbeiter optimal zu nutzen, als auch die Zeit zur Erzeugung der betrieblichen Güter bzw. Dienstleistungen zu minimieren.

Der Arbeitsablauf wird hierbei geordnet hinsichtlich

- des Arbeitsinhalts
- der Arbeitszeit
- des Arbeitsraumes
- der Arbeitszuordnung

Die Ordnung bezüglich des **Arbeitsinhalts** geschieht sowohl im Hinblick auf die Arbeitsobjekte als auch auf die einzelnen Verrichtungen.

Bei der **Arbeitszeit** wird auf die zweckmäßigste Reihenfolge, die jeweilige Dauer der einzelnen Teilaufgaben und auch häufig deren genauer Zeitpunkt bestimmt.

Bezüglich des **Arbeitsraumes** interessiert, wie die einzelnen Stellen räumlich so angeordnet werden können, dass die Leistungen so effizient wie möglich produziert werden können.

Im Rahmen der **Arbeitszuordnung** werden die einzelnen Teilaufgaben einer bestimmten Stelle zugeordnet, soweit dies möglich ist.

Die vielfältigen Beziehungen zwischen Aufbau- und Ablauforganisation legen es nahe, beide Ebenen simultan zu gestalten. In der Praxis wird jedoch zweckmäßigerweise zunächst eine der beiden Gestaltungsformen vorläufig festgelegt und dann die andere entsprechend gestaltet und bei Problemen wechselseitig angepasst.

In der Vergangenheit war häufig, nicht nur in der öffentlichen Verwaltung, eine unzureichende Gestaltung der Ablauforganisation zu verzeichnen. Die möglichen Folgen wie Brüche in den Datenflüssen, Wartezeiten oder Wiedereinarbeitungszeiten führten zur Forderung nach konsequenterer Prozessorientierung. Auf der anderen Seite zeichnen sich dem Bürokratiemodell angenäherte öffentliche Verwaltungen durch eine häufig übergroße Anzahl von Vorschriften und Regelungen für Arbeitsabläufe aus, welche zu einer Überforderung der Mitarbeiter und zu einer Verlangsamung des Dienstbetriebes führen. Hier ergeben sich für die öffentliche Verwaltung vor allem Optimierungsmöglichkeiten durch den Einsatz moderner Informationstechnik. So kann ein zu bearbeitender Vorgang von seinem klassischen Medium (Akte) getrennt und parallel bearbeitet werden. Darüber hinaus sind zur Vorgangsbearbeitung notwendige Daten ohne Zeitverzögerung überall verfügbar. Dies schafft Spielräume für eine erheblich effizientere Ablauforganisation im öffentlichen Sektor, die bereits weitgehend genutzt werden, um den Anforderungen an die Verwaltung in der Gegenwart besser zu entsprechen.

4.1.7 Organisatorischer Wandel und Change Management

Private und öffentliche Organisationen stehen in der Gegenwart vor einer Reihe großer Herausforderungen.

Die Anforderungen der Kunden hinsichtlich schneller und individueller Befriedigung ihrer Wünsche nehmen zu. Die Privatwirtschaft bemerkt auf den Märkten einen immer globaleren und aggressiveren Wettbewerb und auch die Mitarbeiter erwarten anspruchsvollere selbstbestimmtere Tätigkeiten.

Auf der anderen Seite verknappen die finanziellen Ressourcen immer mehr.

Diese Situation löst bei Unternehmen und öffentlichen Verwaltungen Entwicklungen aus, die geprägt sind von

- mehr Nähe zum Kunden
- größerer Flexibilität und Reaktionsfähigkeit
- Steigerung von Produktivität und Qualität
- Optimierung der Kosten
- Förderung der Mitarbeitermotivation

Diese Tendenzen haben Konsequenzen für die Aufbau- und Ablauforganisation. Der klassische hierarchische Aufbau wird zunehmend abgelöst von flachen Hierarchien und gleichzeitig einem hohem Maß an Eigenständigkeit der einzelnen Organisationseinheiten. Netzwerkartige Organisationsstrukturen setzten sich immer mehr durch. Sie können sich durch ihre größere Flexibilität Umweltänderungen rascher anpassen als herkömmliche Systeme. Außerdem sind sie durch das weitgehende Fehlen von organisatorischen Engpässen, wie sie beispielsweise beim Einliniensystem auftreten, weniger störanfällig.

Bei den Arbeitsabläufen steht die Optimierung der einzelnen Prozesse im Vordergrund. Dies führt zu größerer Flexibilität bei der Gestaltung der organisatorischen Einheiten. Zunehmend an Bedeutung gewinnen Projektorganisation, teilautonome Arbeitsgruppen und Qualitätszirkel. Grundlegende Steuerungsprozesse laufen bei diesen Organisationsformen wesentlich über gemeinsame Ziele und Strategien ab. *(vgl. Doppler/Lauterburg 2002, S. 24)* Auch eine konstruktive, motivierende Organisationskultur trägt ihren Teil zum Erfolg dieser neuen Konzepte bei.

Klassische Organisationen unterscheiden sich jedoch in nahezu allen wesentlichen Punkten von den zukünftigen Gestaltungsformen. Ein organisatorischer Wandel bedeutet hier einen radikalen Paradigmenwechsel, welcher den kombinierten Einsatz verschiedenster Instrumente und Verfahren der Organisationsentwicklung sowie eine konsequente Gesamtsteuerung des Prozesses erfordert.

Auf der globalen Organisationsebene werden hier u.a. Ansätze wie **Lean Management** und **Total Quality Management** eingeführt.

(1) Unter **Lean Management** wird das „Schlankerwerden" der gesamten Organisation verstanden. Flache Hierarchien und Teamarbeit in allen Bereichen des Unternehmens kennzeichnen dieses Modell. Komplexe Aufgaben werden in einzelne transparente Schritte zerlegt, die von der Arbeitsgruppe eigenständig geplant und ausgeführt werden. Dabei bemühen sich die Mitarbeiter, qualitativ hochwertig und gleichzeitig kostengünstig Leistungen zu erbringen. Fehler und Reibungsverluste sollen so weit wie möglich vermieden werden.

(2) Der Begriff **Total Quality Management (TQM)** steht für eine Organisationsphilosophie, bei der die Gesamtheit der für den Kunden wahrnehmbaren Qualität im Vordergrund steht. Dieses umfasst nicht nur die den Kundenwünschen entsprechende Planung und Ausführung der Produkte, sondern auch eine kundenorientierte Haltung aller Mitarbeiter, ob im Verkauf, im Service oder in der Unternehmensführung.

Organisatorische Veränderungsprozesse verlaufen in aller Regel nicht bruch- und konfliktfrei. *(vgl. Schreyögg 2003, S. 499ff)* Dies liegt weniger an den zu implementierenden neuen Vorgaben an sich, sondern vielmehr an den subjektiven Sichtweisen der betroffenen Mitarbeiter. Bisherige Denkweisen und gelebte Überzeugungen werden durch solche Prozesse destabilisiert, was zu einem Änderungswiderstand der Betroffenen führen kann.

Um grundlegende organisatorische Veränderungsprozesse erfolgreich durchführen zu können, muss dem äußeren rationalen Handeln für die daran Beteiligten ein individuell relevanter Sinn unterlegt werden. Organisatorische Entwicklungsprozesse können nur gelingen, wenn es den Mitarbeitern möglich ist, sich mit ihrem Selbstverständnis in diese neuen Abläufe zu integrieren. Äußere Umorganisation und entsprechende Lern- und Entwicklungsprozesse der daran Beteiligten müssen insofern verzahnt werden.

Erfolgt ein solches aufeinander Abstimmen nicht hinreichend, werden beispielsweise vorrangig nur äußere Abläufe modifiziert, so kann dies bei vielen Mitarbeitern eine persönliche Destabilisierung bewirken. Bisherige organisatorische Deutungsmuster verlieren ihre normierende Bedeutung, ohne dass an ihre Stelle etwas anderes Vergleichbares tritt. In dem Maße, wie in einer Organisation das alte Wirklichkeitsbild seine prägende Kraft verliert, das neue „Soll-Bild" jedoch zunächst weithin erst auf dem Papier existiert, gerät sie in eine instabile Situation. In dieser Übergangsphase wird Realität produziert und stabilisiert, welche einem endgültigen Erreichen des anvisierten geplanten Endzustandes hemmend entgegensteht.

Aus diesem Grunde sollten derartige Übergangsperioden im Interesse der Zielerreichung des Wandlungsprozesses möglichst kurz gehalten werden. Dieses setzt voraus, dass nach einer intensiven und durchdachten Planung des Umgestaltungsprozesses dessen konsequente Umsetzung auf allen Organisationsebenen erfolgt.

Eine Besonderheit stellt in dieser Beziehung die **Situation in der öffentlichen Verwaltung** dar. Deren berufliche Orientierungsmuster und Sozialisationswirkungen führten in der Vergangenheit zu einer besonderen Betonung von Stetigkeit und Berechenbarkeit der Handlungsabläufe.

Mitarbeiter in bürokratischen Organisationen waren in der Vergangenheit mehr oder weniger stark davon geprägt, für das eigene Handeln nicht unmittelbar verantwortlich zu sein. Das Missachten einer Vorschrift wird hier sanktioniert, aber das Ergebnis des Handelns interessiert häufig weniger. Gezeigtes Verhalten, welches sich im Rahmen dieses Systems bewegt, bestätigt den Betreffenden und entlastet ihn. Eine solche Situation erschwert Wandlungsprozesse in hohem Maße.

Ein langfristiges „Einfrieren" von Arbeitsvollzügen und den ihnen zugrunde liegenden Einstellungen erfordert ein besonders intensives Bemühen um die Mitarbeiter, damit diese in die Lage versetzt werden, sich mit den neuen Strukturen zu identifizieren.

4.2 Personalführung

4.2.1 Einführung

In den Betrieben gewinnt das Thema Führung eine immer größere Bedeutung. Die Betriebe sehen sich einer ständig komplexer und dynamischer werdenden Umwelt gegenüber, deren Bewältigung zunehmende Spezialisierung und Qualifizierung erfordert. Es reicht keineswegs aus, wenn die Führungskräfte entsprechend abgestimmte Organisationsstrukturen implementieren, neue Produktpaletten einführen oder Marketingkampagnen konzipieren. Es stellt sich immer deutlicher die Frage, wie sie ihre Mitarbeiter für die Erreichung der Betriebsziele gewinnen können. Dazu ist es nicht nur notwendig, die benötigten Mitarbeiter einzustellen und auf den vorhandenen Stellen einzusetzen, sondern es kommt entscheidend darauf an, wie sich die Führungskräfte ihnen gegenüber verhalten, um deren Potentiale für den Arbeitsalltag nutzbar zu machen. Da der einzelne Mitarbeiter selbst weitgehend über das Ausmaß seines betrieblichen Engagements bestimmt, ist es notwendig, für ihn Bedingungen zu schaffen, welche ihm die eigene Anstrengung als sinnvoll und richtig erscheinen lassen. Führung ist daher in hohem Maße Mitarbeitermotivation.

Unter **Führung** wird allgemein ein zielgerichteter kommunikativer Prozess der Einflussnahme auf die Mitarbeiter zum Zwecke der Leistungsgewinnung verstanden. Hieraus ergeben sich die grundlegenden Elemente:

- Führung ist eine soziale Beziehung zwischen mindestens zwei Personen.
- Es erfolgt ein Einwirken von der Führungskraft auf den bzw. die Geführten zum Zweck der Verhaltenssteuerung.
- Diese Einwirkung erfolgt zielgerichtet, d.h. bestimmte Ergebnisse sollen damit erreicht werden.

Neben dem grundsätzlichen Beitrag zur Lösung der betrieblichen Aufgaben lassen sich der Personalführung noch verschiedene Einzelfunktionen zuordnen, und zwar insbesondere:

- die Zielerreichungsfunktion (Lokomotionsfunktion) und die
- die Gruppenerhaltungsfunktion (Kohäsionsfunktion).

Die Lokomotionsfunktion umfasst alle Aufgaben, die dazu dienen, die Geführten auf die von der Organisation verfolgten Ziele auszurichten, während bei der Kohäsionsfunktion die Förderung und Festigung positiver gruppeninterner Beziehungen und die Bindung an den Betrieb im Vordergrund stehen.

In jeder Organisation werden die Mitarbeiter jedoch in ihrem Verhalten nicht nur durch unmittelbares Einwirken des Vorgesetzten beeinflusst, sondern durch eine Vielzahl von Regeln, Vorschriften und Vorgaben des Geschäftsablaufs wie z.B. das Softwareprogramm im PC oder die Geschwindigkeit des Fließbandes. Die Strukturierung der Arbeitsabläufe, zwar im Wesentlichen von Führungskräften konzipiert, ersetzt zu einem großen Teil unmittelbares persönliches Eingreifen der Vorgesetzten. Dieses wird dadurch aber keineswegs überflüssig. Im Gegenteil, es gibt den entscheidenden Impuls, der zu mehr Motivation, Arbeitszufriedenheit und Arbeitsleistung führen kann. Der persönliche soziale Kontakt ist letztlich von entscheidender Bedeutung für den Führungserfolg.

4.2.2 Führungsstile

Unter **Führungsstil** werden diejenigen Verhaltensweisen einer Führungskraft verstanden, die als grundlegend und situationsübergreifend aufgefasst werden können. Dies sind seine gewohnten, regelmäßig wiederkehrenden Verhaltensmuster gegenüber den Mitarbeitern. Führungsstile dienen vor allem der Beschreibung, gegebenenfalls auch der Klassifikation von Führungsverhalten.

Einige **klassische Führungsstile**, die auf Untersuchungen des Psychologen Kurt Lewin zurückgehen, sind:

(1) Autoritärer (autokratischer) Führungsstil

Hierunter wird ein Führungsverhalten verstanden, bei dem allein die Entscheidungsmacht des Vorgesetzten im Mittelpunkt steht. Er entscheidet allein und ohne Rücksprache mit seinen Mitarbeitern. Diese haben seine Anweisungen lückenlos auszuführen und unterliegen seiner vollständigen Kontrolle.

Dieser Führungsstil lässt zwar sehr schnelle Entscheidungen zu, auf der anderen Seite werden die Fähigkeiten der Mitarbeiter so aber nicht vollständig genutzt. Durch die zentrale Stellung der Führungskraft besteht darüber hinaus die Gefahr der Demotivation der Mitarbeiter sowie der Überforderung der Führungskraft in quantitativer und qualitativer Hinsicht.

(2) Laissez-faire-Führungsstil

Die Führungskraft verzichtet bei diesem Führungsstil auf alle Anweisungen und alles Einwirkungen auf die Mitarbeiter. Diese sind sich weitgehend selbst überlassen, eine zielbezogene Einflussnahme findet nicht statt. Der Vorgesetzte übt hier seine Führungsfunktion nicht aus. Nur auf Anfrage erteilt er die gewünschten Informationen. Trotz des sehr hohen Freiheitsgrades der Mitarbeiter überwiegen bei diesem Führungsstil die Nachteile. Die Fähigkeiten der Mitarbeiter werden nicht zielgerichtet aktiviert, es besteht die Gefahr von mangelnder Disziplin und Unordnung.

(3) Kooperativer Führungsstil

Beim kooperativen Führungsstil wird der Mitarbeiter weitgehend in die Entscheidungsfindung mit einbezogen. Durch das Prinzip der Delegation wird diejenige betriebliche Ebene mit in die Verantwortung einbezogen, welche die größte fachliche Kompetenz besitzt. Hier steht nicht wie beim autoritären Führungsstil die Fremdkontrolle, sondern die Selbstkontrolle im Vordergrund. Der Vorgesetzte behält sich allerdings vor, gegebenenfalls auch abweichend von der Auffassung seiner Mitarbeiter verbindliche Entscheidungen zu treffen. Hierdurch ergibt sich eine hohen Motivation und gleichzeitige eine Entlastung der Führungsebene, allerdings kann dieser Führungsstil zu längeren Entscheidungsprozessen führen.

(4) Charismatischer Führungsstil

Im Gegensatz zu den anderen Führungsstilen wird hier der Führungsanspruch nicht durch die formale Legitimation des Vorgesetzten bewirkt, sondern aufgrund der besonderen rational nicht zu erklärenden Wirkung und Ausstrahlungskraft, welche er besitzt. Charismatische Führungspersönlichkeiten sind in der Lage, den größtmöglichen Einsatz ihrer Untergebenen zu mobilisieren, allerdings nur so lange, wie an deren besondere Eigenschaften geglaubt wird.

(5) Patriarchalischer Führungsstil

Hier steht das Bild des Familienvaters (Patriarch) im Vordergrund, welcher auf der einen Seite Gehorsam, Unterordnung und Loyalität verlangt, sich dafür aber für das Wohlergehen der ihm Unterstellten verantwortlich fühlt. Dieser Führungsstil war vor allem in der Vergangenheit durchaus verbreitet, er findet sich aber auch in der Gegenwart noch insbesondere bei kleineren Familienbetrieben.

(6) Bürokratischer Führungsstil

Der bürokratische Führungsstil entspricht dem im Bürokratiemodell verankerten Prinzip der legalen Herrschaft. Es existiert hiernach keine unumschränkte persönliche Anordnungsbefugnis eines Vorgesetzten, keine Willkür oder Unberechenbarkeit. Dieser Führungsstil beruht auf dem Grundsatz einer genauen Regelung der Kompetenzen aller Stelleninhaber. Er ist nicht personenzentriert, sondern orientiert sich an einer präzise geregelten Ordnung der Kompetenzen und Verfahrensabläufe. Für persönliche Initiative einer Führungskraft bleibt hier wenig Spielraum.

Die Erfahrung gerade in der öffentlichen Verwaltung zeigte jedoch, wie leicht aus Ordnung Formalismus und aus Genauigkeit Schwerfälligkeit werden kann.

4.2.3 Führungstheorien

Führungstheorien befassen sich mit den Ausgangsbedingungen, Abläufen und Wirkungen von Führung. Mit ihrer Hilfe sollen weitgehend allgemeingültige Aussagen über die Arten der Führung gemacht werden, die den größtmöglichen Führungserfolg d.h. das höchstmögliche Maß an zielgerichteter Mitarbeiterbeeinflussung ermöglichen. Führungstheorien wollen demzufolge erklären, wie Führungserfolg zustande kommt. Die in der Literatur zu findenden Führungstheorien leisten dies jedoch nur in Ansätzen.

Aus der Vielzahl der auf diesem Gebiet vorhandenen Theorien sollen hier exemplarisch vier Ansätze vorgestellt werden. Sie beziehen sich auf die drei grundlegenden Dimensionen des Führungsverhaltens: die Person, das Verhalten und die Situation.

4.2.3.1 Eigenschaftstheorie

Der älteste Erklärungsansatz der Führung ist die sog. **Eigenschaftstheorie**. Lange vor einer systematischen wissenschaftlichen Beschäftigung mit Führungsfragen wurden Erfolge bestimmter Personen insbesondere ihrer Willensstärke, Intelligenz und Zielstrebigkeit zugeschrieben.

Eigenschaftstheorie ist ein Sammelbegriff für alle diejenigen Führungsansätze, welche die Persönlichkeitsmerkmale der Führenden in den Mittelpunkt der Betrachtung stellen.

Bestimmten intellektuellen Merkmalen, wie Intelligenz, Leistungen, Zuverlässigkeit, Selbstvertrauen, Kontaktfähigkeit, Anpassungsfähigkeit, sozioökonomische Position aber auch physischen Merkmalen, wie Alter und Größe, werden positive Auswirkungen auf das Führungsergebnis zugeschrieben. Diese Merkmale wurden insbesondere durch den Vergleich erfolgreicher mit weniger erfolgreichen Führungskräften gewonnen. Zeigten sich bei den erfolgreichen Führungskräften bestimmte Eigenschaften in stärkerer Ausprägung, wurde von sog. Führungseigenschaften gesprochen.

In ihrer einfachsten Form besagt diese Führungstheorie: Nur wer über bestimmte Persönlichkeitseigenschaften in einem bestimmten Ausmaß verfügt, kann Führungskraft werden und bleiben.

Dieser Ansatz belegt somit die Führungskraft mit einer Alleinverantwortung für den Führungserfolg. Aufgrund dieser Annahmen wurden in den fünfziger und sechziger Jahren zahlreiche empirische Studien unternommen. Hierbei zeigte sich, dass die im Zusammenhang mit Führung bedeutsamen Faktoren sich auf bestimmte Persönlichkeitseigenschaften (Fähigkeiten, Leistungen, Verantwortungsbewusstsein, Kooperationsbereitschaft usw.) reduzieren lassen. Ein direkter Zusammenhang zwischen einzelnen Persönlichkeitsmerkmalen und dem Führungserfolg war jedoch in den Studien nur selten nachweisbar.

Führungserfolg ist eben nicht nur von der Persönlichkeit der Führenden abhängig, sondern er ist das Resultat eines Zusammenspiels mit dem praktizierten Führungsverhalten und der jeweiligen Situation. Das generelle Betonen der Eigenschaften vernachlässigt ihren situativen Kontext. In bestimmten Situationen kann das Vorhandensein spezifischer Eigenschaften sich zwar als sehr vorteilhaft erweisen, unter anderen Bedingungen kann aber auch das Gegenteil zutreffen. So kann die Neigung zu schnellen Entscheidungen in Notsituationen ein Vorteil sein, bei Diskussionen über komplexe Fragen aber eher hinderlich sein.

Der von dem Eigenschaftsansatz unterstellte lineare Zusammenhang zwischen herausgegriffenen Persönlichkeitsmerkmalen und dem Führungserfolg hat sich letztlich als nicht ausreichend belegbar erwiesen.

Dennoch ist die Orientierung an Eigenschaften der Beschäftigten für Betriebe in der Praxis weiterhin unverzichtbar. Auch wenn es nicht gelungen ist, generelle Führungseigenschaften zu eruieren, so ist die Grundidee dennoch nicht von der Hand zu weisen, dass Führungserfolg letztlich auch von den Persönlichkeitsmerkmalen der Führungskräfte abhängen muss. Aus diesem Grunde haben Verfahren der Personalauswahl insbesondere die Aufgabe, Merkmale wie: Intelligenz, soziale Kompetenz, Lernfähigkeit und Lernbereitschaft, Flexibilität und Motivation als Grundanforderungen für Führungskräfte zu identifizieren.

4.2.3.2 Verhaltenstheorien

Aufgrund der geschilderten Problematik des Eigenschaftsansatzes wandte sich das Interesse der Führungsforschung zu Beginn der fünfziger Jahre vermehrt den Fragen nach demjenigen **Verhalten** von Führungskräften zu, welches den größtmöglichen Führungserfolg sichert.

(1) Das Stilkontinuum von Tannenbaum und Schmidt

Eine große Popularität besitzt die Klassifikation des Führungsverhaltens anhand der beiden Führungsstile autoritär und kooperativ. Die Betrachtung des Führungsverhaltens konzentriert sich hierbei nur auf die Dimension ‚Mitarbeiterbeteiligung' bei der Entscheidungsfindung.

Die Kontinuumtheorie von Tannenbaum und Schmidt (1958) unterscheidet zwischen verschiedenen Verhaltensweisen der Führung, die auf einem Kontinuum angeordnet sind. Die Vorstellung eines Kontinuums impliziert, dass das Führungsverhalten nicht in starren Kategorien betrachtet wird, sondern fließende Übergänge besitzt.

Abb. 56: Führungsstile im Stilkontinuum

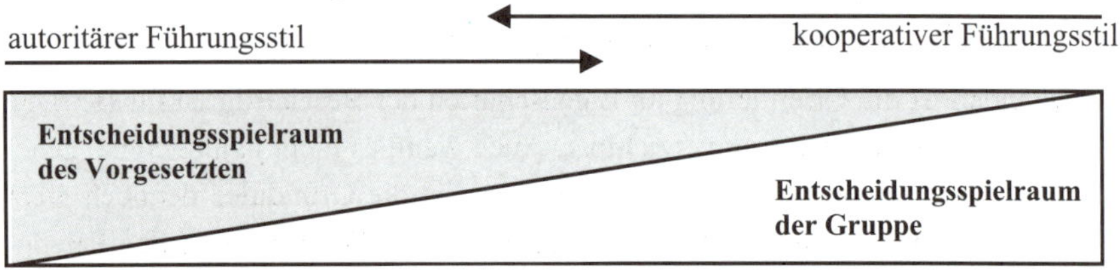

autoritär	patriarchalisch	beratend	kooperativ	partizipativ	demokratisch	
Vorgesetzter entscheidet und ordnet an	Vorgesetzter entscheidet; er ist aber bestrebt, die Untergebenen von seinen Entscheidungen zu überzeugen, bevor er sie anordnet	Vorgesetzter entscheidet; er gestattet jedoch Fragen zu seinen Entscheidungen, um durch deren Beantwortung deren Akzeptanz zu erreichen	Vorgesetzter informiert seine Untergebenen über seine beabsichtigten Entscheidungen; die Untergeb. haben die Möglichkeit, ihre Meinung zu äußern, bevor der Vorg. die endgültige Entsch. trifft.	Die Gruppe entwickelt Vorschläge; aus der zahl der gemeinsam gefundenen und akzeptierten möglichen Problemlösungen entscheidet sich der Vorgesetzte für die von ihm favorisierte	Die Gruppe entscheidet, nachdem der Vorgesetzte zuvor das Problem aufgezeigt und die Grenzen des Entscheidungsspielraumes festgelegt hat	Die Gruppe entscheidet; der Vorgesetzte fungiert als Koordinator nach innen und nach außen

(Quelle: Staehle 1999, S. 337, Jung 2002, S. 204)

Der Nutzen dieses Ansatzes liegt in der gezielten Analyse der Auswirkungen unterschiedlich weit gehender Mitarbeiterbeteiligung auf den Führungserfolg. Die isolierte Betrachtung nur dieser Dimension des Führungsverhaltens reduziert allerdings die Komplexität von Führung beträchtlich.

(2) Das Verhaltensgitter von Blake und Mouton

Das Verhaltensgitter beschreibt das Verhalten von Führungskräften anhand der zwei Dimensionen: Produktionsorientierung und Menschenorientierung. Die Ausprägungsgrade dieser beiden Merkmale staffeln sich zwischen eins (sehr gering) und neun (sehr hoch). Trägt man die beiden Dimensionen auf einem Koordinatenkreuz ab, so lassen sich theoretisch insgesamt 81 Führungsstile unterscheiden. Aus den beiden Gitterdimensionen sind fünf Basisführungsstile ableitbar.

Abb. 57: Führungsstile im Verhaltensgitter

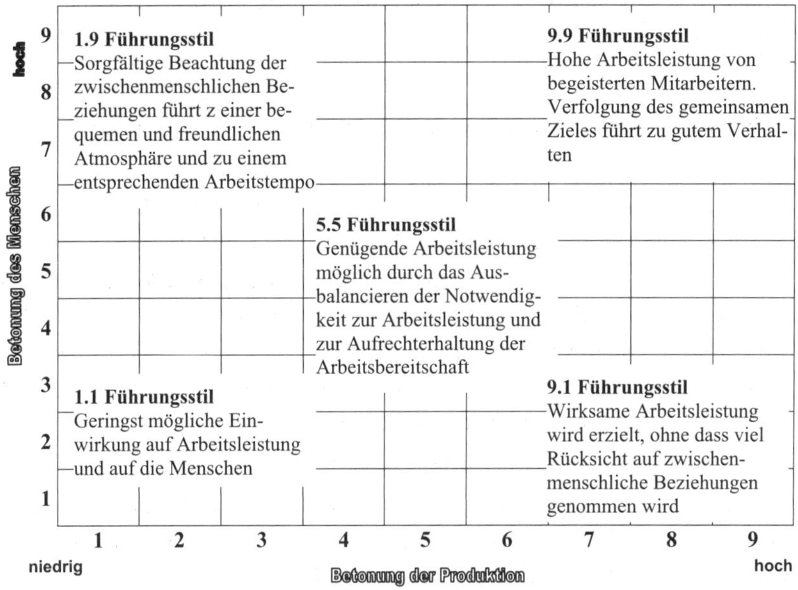

(vgl. Staehle, 1999, S. 840; Oechsler 2000, S. 408)

1.1: Überlebensmanagement
Der Vorgesetzte hat minimales Interesse sowohl an der Leistung als auch an der Zufriedenheit der Mitarbeiter.

9.1: Befehlsmanagement
Das Führungsverhalten konzentriert sich ausschließlich auf die Erreichung der Organisationsziele. Die menschlichen Bedürfnisse werden vernachlässigt.

1.9: Vereinsmanagement
Der Vorgesetzte betont hier genau entgegengesetzt maximal die zwischenmenschlichen Beziehungen und minimal die Sachaufgaben. Die Zufriedenheit der Mitarbeiter hat Vorrang vor den Organisationszielen.

5.5: Humanes Organisationsmanagement
Dieser Führungsstil ist durch mittleres Interesse des Vorgesetzten sowohl für die Sach- als auch für die Mitarbeiterinteressen bestimmt.

9.9: Teammanagement
Er wird von den Autoren als der einzig empfehlenswerte Ansatz angesehen. Hier werden sowohl die Organisations- als auch die Mitarbeiterziele ohne Abstriche verwirklicht.

Neben den fünf Basisführungsstilen existieren noch entsprechende Mischformen.

Dieses Modell ist graphisch eingängig gestaltet und hat vor allem auch wegen seiner Eignung in Schulungsveranstaltungen eine große Resonanz gefunden. In seinem offenen und einprägsamen Schema kann sich jede Führungskraft problemlos positionieren und feststellen, wie weit sie noch von der 9.9 Verhaltensweise entfernt ist. Auf der anderen Seite verhindern diese generellen Aussagen, die sich grundsätzlich kaum widerlegen lassen, das spezifische Anpassen an eine konkrete betriebliche Situation. Insbesondere auf den situativen Kontext wird hier explizit nicht eingegangen.

Die von den Autoren ausschließlich empfohlene Führungsform 9.9 unterstellt einen direkten Zusammenhang zwischen einem bestimmten Führungsverhalten und bestimmten Wirkungen. Diverse Studien haben diese Aussage jedoch dahingehend relativiert, dass zwischen einem bestimmten Führungsstil und dem Führungserfolg keine eindeutige Beziehung besteht, sondern immer auch die jeweiligen Umstände zu beachten sind, unter denen Führung auftritt. So kann ein bestimmter Führungsstil unter verschiedenen Rahmenbedingungen ganz unterschiedliche Ergebnisse hervorrufen.

Es zeigte sich in zahlreichen empirischen Untersuchungen, dass auch der Versuch einer noch so vollständigen und systematischen Beschreibung des Führungsverhaltens nicht ausreicht, um präzise Aussagen über die Wirkung bzw. den Erfolg von Führung zu machen.

Erfolgreiches Führen hängt jedoch nicht nur vom Verhalten der Vorgesetzten d.h. der Art und Weise, wie er kommuniziert ab, sondern auch von der jeweiligen Situation. Ein und dasselbe Führungsverhalten kann in einer spezifischen Situation unmittelbar zum gewünschten Erfolg führen, bei einer gewandelten Situation aber nicht.

4.2.3.3 Situationstheorie

Der Name Situationstheorie wird hier als Sammelbegriff für diejenigen Führungsansätze benutzt, welche ausdrücklich die jeweilige Situation, in der Führung stattfindet, mit einbeziehen.

Untersuchungen zum Führungserfolg haben gezeigt, dass verschiedene Mitarbeiter denselben Vorgesetzten sehr unterschiedlich wahrnehmen. Offensichtlich kann in der Praxis das Führungsverhalten nicht streng generalisiert werden, weil verschiedenste Anpassungsformen an die momentane Situation erfolgen. Dieses bestätigen auch die Ergebnisse der Befragung von Praktikern, die zeigen, dass im Alltag das Führungsverhalten flexibel in Abhängigkeit von der jeweilgen Situation gewählt wird.

Der Begriff der Situation wird hierbei sehr weit interpretiert. So bezieht er sich auf die unterstellten Mitarbeiter. Welche Qualifikation und Motivation haben sie? Wie viele sind es und auf welche Art und Weise arbeiten sie zusammen?

Die Situation umfasst aber noch mehr. Sind beispielsweise Fließbandarbeiten oder Forschungstätigkeiten zu erledigen? Mit welchen Produktionsbedingungen, welchem Zeitbezug, welchen Kostenvorgaben muss produziert werden? Wie sind die Erwartungen höherer Führungskräfte oder die Organisationskultur? Diese Aufzählung ist keineswegs erschöpfend.

Diese Gedanken greifen entsprechende theoretische Ansätze auf. Demnach sollten Führungskräfte über Verhaltensflexibilität verfügen. Sie sollten in der Lage sein, die gegebenen Rahmenbedingungen zutreffend zu interpretieren und ihr Verhalten darauf abzustimmen, darüber hinaus aber auch fähig sein, Führungssituationen aktiv zu gestalten.

Hiernach ist der Führungserfolg nicht nur von den Eigenschaften und dem gezeigten Verhalten des Vorgesetztem abhängig. Diese Ansätze betonen, dass es keinen einzig empfehlenswerten Führungsstil gibt, der in jeder Situation erfolgreich ist. Eine erfolgreiche Führungskraft muss vielmehr in der Lage sein, die jeweilige Gesamtsituation mit ihren vielfältigen Teilkomponenten zutreffend einzuschätzen und sich in ihrem Führungsverhalten flexibel darauf einzustellen. Sie muss sensibel auf Veränderungen dieser Bedingungen gegenüber der Vergangenheit reagieren und permanent eine Neuakzentuierung ihres Verhaltens vornehmen können.

Darüber hinaus sollten Führungskräfte sich nicht nur passiv an die betriebliche Umweltsituation anpassen, sondern auch versuchen, diese bewusst zu gestalten und zu optimieren.

Situative Ansätze haben in der Management-Praxis weite Verbreitung gefunden, nicht nur, weil sie bei der Wahl des Führungsverhaltens das situative Element betonen, sondern weil sie darüberhinaus konkret angeben, unter welchen Bedingungen ein bestimmtes Führungsverhalten erfolgreich sein wird.

Die kurz skizzierten Führungsansätze setzen jeweils unterschiedliche Schwerpunkte bei ihrem Bemühen, Führungserfolg beeinflussbar zu machen. Dabei muss jedoch noch darauf hingewiesen werden, dass ein erfolgreiches zielbezogenes Einwirken auf Menschen letztlich nur gelingen kann, wenn die unterschiedlichen Ansatzpunkte miteinander verzahnt werden.

So bestimmen die Persönlichkeitsmerkmale weitgehend das gezeigte Verhalten. Das Verhalten ist jedoch auch abhängig von der jeweiligen Situation. Der gewünschte Führungserfolg ist daher das Resultat einer optimalen Kombination dieser drei Einflussbereiche.

4.2.4 Praxisorientierte Führungsmodelle

Bei diesen Führungsmodellen handelt es sich im Unterschied zu den Führungstheorien um Konzepte, die den Anspruch erheben, bei entsprechender Anwendung dem Praktiker Hilfestelllungen bei der Lösung seiner Führungsprobleme zu geben.

Unter ihnen finden sich auch hinsichtlich des theoretischen Anspruchs sehr vielfältige Modelle. So rechnet die Literatur beispielsweise mitunter auch das Verhaltensgiter von Blake und Mouton zu dieser Kategorie. *(vgl. Hentze/Kammel/Lindert 1997, S. 617)*

Daneben handelt es sich aber vor allem um Modelle, in denen sich insbesondere die Erfahrungen der Praxis widerspiegeln und die nur mehr oder weniger durch wissenschaftliche Studien optimiert wurden.

Praxisorientierte Führungsmodelle werden häufig von großen Betrieben als Anregung und Basis für ein organisationsspezifisches Führungskonzept verwendet.

Zu den bekanntesten Ansätzen dieser Gruppe gehören die **Management-by-Konzepte**. Hierbei handelt es sich nicht um einen einheitlichen, auf einen bestimmten Autor zurückgehenden Ansatz, sondern um Konzeptionen, die sich im Laufe der Zeit aus verschiedenen Arbeiten entwickelte. Sie wurden vor allem in den sechziger und siebziger Jahren in großer Zahl kreiert. Aufgrund ihrer Ähnlichkeit und ihrer Überschneidung können sie im wesentlichen auf vier Grundformen zurückgeführt und reduziert werden. Dies sind:

- **Management by Exception** (MbE)
  (= Führung über die Bestimmung von Ausnahmen)
- **Management by Delegation** (MbD)
  (= Führung durch Delegation)
- **Management by Systems** (MbS)
  (= Führung durch Systeme)
- **Management by Objectives** (MbO)
  (= Führung durch Zielvereinbarung/Zielvorgabe)

(1) Besondere Bedeutung hat **Management by Objectives** erlangt. Dieses Modell zeichnet sich vor allem durch das dominierende Prinzip der Zielorientiertheit aus. Ziele sind hier der zentrale Steuerungsmechanismus der Aktivitäten des Betriebes. Das Kernstück des MbO ist das Festlegen von operationalisierbaren Zielen, wobei die grundlegenden Unternehmensziele in einem mehrstufigen Prozess absteigend immer weiter präzisiert und detailliert werden. Die operationalisierten und schriftlich fixierten Ziele werden anschließend den Mitarbeitern bzw. dem Team zur eigenverantwortlichen Ausführung übertragen. Das bedeutet, dass der erforderliche Entscheidungsspielraum auf die Mitarbeiter delegiert wird. Diese übernehmen damit aber auch die Verantwortung für ihr Handeln.

Je nach dem Grad der Beteiligung der Mitarbeiter an der Zielbildung lassen sich zwei Grundformen unterscheiden: die Zielvorgabe und die Zielvereinbarung.

Bei der **Zielvorgabe** entscheidet allein der Vorgesetzte bzw. die übergeordnete Geschäftspolitik. Hier wird den Mitarbeitern eine verbindliche Richtschnur für ihre Aktivitäten vorgegeben. Demgegenüber findet bei der **Zielvereinbarung** ein kooperativ geführtes Gespräch statt, in dessen Verlauf Mitarbeiter und Vorgesetzter gemeinsam Ziele festlegen oder aus festgelegten Oberzielen für ihren Bereich entsprechende Zielformulierungen ableiten.

Bei dieser Führungstechnik findet somit keine enge Bindung der Mitarbeiter an konkret übertragene Aufgaben statt, sondern das Ergebnis ihres Handelns, der jeweils realisierte Zielerreichungsgrad, ist der Maßstab für die Leistungen. Typisch für MbO ist ebenfalls die regelmäßige Analyse der Soll-Ist-Abweichungen und das entsprechende Reagieren darauf im Sinne eines Rückkopplungsprozesses.

Die Vorteile dieser Führungstechnik liegen in der umfassenden Nutzung der Kompetenzen der Mitarbeiter. Die Übertragung der Verantwortung für die Zielerreichung kann zu hoher Motivation bei den Beteiligten führen. Auf diesem Wege können für den Betrieb zusätzliche Leistungspotentiale erschlossen werden.

Allerdings ist der mit dem Prinzip der Zielorientiertheit verbundene Aufwand bei der Bildung, Formulierung und Abstimmung von Zielen erheblich. So müssen die Aufgabenbereiche der einzelnen Mitarbeiter durch genaue Stellenbeschreibungen festgelgt werden und außerdem die Beschäftigten bereit sein, in dem vorgegebenen Rahmen eigenständig zu handeln und ihren Entscheidungsspielraum zu nutzen. Bei den Vorgesetzten ist die Kompetenz und positive Einstellung gegenüber dieser Führungstechnik erforderlich. Außerdem kann bei einer Zielvorgabe die Akzeptanz bei den Mitarbeitern sinken.

Insgesamt trägt MbO aufgrund der immer weiteren Konkretisierung der Ziele im Betrieb eher operative als strategische Züge.

In der öffentlichen Verwaltung wird diese Führungsform in den letzten Jahren in deutlich höherem Maße angewendet, obwohl hier die Spielräume für Zielvereinbarungen in vielen Fällen nur gering sind. Traditionell herrscht dort das Delegationsprinzip vor.

(2) Das Prinzip des Führens durch Delegation hat vor allem durch das sog. **Harzburger Modell** Verbreitung gefunden. Zu seinen Grundprinzipien gehören:

- Entscheidungen werden nicht mehr nur an der Spitze des Betriebes getroffen, sondern jeweils von den Mitarbeitern, zu denen sie „ihrem Wesen nach" gehören.
- Der Mitarbeiter handelt und entscheidet innerhalb seines vorgegebenen Aufgabenbereiches selbständig.
- Ein Teil der Verantwortung der Unternehmensleitung wird mit den Aufgaben und Kompetenzen auf die nachgelagerten Ebenen übertragen.
- Die Vorgesetzten übernehmen nur diejenigen Aufgaben, welche von den Mitarbeitern nicht übernommen werden können.
- Es existieren präzise Stellenbeschreibungen mit genauer Festlegung der einzelnen Aufgaben.
- Die Grundsätze der Führung im Mitarbeiterverhältnis, wie diese Führungstechnik auch bezeichnet wird, sind in einer „Allgemeinen Führungsanweisung" verbindlich festgelgt.

(Vgl. Hentze/Kammel/Lindert 1997, S. 635)

Obwohl sich bei Einführung des Harzburger Modells Leistungssteigerungen im Einzelfall feststellen ließen, überwiegt letztlich doch die kritsche Einschätzung. Das Bild vom Mitarbeiter ist hier vor allem gekennzeichnet durch Kontrolle und Anweisung. Konkrete motivationspsychologische Aspekte sind in dieser Konzeption nicht enthalten. Dieses Modell orientiert sich primär an der Nützlichkeit für den Betrieb, die Arbeitszufriedenheit des einzelnen tritt dahinter zurück.

Weiterhin erfordert das Harzburger Modell einen erheblichen formalen Aufwand, wenn es konzeptionsgetreu in die Organisationsrealität umgesetzt werden soll. Hierdurch wird der angestrebte Gewinn an Führungseffizienz wieder geschmählert und ein flexibles Einwirken auf die Mitarbeiter erschwert.

Das Harzburger Modell und andere, auf dem Delegationsprinzip beruhende Führungsmodelle, haben daher in der Praxis sehr an Bedeutung verloren und werden, auch in der Verwaltung, immer mehr durch zielorientierte Modelle nach dem Muster des MbO ersetzt.

(3) Wie die praxisorientierten Management-by-Konzepte sind auch **Führungsgrundsätze** bzw. **Führungsleitlinien** Instrumente, die pragmatisch versuchen, eine bestimmte Auffassung von Führung zu realisieren. Sie sind schriftlich fixierte Regeln, die Einheitlichkeit und Konsequenz des Personalführungskonzeptes einer Organisation sichern sollen.

Führungsgrundsätze streben insbesondere eine Beschreibung der Vorgesetzten- und Mitarbeiterrolle an mit dem Ziel einer Normierung von Verhaltensweisen. Durch die schriftliche Fixierung und Aushändigung der Leitlinien an alle Mitarbeiter soll gleichzeitig die Transparenz im Führungsbereich erhöht werden. Daneben seht oftmals noch der Wunsch der Organisationsleitung nach verstärkter Integration und Motivation des Personals.

4.2.5 Führung im Wandel

Die Führungspraxis der Vergangenheit war oft durch ein asymmetrisches Führungsverhalten geprägt. Vorgesetzte demonstrierten Macht und Einfluss und die Mitarbeiter verhielten sich dementsprechend. Die Anpassung der nachgeordneten Kräfte wurde häufig höher bewertet als kreative, zielentsprechende Arbeitsleistung.

Dieses Bild entspricht schon lange nicht mehr der Situation in der Gegenwart. Die zu lösenden Aufgaben sind zunehmend komplexer und schlechter strukturiert als früher. Die Art und Weise der Bearbeitung lässt sich oft nicht mehr eindeutig vorgeben.

Gleichzeitig sind die Mitarbeiter anspruchsvoller geworden, sie erwarten mehr Transparenz und Sinnhaftigkeit ihres Handelns, mehr Eigenverantwortlichkeit und Entscheidungsfreiheit. Die Möglichkeiten einer fachlichen und persönlichen Weiterentwicklung entscheiden weitgehend über ihre Motivation. Mitarbeiter legen mehr Wert auf Feedback und Förderung. Sie werden zunehmend eigenständiger, kritischer und erwarten, dass die Führungskraft sie von den zukünftigen Handlungsmaximen überzeugen kann. Daneben ist für sie aber auch eine Bezahlung selbstverständlich, die ihre beruflichen Erfolge widerspiegelt.

Die immer flacher werdenden Organisationsstrukturen führen zu mehr Delegation und Entscheidungsspielraum bei den einzelnen Mitarbeitern. Unternehmerisches eigenverantwortliches Handeln wird unverzichtbar.

Eine neue Generation von Führungskräften sucht emanzipierte Mitarbeiter und offene Kommunikation, welche auf die erbrachte Leistung und die Zielerreichung ausgerichtet ist.

Führung von Mitarbeitern wird sich immer mehr zu einem Dialog zwischen emanzipierten, soveränen Gesprächspartnern wandeln, welcher das Erreichen von betrieblichen Zielen sowie das Fördern und Unterstützen von Mitarbeitern zum Ziel hat.

Das Führen durch Zielsetzung bzw. Zielvereinbarung wird weiter an Bedeutung gewinnen. Es ist in besonderer Weise geeignet, die Motivation der Mitarbeiter zu erhöhen. Das eigenverantwortliche Handeln des Einzelnen stellt eine permanente Herausforderung dar und kann für ihn Erfolgserlebnisse ermöglichen. Ein erreichtes oder sogar übertroffenes Ziel steigert das Selbstwertgefühl und motiviert zu noch größeren Anstrengungen. Allerdings müssen vereinbarte Ziele nicht nur präzise formuliert, in sich widerspruchsfrei und operationalisierbar sein, sie sollten auch anspruchsvoll, dennoch aber realisierbar sein.

Im Rahmen einer solchen zielorientierten Führung kommt auch dem individuellen Gespräch mit dem Mitarbeiter größeres Gewicht zu. Der Vorgesetzte als Unterstützer und Förderer wird zum zentralen Gesprächspartner des Mitarbeiters. Dieser erhält von ihm differenziert Rückkoppelung in Bezug auf seine Arbeitsergebnisse und sein Verhalten. Die Führungskraft erläutert dem Mitarbeiter gegenüber auch ihre Beurteilunsergebnisse sowie sich abzeichnende Entwicklungsmöglichkeiten. Sie versucht das vorhandene Potential des einzelnen nach und nach für den Betrieb nutzbar zu machen, auszubauen und langfristig zu sichern.

Führung wird sich in Zukunft viel mehr mit Fragen der richtigen Auswahl des Personals und der Pflege von motivierenden Arbeitsbeziehungen befassen müssen. Die Führungskräfte können sich nicht mehr ausschließlich auf ihren eigenen Verantwortungsbereich konzentrieren, sondern müssen den Gesamtkontext des Betriebes beachten. Sie müssen gleichzeitig vordenken und so Einfluss auf zukünftige Entwicklungen nehmen können. Sie sollen glaubhaft

Visionen vermitteln und ihre Mitarbeiter hierin einbinden. Sie müssen insbesondere in der Lage sein, zielbezogen erfolgreich zu kommunizieren. Dazu gehört auch, die Mitarbeiter in den Vordergrund zu stellen und sich nicht im Licht ihrer Erfolge zu sonnen. Vorgesetzte, die dieses verstehen und sich durch Ehrlichkeit, Kreativität und Kompetenz auszeichnen, werden entsprechendes Vertrauen bei den ihnen Unterstellten aufbauen.

Nicht zuletzt wird von wird von Führungskräften auch erwartet, sich selbst zu kontrollieren, mit beruflichem Stress umgehen zu können sowie berechenbar und glaubwürdig zu sein.

4.3 Controlling

Organisation, Führung und Controlling sind Instrumente der Betriebsführung. Während sich Organisation mit dem System der Beziehungen zwischen den einzelnen Betriebseinheiten befasst, die Führung das zielbezogene Einwirken auf den Einzelnen betreibt, sieht Controlling das konkrete Planen und Steuern des betrieblichen Geschehens als Hauptaufgabe an.

Im amerikanischen Sprachgebrauch bedeutet „to control" soviel wie Steuerung, Lenkung. Controlling ist keineswegs mit dem Begriff Kontrolle identisch. Der traditionelle Kontrollbegriff zielt auf einen Vergleich zwischen Soll und Ist ab. Hierbei wird eine betriebliche Handlung nach deren Abschluss beurteilt, indem die entstandene Ist-Situation einer vorher geplanten Sollgröße gegenübergestellt wird. Kontrolle bezieht sich somit auf die Vergangenheit, ein Einflussnehmen auf den laufenden Prozess ist durch Kontrolle nicht möglich.

In dieser Beziehung stellt Controlling eine Weiterentwicklung des Kontrollbegriffs dar. Im Gegensatz zu dessen rückwärts gewandter Sichtweise befasst sich Controlling mit der zukünftigen Entwicklung. Controlling enthält zwar auch das Element des Soll-Ist-Vergleichs, darüber hinaus wird hier auch eine Analyse der Abweichungsursachen durchgeführt. Weiterhin werden Vorschläge und Maßnahmen entwickelt, um diese Abweichungen zu korrigieren. Der Kerngedanke des Controlling liegt darin, durch permanente Rückkopplung laufende Prozesse über vorher festgesetzte Outputziele zu steuern. Diese Steuerung erfolgt über die Differenz zwischen geplanten und zur Zeit realisierten Zielen (vgl. Kapitel 3.5.2).

Controlling stellt ein umfassendes Steuerungs- und Überwachungssystem dar, vergleichbar einem Lotsen, der im Auftrag des Kapitäns dafür sorgt, dass das Schiff den vom Kapitän festgesetzten Kurs hält und das vorgegebene Ziel erreicht. Dabei strebt das Konzept des Controllings keine isolierte Optimierung einzelner betrieblicher Teilbereiche an, sondern das Ziel liegt in der ausgewogenen Abstimmung der einzelnen Funktionen im Interesse des betrieblichen Gesamtzieles. Weiterhin hat das Controlling die Aufgabe, den Betrieb über negative Entwicklungen so rechtzeitig und umfassend zu informieren, dass auf diese noch ausreichend reagiert werden kann.

Die Betriebsführung erhält durch das Controlling ein Instrument, mit dessen Hilfe das betriebliche Geschehen geplant, im Ablauf begleitet und auf die gesteckten Ziele hin gesteuert werden kann. Schwachstellen werden durch die Analyse ihrer Ursachen weitgehend vermieden und Fehlentwicklungen wird vorgebeugt. Controlling geht von den gesetzten Zielen aus, es ergänzt ein Führungssystem, welches das eigenständige selbstverantwortliche Verfolgen gesetzter Ziele in den Mittelpunkt stellt.

Controlling umfasst drei grundlegende Funktionen:

- Es soll das betriebliche Geschehen steuern und regeln.
- Es soll für die Koordination des betrieblichen Handelns und Entscheidens sorgen.
- Es soll der Betriebsführung die notwendigen Informationen liefern.

(1) Steuerungs- und Regelungsfunktion

Hierunter wird die Fähigkeit eines Systems verstanden, sich selbst auch bei veränderten Umweltbedingungen in einem vorgegebenen Gleichgewicht zu halten. Auf Abweichungen der Umwelt z.B. höherer Zeitbedarf, höhere Kosten reagiert das Controllinginstrumentarium mit entgegengesetzt wirkenden Maßnahmen, um die vorgegebenen Ziele zu erreichen. Controlling schließt so den Managementkreis, es ermöglicht ein kybernetisches Managementmodell.

(2) Koordinationsfunktion

Große Organisationen neigen dazu, viele unterschiedliche, hochgradig spezialisierte Einheiten zu schaffen, die auch jeweils für sich Entscheidungen treffen können. Damit aber ein für die gesamte Organisation gleichgerichtetes

Handeln und Entscheiden gewährleistet ist, muss ein entsprechendes Abstimmungs- und Koordinationssystem bestehen.

(3) Informationsfunktion

Die Betriebsführung benötigt zur Ausführung ihrer Aufgabe aktuelle und relevante Informationen insbesondere auch über die sich abzeichnende zukünftige Entwicklung. Controlling hat hier die Aufgabe, diesen Informationsbedarf zu decken, indem z.B. aktuelle Daten über die Entwicklung der wichtigsten betriebswirtschaftlichen Kennziffern dem Management zur Verfügung gestellt werden.

Um diese Funktionen erfüllen zu können, benötigt das Controlling verschiedene Hilfsmittel. Besondere Bedeutung kommt hierbei dem Rechnungswesen zu. Dieses Instrument stellt eine Fülle relevanter grundlegender Informationen (z.B. über die Entwicklung der Kosten) zur Verfügung, welche vom Controlling aufbereitet und ausgewertet werden. Aber auch die Bildung von Budgets, das Erarbeiten eines Produktkataloges sowie die Einführung eines differenzierten Berichtswesens unterstützen Controlling-Prozesse.

Je nach der gewählten Zeitperspektive kann zwischen dem **operativen** und dem **strategischen Controlling** unterschieden werden.

Das operative Controlling konzentriert sich auf das Umsetzen gesetzter Ziele; Fragen der Optimierung laufender Prozesse stehen hier im Vordergrund. Beim operativen Controlling liegt der Schwerpunkt auf Entwicklungen, welche die Gegenwart oder die nahe Zukunft betreffen.

Im Gegensatz dazu befasst sich das strategische Controlling mit Entscheidungen, die weit in die Zukunft hineinreichen. Es ist nicht wie das operative Controlling in der zeitlichen Perspektive eingeengt, sondern langfristig angelegt. Fakten aus dem Betrieb oder dem relevanten betrieblichen Umfeld gehen in die Überlegungen ein. Die Existenzsicherung durch das Realisieren der grundlegenden Zielsetzungen des Betriebes steht hier im Vordergrund.

Den höchste Wirksamkeit erreicht Controlling durch das gezielte Verzahnen von strategischem und operativem Controlling. Die operative Seite ergänzt und konkretisiert die langfristige Betrachtung, während dem strategischen Controlling für den zukünftigen Betriebserfolg besondere Bedeutung zukommt.

Besondere Bedeutung kommt auch der **Qualifikation** der im Controlling-Bereich Beschäftigten zu. Der Controller sollte besondere fachliche Kenntnisse und Fertigkeiten in den Bereichen der Kostenrechnung einschließlich der Methoden der Kostenreduzierung sowie der Planungs- und Investitionsrechnung besitzen. Daneben benötigt er grundlegendes Wissen über alle betrieblichen Bereiche und Aufgabenstellungen, um in der Lage zu sein, Informationen aus diesen Bereichen einschätzen und verarbeiten zu können und mit den dortigen Mitarbeitern konstruktiv zu kommunizieren.

Wichtige persönliche Eigenschaften des Controllers sind darüber hinaus die Fähigkeit zu analytischem Denken, konsequentem Handeln und zu konstruktiver Zusammenarbeit. Er sollte Durchsetzungsvermögen besitzen, unternehmerisch denken und die Führungskräfte beratend unterstützen können.

Während sich in der Privatwirtschaft in Einzelfällen bei amerikanischen Unternehmen das Controlling bereits Ende des 19.Jahrhunderts eingeführt wurde, befasst sich die öffentliche Verwaltung erst kurzem mit modernen Controlling-Ansätzen. Leitlinie des Verwaltungscontrollings ist das umfassend verstandene Wirtschaftlichkeitsprinzip, das neben der Effizienz auch die Effektivität beinhaltet. Die konsequente Anwendung des Controllinggedankens kann gerade in der öffentlichen Verwaltung bei den Mitarbeitern zu einer mehr ergebnisorientierten Denkhaltung führen, was zur Mobilisierung der in diesem System enthaltenen Leistungsreserven führt.

Ein verbreiteter Controlling-Ansatz im Verwaltungsbereich ist das Konzept der **Balanced Scorecard.** Im betrieblichen Alltag besteht häufig die Gefahr des Verdrängens langfristiger Zielsetzungen durch schnell wirksame Erfolge. Eine kurzfristige Geschäftspolitik erscheint im Hinblick auf die Aktienkurse, die Entscheidungen bedeutender Gläubiger oder der Öffentlichkeit vielfach erfolgreicher. Balanced Scorecard betrachtet gleichzeitig vier verschiedene Perspektiven. Hier erfolgt keine ausschließliche Orientierung an finanziellen Größen, sondern es werden auch drei andere Bereiche mit einbezogen, die zunächst nicht in einem konkreten Zusammenhang zu finanziellen Größen stehen.

Die vier Betrachtungsebenen der Balanced Scorecard sind:

- Die finanzielle Perspektive
- Die Kundenperspektive
- Die Perspektive der internen Geschäftsprozesse
- Die Lern- und Entwicklungsperspektive.

Auf jeder Ebene werden Ziele formuliert, Kennzahlen gebildet sowie das entsprechende Vorgehen konkretisiert. Auch die zwischen den einzelnen Ebenen bestehenden Ursache-Wirkungs-Zusammenhänge werden beachtet. So kann ein verstärktes Eingehen auf Kundenwünsche zunächst den Ertrag schmälern, längerfristig aber durch das Gewinnen neuer Absatzgebiete entgegengesetzt wirken.

Balanced Scorecard ist insofern ein umfassend ansetzendes, langfristig ausgerichtetes System, das die Umsetzung grundlegender strategischer Konzepte des Betriebes erleichtern soll.

4.4 Wiederholungsfragen

	Lösungshinweise siehe Seite
77. Definieren Sie den Begriff „Organisation“.	93
78. Grenzen Sie die formale und informale Organisation voneinander ab.	94
79. Erläutern Sie drei Grundsätze der Organisation.	95
80. Geben Sie einen Überblick über die wesentlichen Gliederungsmerkmale bei der Aufgabenanalyse.	96
81. Stellen Sie grafisch je ein beliebiges Beispiel dar für die Aufgabenanalyse nach:	
- Verrichtung	97
- Objekt	97
- Phase	98
- Zweckbeziehung.	99
82. Nennen Sie die wichtigsten Zentralisationskriterien bei der Aufgabensynthese.	100
83. Nennen Sie die Inhalte einer Stellenbeschreibung.	101
84. Was ist der Unterschied zwischen einer Arbeitsgruppe und einer Abteilung.	102
85. Von welchen Faktoren wird die optimale Leitungsspanne bestimmt?	102
86. Stellen Sie anhand einer Skizze dar, was man unter Breiten- bzw. Tiefengliederung einer Organisation versteht.	103
87. Welche Konsequenzen ergeben sich aus einer großen Leitungsspanne?	103
88. Grenzen Sie das Einlinien- und das Mehrliniensystem voneinander ab.	104-106
89. Was wird unter einem Stab-Linien-System verstanden?	106/107
90. Grenzen Sie die Funktional- und die Spartenorganisation gegeneinander ab.	108/109
91. Beschreiben Sie die Besonderheiten der Matrixorganisation.	110

92.	Wie könnte der Konfliktneigung in Matrixorganisationen entgegengewirkt werden?	111
93.	Stellen Sie die wesentlichen Merkmale der Projektorganisation dar.	111/112
94.	Was sind wesentliche Vorteilen der Teamorganisation, was mögliche Nachteile?	113/114
95.	Erklären Sie das Direktorialprinzip.	114
96.	Womit befasst sich die Ablauforganisation?	115/116
97.	Erläutern Sie den Begriff „Führung".	120/121
98.	Was wird unter Führungsstil verstanden?	121-123
99.	Welches sind die grundlegenden Aussagen der Eigenschaftstheorie?	124
100.	Was kann aus dem Stilkontinuum von Tannenbaum und Schmidt abgeleitet werden?	126
101.	Was sind die wesentlichen Aussagen des Verhaltensgitters von Blake und Mouton?	127/128
102.	Beschreiben Sie die Unterschiede zwischen Führungstheorien und Führungstechniken.	130
103.	Erläutern Sie das Grundprinzip und den Ablauf von „Management by Objectives".	131/132
104.	Was sind Führungsgrundsätze und wozu dienen sie?	134
105.	Welches sind die grundlegenden Funktionen des Controllings?	137
106.	Nennen Sie die vier Betrachtungsebenen der Balanced Scorecard.	140

5 Leistungsbereich des Betriebes

5.1 Materialwirtschaft, Beschaffung und Lagerhaltung

5.1.1 Grundlagen

Gegenstand der Materialwirtschaft ist die Bereitstellung von Material für den Prozess der betrieblichen Leistungserstellung. Hierunter fallen alle Entscheidungen und Vorgänge der kostenoptimalen Bedarfsplanung, Beschaffung, Lagerhaltung, des innerbetrieblichen Transportes von Material und neuerdings auch der Entsorgung.

Die Materialwirtschaft umfasst also alle Vorgänge der Beschaffung und Bewirtschaftung von Material, unabhängig davon, für welchen betrieblichen Teilbereiche diese gebraucht werden.[1] Sie bildet letztlich das umfassende Versorgungssystem des Betriebes.

Die Materialwirtschaft hatte in der Vergangenheit innerhalb der betriebswirtschaftlichen Diskussion nicht den gleichen Stellenwert wie Produktion und Absatz. In den letzten Jahrzehnten gewann sie jedoch deutlich an Bedeutung, was sich auch im Aufstieg in der betrieblichen Hierarchie niederschlägt.

Maßgebend hierfür ist vor allem der hohe Anteil der Materialkosten an den gesamten Kosten eines Betriebes. Der Grund hierfür liegt in dem Trend, die Fertigungstiefe zu verringern, d.h. den Umfang des Fremdbezugs von Teilen entsprechend zu erhöhen. Die Materialkosten betragen je nach Branche zwischen 50% und 80% der Gesamtkosten gegenüber beispielsweise nur ca. 16% Produktionskosten. *(vgl. Jung 2002, S. 296)* Dieser Wert belegt, wie stark sich auch eine nur geringfügige Senkung der Materialkosten auf die gesamte Kostensituation und damit letztlich auf das Betriebsergebnis auswirkt.

Unter **Material** versteht man dabei alle realen Sachgüter, die im Betriebsprozess eingesetzt werden und danach entsprechend ihrer Zweckbestimmung für eine weitere Verwendung nicht mehr geeignet sind. Die Materialarten können nach ihrer Beziehung zum Erzeugnis (Fertigprodukt) unterschieden werden.

---

[1] Je nach Organisation des einzelnen Betriebes kann auch die Bereitstellung externer Dienstleistungen (z.B. Wartung, Reparatur, Reinigung) und von externen Informationen Gegenstand des Beschaffungsbereiches sein.

Abb. 58: Materialarten

Produktionsfaktor	Erläuterung
Betriebsmittel	Stoffe, welche die Produktion sichern, nicht aber in den Prozess der Leistungserstellung eingehen (z.B. Maschinen)
Werkstoffe (Halb- und Fertigfabrikate, Rohstoffe)	Rohstoffe und Fertigungsmaterial gehen in die Produkte bei der Leistungserstellung ein (Fertigungsmaterial), bzw. – bei reinen Wiederverkäufern – Produkte, die das Sortiment bilden
Hilfsstoffe, Betriebsstoffe, Erzeugnis-Hilfsstoffe	Stoffe, die bei der Produktion benötigt werden, die aber nur in geringem Maße in das Produkt eingehen, oder die bei der Produktion verbraucht werden

5.1.2 Ziele und Aufgaben des Beschaffungswesens und der Materialwirtschaft

Zur Charakterisierung der Ziele und Aufgaben der Materialwirtschaft kann zwischen technischen und ökonomischen Zielsetzungen unterschieden werden.

- Die **technische** Zielsetzung richtet sich auf die Sicherung des Produktionsvollzuges, d.h. die Aufgabe der Materialwirtschaft besteht insbesondere darin, die in den Prozess der Leistungserstellung eingehenden Güter rechtzeitig, in der richtigen Qualität und Quantität und am richtigen Ort zur Verfügung zu stellen (Sachziel der Materialwirtschaft), und
- die **ökonomische** Zielsetzung richtet sich auf die Sicherung möglichst wirtschaftlichen Handelns (Formalziel der Materialwirtschaft).

Zur **technischen Zielsetzung** gehören als Unteraufgaben:

- Ermittlung des Materialbedarfs, Beschaffung der Materialien, Prüfung der Materialeingänge nach Menge und Qualität, Auswahl des Materials nach ökologischen Kriterien.
- Lagerung des Materials, Überwachung und Pflege der Materialbestände, Abwicklung der innerbetrieblichen Materialtransporte, Recycling bzw. Entsorgung.

Bei der **ökonomischen Zielsetzung** geht es zunächst um die Minimierung der bei der technischen Aufgabenerfüllung anfallenden Kosten (Anschaffungskosten, Transportkosten, Prüfkosten, Wagniskosten, Lagerhaltungskosten ...). Daneben geht es um die Opportunitätskosten. Diese Kosten in Form entgangener Gewinne entstehen, weil das im Materialbestand gebundene Kapital in einer anderen gewinnbringenderen Form hätte eingesetzt werden können. Die Opportunitätskosten spielen angesichts der hohen Anteile von Materialbeständen an der Vermögenssumme der Bilanz bei den Unternehmensentscheidungen häufig eine wichtige Rolle.

Die Materialwirtschaft will also Beschaffung, innerbetrieblichen Transport und Lagerhaltung optimieren. Dabei hat sie verschiedene **Teilprobleme** zu lösen.

Abb. 59: Teilprobleme der Materialwirtschaft

➔Das Mengenproblem
Zum Zeitpunkt des Bedarfs der betrieblichen Leistungserstellung müssen die benötigten Materialien in ausreichender Menge und Qualität für einen störungsfreien Produktionsablauf zur Verfügung stehen. Hier gilt es, zwischen den bei größeren Mengen steigenden Lagerhaltungs- und Transportkosten und den bei größeren Mengen sinkenden Beschaffungskosten abzuwägen.

➔Das Sortimentsproblem
Das Sortimentsproblem besteht in der nach Art und Güte richtigen Bereitstellung der Materialien. Bei der Lösung dieses Problems spielt die Festlegung des Materialsortiments und die Überprüfung der geforderten technischen und ökologischen Eigenschaften des Materials eine wichtige Rolle.

→Das Raumüberbrückungsproblem
Das Material muss vom Lieferanten zum Betrieb geliefert werden und vom Materialeingang zum Lager oder zur Materialausgabe bzw. Verbrauchsort transportiert werden.

→Das Zeitproblem
Dieses Problem bezieht sich auf die Zeitspanne zwischen Materialbeschaffung und Materialverwendung, d. h. der termingerechten Bereitstellung für die Fertigung. Allgemein sind für die Wahl der Beschaffungszeitpunkte die Lieferfristen, die Beschaffungskosten, die Kapitalbindungs- und Lagerkosten, die Finanzlage des Betriebes und die Preisentwicklung zu beachten und - wenn möglich - zu minimieren.

→Das Kapitalbindungsproblem
Jede Materialbeschaffung bindet Finanzierungsmittel (Kapital), die in der Regel nicht allein durch Lieferantenkredite, d.h. mit Zahlungsstundungen der Lieferanten, zu beschaffen sind. Um eine möglichst geringe Kapitalbindung zu erreichen, versuchen Unternehmen die Durchlaufgeschwindigkeit des Materials im betrieblichen Leistungsprozess zu maximieren.

→Das Zielerfüllungsproblem
Die genannten Teilprobleme sind unter den Aspekten der Kostenminimierung (ökonomisches Ziel) und der Sicherung der reibungslosen Leistungserstellung (technisches Ziel) zu lösen.

(Vgl. Bestmann 2001, S. 167 f)

5.1.3 Fragen des Materialbestandes

5.1.3.1 Materialbedarfsplanung

Ausgangspunkt der Materialbedarfsplanung sind entweder Verbrauchswerte der Vergangenheit und/oder das geplante Leistungserstellungsprogramm des Betriebes. Entsprechend werden die Art und die Menge (quantitative Dimension), die Qualität (qualitative Dimension) sowie Zeitpunkte (zeitliche Dimension) des Materialbedarfs festgelegt.

Bei der Planung der Art und der **Menge des Materials** spielen neben den genannten Faktoren für die Bestellplanung insbesondere die vorhandenen Lagerbestände eine Rolle. Je nach vorhandenen Mengen und unter Berücksichtigung von Sicherheitsreserven an Material wird disponiert.

Bei einer Bestellung wird über die erforderliche **Qualität von Material** entschieden. Dabei versteht man unter Qualität die Gesamtheit von Eigenschaften und Merkmalen eines Produktes oder einer Tätigkeit, die sich auf die Eignung zur Erfüllung gegebener Anforderungen beziehen. Idealer Weise erfolgt die Qualitätsprüfung unmittelbar nach der Anlieferung, wobei sich diese Prüfung im Sinne einer Vollerhebung auf die gesamte Lieferung oder im Sinne einer Stichprobe auf eine Teilmenge beziehen kann.

In Bezug auf die **Beschaffungszeitpunkte** kann man unterscheiden in:

- **Einzelfallbeschaffung im Bedarfsfall**
  Dieses Verfahren setzt die stete Lieferbereitschaft des Lieferanten voraus. Anderenfalls können Stockungen der Leistungserstellung auftreten. Sie wird in der Praxis meist nur bei auftragsabhängiger Einzelfertigung (z.B. Ersatzteilbeschaffung bei KFZ-Reparaturen) oder zum Ausgleich möglicher Fehlplanungen oder bei Qualitätsproblemen des vorhandenen Materials eingesetzt.

- **Vorratsbeschaffung**
  Dieses Verfahren findet bei Gütern Anwendung, die zum einen durch Lagerung keine Qualitätseinbußen erfahren, bzw. es findet nur in dem Umfang statt, wie keine Qualitätseinbußen eintreten (z.B. bei Lebensmitteln). Zum anderen dürfen durch Vorratsbeschaffung die Kapitalbindungskosten nicht zu hoch werden.

- **Einsatzsynchrone Beschaffung**
  Die einsatzsynchrone Beschaffung ist eine Kombination der Einzelfallbeschaffung und der Vorratsbeschaffung bei der versucht wird, nur die Vorteile beider Verfahren miteinander zu kombinieren. Hier erfolgt die Lieferung des Materials zu Zeitpunkten, die genau mit dem Prozess der Leistungserstellung abgestimmt sind (‚just-in-time-production‘). Die Güter werden meist an dem Tag geliefert, an dem sie gebraucht werden. Eine längere Zwischenlagerung erfolgt nicht im Betrieb, sondern auf der „rollenden Landstraße“. Voraussetzungen für dieses Verfahren sind eine genaue Produktionsplanung und exakte und realistische Vereinbarungen mit den Lieferanten.

5.1.3.2 Make-or-Buy-Entscheidung

Bei einer Make-or-Buy-Entscheidung stellt sich für den Betrieb die Frage, ob es für ihn günstiger ist, bestimmte Güter oder Dienstleistungen selbst herzustellen oder sie vom Markt zu beziehen.

Für eine solche Entscheidung müssen zwei Voraussetzungen gegeben sein:

- Es muss die Möglichkeit einer eigenständigen Leistungserstellung grundsätzlich gegeben sein.
- Der Fremdbezug ist hinsichtlich der gewünschten Quantität und Qualität realisierbar.

Welcher Alternative letztlich der Vorzug gegeben wird, hängt in einer konkreten betrieblichen Situation von einer Fülle von Faktoren ab, wie beispielsweise den vorhandenen Kapazitäten, der Terminsituation oder den mit der Entscheidung verbundenen Kosten.

Generell werden eher „Buy-Entscheidungen" getroffen, wenn der Fremdbezug wesentlich kostengünstiger oder der Lieferant in diesem Bereich einen eindeutigen Kompetenzvorsprung hat. Allerdings kann das Vergeben von Aufträgen auch zu einer Abhängigkeit von den Lieferanten und zu einem Abfluss von eignem Know-how führen.

Auf der anderen Seite wird der Betrieb dann eher an eine Eigenproduktion denken, wenn auf diesem Gebiet seine Kernkompetenzen liegen, vor allem, wenn die entsprechenden Komponenten zum Image der Erzeugnisse wesentlich beitragen.

5.1.3.3 Arten des Lagerbestandes

Ist der Materialbedarf geplant, hat der Betrieb zum einen seinen Lagerbestand zu planen, zum anderen seine Bestelldispositionen vorzunehmen.

Die Planung des Lagerbestandes stützt sich auf Lageranalysen, die verschiedene Arten von Beständen unterscheiden.

Abb. 60: Lagerbestandsarten

➔Der Lagerbestand
ist der körperlich zum Planungszeitpunkt im Lager befindliche Bestand, der sich mit den Zu- und Abgängen verändert (IST-Bestand).

➔Der Buchbestand
wird im Rechnungswesen geführt und verändert sich über Zu- und Abgänge (SOLL-Bestand). Er sollte mit dem Lagerbestand übereinstimmen, was jedoch häufig nicht der Fall ist.

➔Der Inventurbestand
wird bei der Inventur, der "körperlichen" Bestandsaufnahme des Bestandes an einem Stichtag, ermittelt und ist identisch mit dem Lagerbestand dieses Zeitpunktes.

➔Der verfügbare Bestand
steht für die weitere Leistungserstellung zur Verfügung und errechnet sich wie folgt:

Lagerbestand + offene Bestellungen - Vormerkungen = verfügbarer Bestand

➔Der disponierte Bestand (Vormerkungen)
besteht aus den Lagerbestandsmengen, die bereits für laufende Aufträge verplant sind.

➔ Der Werkstattbestand
setzt sich aus den Bestandsmengen zusammen, die das Lager zur Weiterverarbeitung verlassen haben und die sich bereits im Bereich der Leistungserstellung (in der „Werkstatt") befinden.

➔ Der Sicherheitsbestand
stellt einen Puffer dar, um die Leistungsbereitschaft auch bei Störungen im betrieblichen Ablauf zu garantieren. Mit ihm sollen die Risiken der Bedarfsunsicherheit, der Lieferzeitunsicherheit und der Bestandsunsicherheit abgedeckt werden.

➔Der Meldebestand (Bestellbestand, Bestellzeitpunktbestand)
Bei Erreichen dieser Bestandsmenge wird eine Bestellung entweder in Form eines internen Betriebsauftrages oder als Lieferantenbestellung ausgelöst. Der Sicherheitsbestand soll während der Wiederbeschaffungszeit nicht angegriffen werden.

➔Der Höchstbestand
gibt die Menge an, die maximal am Lager sein darf, um eine hohe Kapitalbindung am Lager zu vermeiden.

Die wichtigsten Bestandsarten lassen sich graphisch darstellen. Die gestrichelte Linie in Abb. 61 stellt die Entwicklung des IST-Lagerbestandes dar, wobei ein kontinuierlicher Verbrauch unterstellt wird. Zum Bestellzeitpunkt - beim Erreichen des Bestellbestandes - erfolgt eine Auftragsvergabe, die zum Liefertermin zu einer Auffüllung des Lagers in Höhe der Bestellmenge führt.

Die Differenz zwischen dem Höchstbestand und der Sicherheitsmenge stellt graphisch die Bestellmenge dar.

Abb. 61: Lagerbestandsverläufe

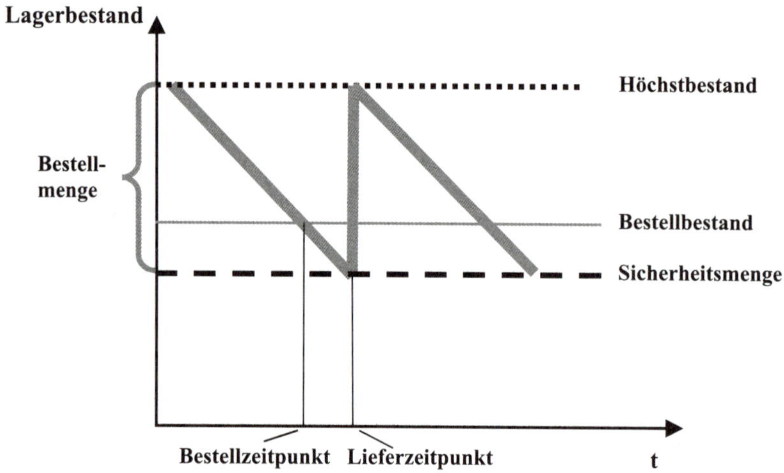

Die **Bestandsplanung** muß die zu jeder Materialart passende Bestandsstrategie festlegen, um eine optimale Lagerversorgung sicherzustellen. Dabei spielen der Sicherheitsbestand und die damit verbundenen Kapitalbindungskosten und der sogenannte Lieferbereitschaftsgrad mit den Fehlmengenkosten eine wesentliche Rolle. Fehlmengenkosten treten auf, wenn der Produktionsablauf gestört wird, weil die Produktion aufgrund zu geringer Lagerbestände nicht durchgeführt werden kann. Grundsätzlich sind die Kosten für den Sicherheitsbestand und die Fehlmengenkosten gegenläufig: Je höher der Bestand ist, desto größer sind die Kapitalbindungskosten, aber desto geringer sind die zu erwartenden Fehlmengenkosten.

5.1.3.2 Optimale Bestellmenge

Nachdem die Materialbedarfsplanung vorliegt und die Bestandsrechnung die am Lager befindlichen Materialien aufgezeigt hat, müssen die fehlenden Materialien kostengünstig und zum richtigen Zeitpunkt beschafft werden. Dabei muss insbesondere das Problem der kostengünstigsten, "optimalen" Beschaffungsmenge (Bestellmenge) gelöst werden. Grundsätzlich kann in Bezug auf den Beschaffungsumfang zwischen zwei Extremen unterschieden werden:

- Beschaffung **großer Mengen in großen Zeitabständen:**
  Die Vorteile liegen beim Preis und bei den Beschaffungskosten und in der relativen Sicherheit für den Produktionsablauf. Nachteilig sind hohe Kapitalbindungs- und Lagerkosten.
- Beschaffung **kleiner Mengen in kleinen Zeitabständen**:
  Die Vor- und Nachteile kehren sich um.

Zwischen beiden Extremfällen gibt es im Prinzip beliebig viele Lösungsmöglichkeiten, die im Rahmen eines Optimierungskalküls zielorientiert einer eindeutigen Lösung zugeführt werden müssen

Die wichtigsten Einflußfaktoren und Kostengrößen einer solchen Betrachtung sind dabei:

- **Die Beschaffungskosten**
  sind von der Bestellmenge abhängig und ergeben sich generell aus Beschaffungsmenge mal Beschaffungspreis pro Einheit, vermindert um Rabatte u. ä., erhöht um Mindermengenaufpreise, Transportkosten und sonstige wertabhängige Beschaffungskosten.
- **Die Bestellkosten**
  sind unabhängig von der Beschaffungsmenge. Sie werden durch die Anzahl der Bestellung, d.h. durch die Beschaffungshäufigkeit, bestimmt. Beispiele sind: Kosten der Angebotseinholung und Lieferantenauswahl, der Terminplanung, des Wareneingangs, der Qualitätskontrolle.
- **Die Lagerhaltungskosten**
  In den Materialvorräten ist Kapital gebunden, das in anderweitiger Verwendung ertragreich(er) eingesetzt werden könnte. Hinzu kommen

Kosten aus der Beanspruchung des Lagerraumes und aus Löhnen im Zusammenhang mit der Lagerhaltung.

Ein mögliches Optimierungskalkül kann in der Form des **Modells der optimalen Bestellmenge** dargestellt werden. Dazu werden folgende Annahmen getroffen:

- Der über einen Zeitraum erforderliche Gesamtbedarf einer Materialart B ist bekannt und in beliebige Bestellmengen Q teilbar.
- Der Lagerabgang ist gleichmäßig und stetig.
- Der Betrieb kann die Anlieferungszeitpunkte frei wählen.
- Es gibt keine mengenmäßigen Beschränkungen bei der Beschaffung.
- Die Bestellmenge und die Anlieferungsmenge sind gleich.
- Der Stückpreis P ist unabhängig von der Beschaffungsmenge und vom Zeitpunkt der Beschaffung (P/Q = konstant).
- Je Bestellperiode ist der Bedarf Q (Nachfrage des Produktionsbereiches) bekannt und konstant.
- Die Lagerhaltungskosten je Stück (LK/Q) werden in Abhängigkeit von den Lagerwerten und der Lagerdauer betrachtet; der Zusammenhang ist proportional: Je mehr gelagert wird, desto höher sind die Lagerkosten pro Stück, d.h. die Grenzkosten sind konstant.
- Die Bezugskosten (bestellfixe Kosten BE) sind pro Bestelleinheit konstant, variieren also proportional mit der Beschaffungshäufigkeit. Bezogen auf eine Mengeneinheit nehmen sie (die bestellfixen Kosten pro Stück BE/Q) mit zunehmender Beschaffungsmenge ab.

Abb. 62: Modell der optimalen Bestellmenge

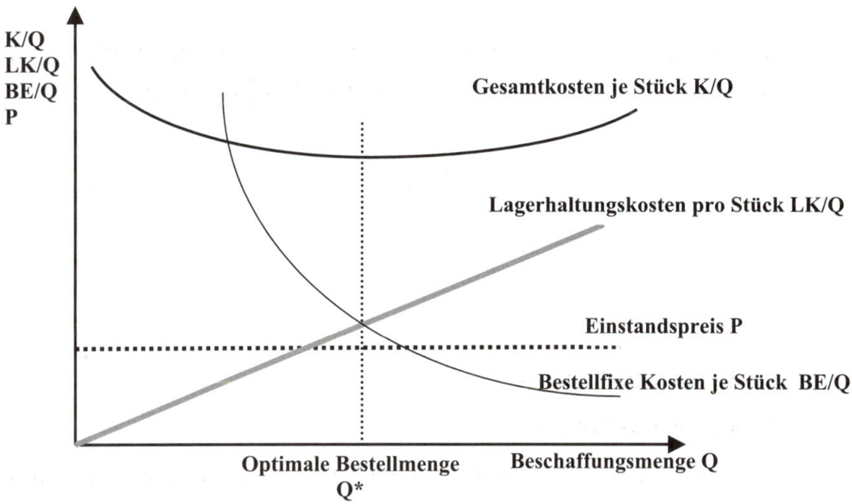

Die optimale Bestellmenge gibt diejenige Menge an, bei der die Gesamtkosten je Bestellstück je Bestellung minimiert werden.

Der formale Zusammenhang für alle Bestellungen zur Erreichung einer Gesamtbedarfsmenge ergibt:

$$\textit{Bestellkosten} = \textit{Bestellfixe Kosten} + \textit{Lagerkosten}$$

Der Einstandspreis ist konstant und spielt für Optimalitätsbedingungen keine Rolle mehr!

$$\textit{Bestellfixe Kosten } BE/Q = B \cdot Be/Q$$

mit B als Gesamtbedarfsmenge und Be als Fixkosten pro Lieferung und entsprechend B/Q als Anzahl der notwendigen Lieferungen.

$$\begin{aligned}\textit{Lagerhaltungskosten } LK &= \textit{Lagerkostensatz } k \cdot \textit{durchschnittl. Lagerwert} \\ &= k \cdot (\textit{Anfangsbestand} - \textit{Endbestand}) \cdot \textit{Preis } P/2\end{aligned}$$

Da der Endbestand definitionsgemäß null ist und der Anfangsbestand der Bestellmenge entspricht, gilt:

$$LK = k \cdot Q \cdot P/2$$

Die Bestellkosten werden nun minimiert, indem die erste Ableitung gleich null gesetzt wird und man erhält als optimale Bestellmenge Q*:

$$Q^* = \sqrt{\frac{2 \cdot B \cdot Be}{k \cdot P}}$$

5.1.4 Logistische Fragen

5.1.4.1 Transportwesen

Hier ist das bereits o.g. Raumüberbrückungsproblem angesprochen. Grundsätzlich lassen sich hierbei die beiden Bereiche des außerbetrieblichen Transportes und des innerbetrieblichen Transportes unterscheiden.

Das Ziel des Transportwesens besteht generell darin, die Verfügbarkeit der jeweils benötigten Güter und Dienstleistungen unter Beachtung der Kostenvorgaben zu sichern.

Im einzelnen ergeben sich hieraus die Aufgaben:

- Auswahl des günstigsten Transportmittels
- Auswahl des günstigsten Transportweges
- Auswahl des günstigsten Transportbetriebes
- Auswahl der geeigneten Transportkette.

(Vgl. Jung 2002, S. 381)

5.1.4.2 Lagerwesen

In einem Industriebetrieb lassen sich im wesentlichen drei Arten von Lagern unterscheiden:

- Roh-, Hilfsstoff- und Betriebsstofflager
- Zwischenlager
- Fertigwarenlager.

Das Lager muss sich unter Berücksichtigung der räumlichen und baulichen Situation in den Materialfluss einordnen. Insbesondere soll es nicht mehr Vorräte enthalten, als dies aus betrieblicher Sicht notwendig ist.

Die Lagerhaltung umfasst verschiedene Aufgaben:

- Zunächst erfolgt die **Warenannahme,** wobei mit Hilfe der Warenbegleitpapiere eine erste Überprüfung der Lieferung erfolgt. Jede Anlieferung wird in einer Wareneingangsmeldung festgehalten.
- Anschließend erfolgt eine **Materialprüfung**, die sich sowohl auf die Menge wie die Qualität erstreckt. Aufgedeckte Mängel lösen dann entsprechende Bearbeitungsschritte aus.
- Nach dem Ende der Prüfvorgänge erfolgt die **Materialeinlagerung**. Hierbei erhalten die Waren ihren endgültigen Lagerplatz.
- Die **Materialausgabe** an die innerbetrieblichen Stellen bzw. auch Rücksendungen an die Lieferanten werden vergleichbar der Warenannahme nur gegen einen entsprechenden Beleg (Materialentnahmeschein) durchgeführt.

5.1.5 Entwicklungstrends in der Materialwirtschaft

Die Materialwirtschaft der Zukunft steht vor eine Reihe grundlegender Herausforderungen. Dem steigenden Bezugsvolumen aufgrund geringer werdender Fertigungstiefe steht das Minimieren der Lagerbestände gegenüber. Gleichzeitig steigt die Zahl der Produktvariationen und die Produktlebenszyklen werden kürzer.

Zudem nimmt die langfristige Kooperation mit Lieferanten zu, die z.T. eigenständig komplette Teilsysteme des Produktes entwickeln (wie z.B. elektronische Steuerungssysteme in der Automobilindustrie). Aus diesem Grunde gewinnt die Frage der Auswahl geeigneter Lieferanten eine strategische Bedeutung.

Ein modernes integriertes Materialmanagement, welches logistische Prozesse bestmöglich beherrscht und den Materialfluss auch unter Kostengesichtspunkten optimal steuert, ist hier die Konsequenz.

Gleichzeitig gewinnt der Bereich der Abfallwirtschaft aufgrund gesetzlicher Vorschriften sowie des gestiegenen Umweltbewusstseins an Bedeutung.

5.2 Leistungserstellung/Produktion

5.2.1 Grundlagen

Im Modell der betrieblichen Funktionen folgt nach der Behandlung von Beschaffung und Lagerhaltung (Materialwirtschaft) analytisch als nächster Schritt die zentrale Grundfunktion eines Betriebes - die **Leistungserstellung** (**Produktion**). Durch die Kombination von Produktionsfaktoren werden Produkte (Güter und Dienstleistungen) hergestellt, die als marktgängige Tauschobjekte bei der Leistungsverwertung Umsatzerlöse erbringen sollen. Die Leistungserstellung stand und steht immer im Mittelpunkt betriebswirtschaftlichen Denkens, da die Art und Weise ihres Vollzuges den Kern betrieblichen Geschehens betrifft, Betriebe charakterisieren und z.B. auch die Wirtschaftszweigsystematik des Statistischen Bundesamtes (Land- und Forstwirtschaft, Verarbeitendes Gewerbe, Dienstleistungen mit weiteren Untergliederungen) bestimmt.

Wie alle betrieblichen Funktionen durchläuft auch die Leistungserstellung die Phasen eines Kreislaufs: Zielsetzung, Planung, Entscheidung, Durchführung und Kontrolle.

Bei der Leistungserstellung kann zwischen einer **technischen** und einer **ökonomischen Zielsetzung** unterschieden werden.

Unter technischen Aspekten muss die Durchführung eines reibungslosen Produktionsprozesses gewährleistet sein. Es darf nicht zu ungewollten Stockungen oder gar zur Beendigung der Produktion kommen.

Technisches Ziel (Sachziel):
Sicherung und Durchführung der Leistungserstellung

Unter dem Ziel der Wirtschaftlichkeit hat die Erstellung der Produkte zu minimalen Kosten zu erfolgen. Es kommt darauf an, unter den denkbaren Produktionsverfahren diejenigen auszuwählen, mit denen das Produktionsprogramm kostenminimal erstellt werden kann.

Ökonomisches Ziel (Formalziel):
Kostenminimierung

Ökonomische und technische Ziele können nicht immer optimal erreicht werden, eine latente Zielkonkurrenz ist gegeben. In bestimmten betrieblichen Situationen mag die Verbesserung der Produktionssicherheit mehr Kosten verursachen, als unter einer ausschließlich ökonomischen Zielsetzung wünschenswert wäre. Der Betrieb muss hier also zwischen Kosten und Risiko abwägen und entscheiden.

Die Verhältnisse zwischen dem Bereitstellen der Produktionsfaktoren und dem sich ergebenden Produktionsergebnis zu untersuchen, ist die Aufgabe der **Produktionstheorie**. Weiterhin ist es durch sie möglich, die Einflussfaktoren zu bestimmen, welche für das Ausmaß verantwortlich sind, in dem die Einsatzmengen der Produktionsfaktoren verbraucht werden.

Die Produktionstheorie stellt hierzu den Zusammenhang zwischen dem Einsatz von Produktionsfaktoren und dem Faktorertrag in Form von **Produktionsfunktionen** dar.

Hierbei stellt die **Produktivität** eine grundlegende Kennziffer für das jeweilige Verhältnis dar.

$$\textit{Produktivität} = \frac{\textit{mengenmäßiger Faktorertrag}}{\textit{mengenmäßiger Faktoreinsatz}}$$

Die Einsatzfaktoren, welche für die Produktion benötigt werden, sind in der Regel knapp und müssen auf den entsprechenden Märkten beschafft werden. Werden die Einsatzfaktoren mit ihren Preisen bewertet, so erhält man die Kosten des betrieblich bedingten Werteverzehrs.

Auf einer solchen Basis ist es möglich, **Kostenfunktionen** aufzustellen, aus denen die bei einem bestimmten Faktoreinsatz jeweils entstehenden Kosten hervorgehen. Dies ist die Aufgabe der **Kostentheorie**. Ihr Ziel ist es, für bestimmte Ausbringungsmengen die Herstellungsverfahren zu beschreiben, welche am kostengünstigsten sind.

Dieses Ziel beeinhaltet die **Wirtschaftlichkeit** der Leistungserstellung.

$$Wirtschaftlichkeit = \frac{Ertrag}{Aufwand}$$

Die Produktions- und die Kostentheorie stellen die theoretische Grundlage für die **Produktionsplanung** dar. Mit ihrer Hilfe soll der Produktionsprozess im Rahmen der betrieblichen Möglichkeiten optimal festgelegt und gesteuert werden.

Die Produktionsplanung umfasst insbesondere die Planung des Produktionsprogramms und die Planung der Produktionsprozesse.

Bei der **Produktionsprogrammplanung** steht die Frage im Vordergrund, welche Arten und Mengen von Gütern oder Dienstleistungen in einer bestimmten Periode hergestellt werden sollen. Grundlage dieser Planung sind Daten aus dem betrieblichen Umfeld, wie dem Beschaffungs- und Absatzmarkt, sowie Daten über die betrieblichen Rahmenbedingungen.

In den augenblicklichen Zeiten der Käufermärkte, d.h. in Situationen, in denen eine völlige Kundenorientierung geboten ist, wird die Produktionsplanung insbesondere durch die Absatzseite bestimmt. Die am Markt anzubietenden Produkte eines Betriebes passen sich den Abnehmerpräferenzen potenzieller Kunden an (Marktorientierung des betrieblichen Geschehens)[1], und nach der Entscheidung, welche Produkte bzw. Vorleistungen eingekauft werden, ergibt sich ein Leistungsprogramm für eine Periode.

Strategische Entscheidungen der Produktionsprogrammplanung betreffen insbesondere die Produkte und Produktfelder, welche zukünftig das Überleben des Betriebes bestmöglich sichern können. Hiermit verbunden sind Festlegungen auf bestimmte mit diesen Produkten verbundene Märkte.

Die **Produkte** der Betriebe als Elemente der Produktionsprogrammplanung sind im hohem Maße heterogen. Nach der Erfüllung des gewollten Produkti-

[1] Vgl. dazu unten den Abschnitt 5.3 Marketing.

onszwecks lassen sich zunächst **Zweckprodukte** und **Abfall** unterscheiden. Im Zentrum der Ersten stehen die dem Sachziel der Unternehmung entsprechenden Hauptprodukte, während im Produktionsprozess mit anfallende Nebenprodukte (z.B. sog. Abwärme) ggf. ebenfalls einer Marktverwertung zugeführt werden können.

Weiter ist zwischen für den Absatz verwertbaren **Endprodukten** der Leistungserstellung und den innerbetrieblich weiterverwendbaren **Zwischenprodukten** zu unterscheiden. Was für den einen Betrieb dabei ein Endprodukt sein mag, ist für einen anderen ein zu beziehendes Vorprodukt; diese Klassifizierung von Gütern ist daher immer auf einen Betrieb bezogen.

Die Aufgaben der **taktischen** Produktionsprogrammplanung betreffen vor allem die Festlegung der Kapazitäten, der Fertigungstiefe und – breite sowie der hierfür mittelfristig benötigten Kapazitäten.

Die **operative** Produktionsprogrammplanung legt die Quantität und Qualität der kurzfristig zu produzierenden Güter fest. Sie ist verzahnt mit der Planung der Produktionsprozesse.

Die **Produktionsprozessplanung** befasst sich grundlegend damit, welche Anlagen in welchem Umfang und welcher Reihenfolge an der Produktion beteiligt sind. Daraüberhinaus erfüllt sie die Aufgabe, die Produktionsprozesse planungsgemäß zu steuern.

In diesen Bereich fallen auch Entscheidungen über die grundlegende Gestaltung des Fertigungsablaufs. Hierbei können unterschieden werden

- Werkstattfertigung
- Gruppenfertigung
- Fließfertigung.

Bei der **Werkstattfertigung** werden räumlich getrennt spezielle Verrichtungen durchgeführt. Dadurch entstehen spezielle Werkstätten (z.B. Gießerei), in denen die Produkte je nach entsprechendem Bedarf bearbeitet werden.

Die **Gruppenfertigung** fasst einander ähnliche Produkte zu Gruppen zusammen, die dann gemeinsam von den dafür benötigten Maschinen bearbeitet werden.

Für die **Fließfertigung** ist typisch, dass alle für ein Erzeugnis notwendigen Bearbeitungsschritte der technisch notwendigen Bearbeitungsreihenfolge entsprechend angeordnet sind.

5.2.2 Dienstleistungsproduktion

Die realen Erscheinungsformen der Prozesse betrieblicher Leistungserstellung unterscheiden sich erheblich, je nachdem, ob es sich bei den Produkten um Güter oder Dienstleistungen handelt. Auch terminologisch finden sich Unterschiede: die Produktion von Gütern wird **Fertigung** genannt, die Erstellung von Dienstleistungen wird **Dienstleistungsproduktion** genannt.

Im Folgenden wird nur das Modell der Dienstleistungsproduktion behandelt. Für diese Auswahl sind drei Gründe entscheidend:

- der überwiegende Teil der Wertschöpfung einer modernen Volkswirtschaft findet im Dienstleistungssektor statt,
- des weiteren verdienen mehr als zwei Drittel aller Arbeitnehmer ihr Einkommen durch die Erstellung von Dienstleistungen.
- eine „Betriebswirtschaftslehre für die Verwaltung“ sollte ohnehin die Besonderheiten von Dienstleistungen behandeln, da sie im Zentrum des Verwaltungshandelns stehen.

Im ersten Schritt sind Güter und Dienstleistungen begrifflich zu trennen:

Güter sind in Kern stofflicher Natur; sie werden produziert, werden ausgeliefert, kommen in Verkaufsräume und können „erfasst“ werden. Man kann Probefahrten mit einem Auto unternehmen, ein Stückchen Käse knabbern und Kleidungsstücke an sich erfühlen. Güter sind also **materiell, lager- und transportfähig**.

Dienstleistungen sind im Kern immaterieller Natur; die Beratung eines Rechtsanwalts drückt sich zwar in Schriftsätzen aus, seine Leistung ist aber nicht lagerfähig und nicht „erfassbar“. Dienstleistungen kommen dabei nur zustande, wenn der Abnehmer selber oder ein Teil von ihm (z.B. ein Gegenstand von ihm) in den Leistungserstellungsprozess integriert ist. Produktion und Absatz fallen i.d.R. zeitlich zusammen. Die Leistung eines Gastwirtes setzt den Besuch von Kunden voraus, Frisörleistungen werden am Kunden erbracht und auch der PC muss in die Werkstatt gebracht werden, damit eine Reparatur erfolgen kann.

Abb. 63: Abgrenzung zwischen Gütern und Dienstleistungen

Unterscheidungs-kriterium	Güter	Dienstleistungen
Stofflichkeit	materiell - lagerfähig - transportfähig - vorführbar	immateriell - nicht lagerfähig - nicht transportfähig - nicht vorführbar
Herkunft der Produktionsfaktoren	interne Produktion erfolgt ohne Einbeziehung des Abnehmers	interne und externe Produktion erfolgen unter Einbeziehung des
Leistungsfähigkeit	in der Phase des Absatzes ist die Leistung i.d.R. erbracht	in der Phase des Absatzes steht die Leistungsfähigkeit im Mittelpunkt

Diese grundsätzliche Abgrenzung berücksichtigt jedoch nicht Situationen in der Praxis, in denen Güter und Dienstleistungen vielfach so eng miteinander verbunden sind, dass eine eindeutige Abgrenzung schwer fällt. Wie das Beispiel des werksinternen Reparatur- und Wartungsdienstes eines Automobilherstellers zeigt, gibt es kaum Sachgüter, in deren Entstehung nicht eine Fülle von Dienstleistungen eingehen.

Das Modell der Leistungserstellung von Dienstleistungen unterscheidet sich grundlegend von dem der Fertigung von Gütern: Werden bei der **Güterproduktion** die Produktionsfaktoren beschafft und je nach Eigenschaften verbunden und kombiniert und in Güter umgesetzt, die meist über Phasen der Einlagerung an den Abnehmer gebracht werden, muß bei der **Dienstleistungsproduktion** der Anbieter Produktionsfaktoren beschaffen und kombinieren, ohne dass die Leistung selber schon entsteht. Ein Dienstleistungsunternehmen baut eine **Leistungsbereitschaft** auf. Diese wird als **Vorkombina-**

tion bezeichnet. Erst durch Einbeziehung von weiteren internen Produktionsfaktoren sowie von Faktoren, die zum Verfügungsbereich des Nachfragers gehören (externe Produktionsfaktoren) wird die eigentliche Dienstleistung erzeugt (Endkombination). Man spricht von der **Integration des externen Faktors**, die erst die Erstellung von Dienstleistungen ermöglicht.

Ein Hotel kann errichtet werden, das Personal eingestellt werden usw.; eine Dienstleistung entsteht aber erst, wenn ein Kunde kommt und Leistungen nachfragt. Daher fallen bei der Dienstleistungsproduktion im allgemeinen die Produktion und der Absatz zusammen.

Abb. 64: Das Grundmodell der Dienstleistungsproduktion

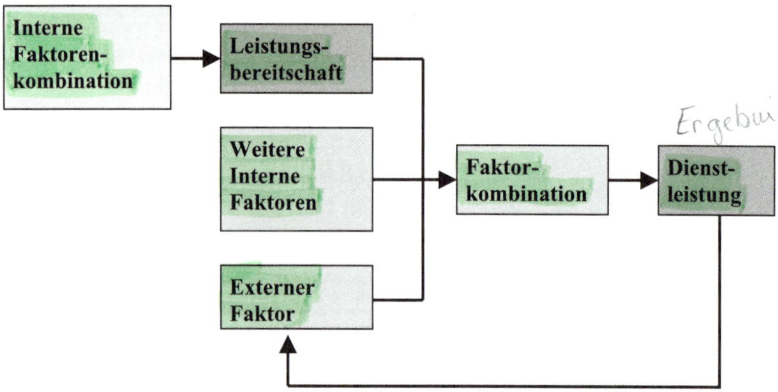

Der externe Faktor kann in verschiedenster Form auftreten. Es kann sich um Menschen, aber auch um Tiere (Beispiel: Tierarzt) handeln. Aber auch materielle Objekte sind möglich (Beispiel: Autoreparatur).

Weiterhin kann der Dienstleistungsnachfrager sich an der Leistungserstellung passiv beteiligen (Beispiel: Frisör) oder seine aktive Mitwirkung ist unerlässlich (Beispiel: Sprachkurs)

5.2.3 Integrationsintensität

Bezüglich der Intensität der Einbeziehung des externen Faktors sind auch bei der Befriedigung gleicher Bedürfniskategorien der Abnehmer unterschiedliche Integrationsstrategien denkbar. *(Vgl. Meffert/Bruhn 2003, S. 52 f.)*

So gibt es Fast Food Restaurants mit Selbstbedienung auf der einen Seite und es finden sich Restaurants, die für ihre Serviceintensität berühmt sind. Betriebe haben in der Regel verschiedene Optionen, wie intensiv der externe Faktor in die Dienstleistungsproduktion einzubeziehen ist.

Die **Integrationsintensität** hängt von einer Reihe von Faktoren ab:

- der angestrebten Kundengruppe mit ihrer erwarteten Zahlungsbereitschaft,
- den Wettbewerbern,
- den technischen Möglichkeiten einer Integration des externen Faktors und
- den mit den Strategien verbunden fixen und variablen Kosten.

Gerade die Einführung moderner Elektronik hat dabei in den letzten Jahren das Verhältnis Kunden-Dienstleistungsanbieter erheblich verändert. Im Bankwesen wurden zunächst erste Selbstbedienungseinrichtungen in den Geschäftsräumen eingeführt, dann entstanden vollständige SB-Geschäftsstellen, die ohne Personal auskommen und heute wickeln zunehmend mehr Bankkunden ihre finanziellen Angelegenheiten vom eigenen PC aus ab.

Grundsätzlich verfügen Betriebe also über Entscheidungsspielräume bei der Leistungserstellung (und beim Absatz) von Dienstleistungen, die strategisch genutzt werden. Auch Verwaltungen nutzen zunehmend die Möglichkeiten, die ihnen die moderne Technik bietet, um ihren Abnehmern gegenüber ihr Angebot zu verändern und zu verbessern.

5.2.4 Dienstleistungsproduktion in der öffentlichen Verwaltung

Die Dienstleistungsproduktion staatlicher Stellen weist gegenüber derjenigen in der Privatwirtschaft verschiedene Besonderheiten auf.

Sie bestehen insbesondere in

- den Grundlagen der Leistungserstellung
- dem Spektrum der Leistungserstellung
- den Orten der Leistungserstellung
- der Struktur der Leistungserstellung.

(1) **Grundlage** für alles Verwaltungshandeln ist die Bindung in das Gesetz. Die Verwaltung ist in ihrem Wirken nicht autonom, sondern an die konkreten Aufträge des Gesetzgebers gebunden. Sie kann ihre Dienstleistungsproduktion nicht nach eigenem Ermessen gestalten. Verwaltungshandeln ist Auftragshandeln und daher fremdbestimmt. Dies bedeutet auch, dass sie auf die Schwankungen der Nachfrage nach ihren Dienstleistungen nur innerhalb vorgegebener Grenzen reagieren kann. Sie kann auch nicht eigenständig ihre Ressourcen in den Bereichen konzentrieren, in denen der größte Bedarf der Nachfrager besteht.

(2) Das **Spektrum** der Dienstleistungen, welche die öffentliche Verwaltung produziert, ist außerordentlich vielfältig. Ein großer Teil hiervon besteht in der Verarbeitung von Informationen. Ausgangsinformationen z.B. in Form eines Antrages werden registriert, ggf. an verschiedene Stellen weitergeleitet, mit anderen Informationen abgeglichen oder verknüpft und führen schließlich zur Produktion einer speziellen Entscheidung z.B. in Form eines Verwaltungsaktes oder einer persönlichen Beratung. Andere Produktionsformen sind spezielle Dienstleistungsangebote (z.B. Schulunterricht, öffentliche Sicherheit, Ausbau des Straßennetzes, Betreiben von Theatern und Sportstätten).

(3) Öffentliche Dienstleistungen werden an **festen Orten** erbracht oder aber an **wechselnden Plätzen**. Neben den ortsfesten Produktionsstätten beispielsweise in den einzelnen Ämtern, öffentlichen Bildungs- oder Freizeitstätten existieren ständig wechselnde Produktionsstandorte (z.B. der Streifendienst der Polizei oder die Straßenreinigung). Auch eine Kombination beider Formen existiert, wie etwa bei der Sperrgutabfuhr vor Ort oder dem Abliefern bei einer zentralen Mülldeponie. Zukünftig wird fraglos der Anteil von **Online-Dienstleistungen** weiter zunehmen, womit Standortdiskussionen an Bedeutung verlieren.

(4) Auch in der **Struktur** der Leistungserstellung unterscheidet sich die öffentliche Verwaltung von der Privatwirtschaft. Die Leistungsprozesse können von der Verwaltung nicht eigenverantwortlich variiert werden. In vielen Fällen sind ihr die entsprechenden Handlungsabläufe aufgrund von Rechts- und Verfahrensvorschriften bis in die Einzelheiten vorgegeben. Dieses begrenzt deutlich ihre Flexibilität bei der Gestaltung der Produktionsprozesse sowie die Möglichkeiten einer Optimierung im Sinne der Nachfrager. *(Vgl. Schmidt 2001, S. 68 f.)*

Die Besonderheiten der Dienstleistungsproduktion erklären auch bestimmte Beobachtungen, wie sie in der Öffentlichkeit immer wieder kolportiert werden. So wird unter anderem häufig bemängelt, dass bei Behördenbesuchen lange Wartezeiten in Kauf zu nehmen seien und /oder das Personal untätig sei. Dienstleistungsbetriebe haben es tatsächlich schwer, auf Nachfrageschwankungen adäquat reagieren zu können. Die Kombination der internen Faktoren erzeugt eine Leistungsbereitschaft, die allein aus Gründen der finanziellen Knappheit nicht zu reichlich bemessen sein darf. Dem Besucherstrom ist sie meist nicht ohne Friktionen (sprich Wartezeiten) gewachsen. Schwillt die Nachfrage ab, tritt scheinbare Leere ein; die Kapazitäten erscheinen als überdimensioniert und unausgelastet; ein Problem das allerdings nicht nur die Verwaltung betrifft, sondern in gleicher Weise auch bei Ärzten, im Handel, der Gastronomie etc. beobachtet werden kann.

5.3 Absatz

5.3.1 Grundlagen

Der **Absatz** beinhaltet die Verwertung der betrieblichen Leistung. Auch er gehört zu den Grundfunktionen des Betriebes, denn im Zuge des Absatzes schließt sich der betriebliche Wertekreislauf: der Güter- und Leistungsstrom, der von den Beschaffungsmärkten über den Betrieb den Absatzmärkten zu fließt und umgekehrt der Geldstrom, der von den Absatzmärkten dem Betrieb zugeht und zur neuerlichen Beschaffung der Produktionsfaktoren verwandt werden kann.

Das Handlungsfeld des Absatzes lässt sich zunächst grob umreißen anhand der bestimmenden Elemente des Absatzmarktes. Dies sind die Bedürfnisse der Nachfrager, das eigene Angebot und das Angebot der Konkurrenten am Markt.

Die **Ziele des Absatz** sind aus den obersten Unternehmenszielen abgeleitet. Sie richten sich zum einen auf die Erfüllung der darüber bestimmten Leistungen (Sachziel) und zum anderen auf die kostenminimale Erbringung dieser Leistungen (Formalziel).

Der Absatz hat in den letzten Jahrzehnten eine grundlegenden Bedeutungswandel erfahren. Für die Bundesrepublik Deutschland kann diese Entwicklung grob in vier Phasen nachgezeichnet werden.

Abb. 65: Historische Entwicklung und Bedeutungswandel des Marketingbegriffs

Phase 1: Produktionsorientierung	Verkäufermarkt; Engpassfaktor Produktion; Absatz als Distribution
Phase 2: Verkaufsorientierung	Marktsättigung; Preiswettbewerb, Werbung Verkaufsförderung
Phase 3: Marketingorientierung	Käufermarkt; Engpassfaktor Absatz; Marketing als Unternehmensphilosohpie
Phase 4: Soziale Orientierung	Sozialer Wandel (Werte; Strukturen) Marketing im nicht-kommerziellen Bereich

5.3.2 Absatzpolitische Instrumente (Marketing-Mix)

Die Marketingpolitik der Unternehmungen und Verwaltungen wird mit Hilfe der verschiedenen **Marketing-Instrumente** realisiert, die in fünf Politikbereichen zusammengefasst werden.

Abb. 66: Absatzpolitische Instrumente

Produktpolitik		Kontrahierungspolitik
	Internes Marketing	
Distributionspolitik		Kommunikationspolitik

5.3.2.1 Produktpolitik

Die Produktpolitik steht am Ausgangspunkt der marketingpolitischen Entscheidungen, auf der die übrigen Politikbereiche aufbauen, denn die Gestaltung marktfähiger Produkte ist eine Grundvoraussetzung erfolgreichen Absatzes.

Die Produktpolitik beinhaltet zunächst in ihrem Kernbereich (Produktpolitik im engeren Sinne) die marktgerechte Gestaltung des Produktes selbst sowie in ihrem Randbereich (Produktpolitik im weiteren Sinne) Aspekte, die im unmittelbaren Zusammenhang mit dem Produkt stehen.

Abb. 67: Teilbereiche der Produktpolitik

Produktpolitik	
Kernbereich	**Randbereich**
Optimierung der Produkteigenschaften durch - Produktinnovation - Produktvariation - Produkteliminierung	Optimierung der weiteren Produktpolitik im Rahmen der - Programm- und Sortimentspolitik - Verpackungs- und Markenpolitik - Kundendienstpolitik

Produktinnovation bedeutet, dass Produkte mit völlig neuen technischen oder Gebrauchseigenschaften entwickelt und auf den Markt gebracht werden. Sie werden zusätzlich oder als Ersatz für veraltete Produkte in das Programm aufgenommen.

Unter **Produktvariation** versteht man die Veränderung und Weiterentwicklung der Produkteigenschaften. Oft handelt es sich um eine Anpassung an die technische Entwicklung, die durch den technischen Fortschritt erforderlich wird oder auch um Veränderungen im Design, die aufgrund modischer Trends notwendig werden.

Es kommt auch vor, dass Produkte veralten und durch Maßnahmen der Variation nicht mehr marktgängig gehalten werden können. Sie sind aus dem Programm zu **eliminieren**.

Im Randbereich der Produktpolitik ist zunächst über die Zusammensetzung des Sortimentes (Handel) bzw. des Programms (Hersteller) zu entscheiden. Es kann hier eine mehr in die Breite oder mehr in die Tiefe gehende Programm-/Sortimentspolitik unterschieden werden.

Die Verpackung und Markierung der Waren ist vor allem bei Konsumgütern ein wichtiges Thema.

Und schließlich ist auch der Kundendienst ein Element der Produktpolitik, da Kaufentscheidungen nicht nur nach den Produkteigenschaften im engeren Sinne, dem Preis etc. getroffen werden, sondern oft auch - vor allem bei hochpreisigen technischen Produkten – der Kundendienst eine entscheidende Rolle spielt.

5.3.2.2 Kontrahierungspolitik

Die Kontrahierungspolitik, die Preispolitk insbesondere, bildet einen Kernbereich vor allem der klassischen Absatzlehre. Mit dem Vordringen des Marketing-Gedankens hat sie allerdings an Bedeutung eingebüßt. Der Kontrahierungspolitik können zwei Politikbereiche zugerechnet werden: die Preispolitik und die Konditionenpolitik.

Abb. 68: Elemente der Kontrahierungspolitik

Die Preispolitik kann differenziert werden in Überlegungen zur optimalen Preissetzung bei Kenntnis der Marktsituation (klassische Preistheorie) und der Preissetzung durch Aufschlagkalkulation (praktische Preispolitik).

Ausgangspunkt der Überlegungen der klassischen Preistheorie ist die **Preis-Absatz-Funktion** (Nachfragefunktion). Es wird angenommen, dass die abgesetzte Menge eines Gutes eine Funktion des Preises ist. Ein normales Verhalten der Nachfrager am Markt - im Sinne der Annahmen eines vollkommenen Marktes - unterstellt, ist dann zu erwarten, dass die nachgefragte Menge nach einem Gut mit steigendem Preis abnimmt und umgekehrt. Geht man vereinfachend von einem linearen Zusammenhang zwischen den beiden Größen aus, dann ergibt sich folgende Preis-Absatz-Funktion:

$$p = p_a - bm \ ,$$

wobei p_a den Achsabschnitt auf der Preisachse (Prohibitivpreis) bei $m = 0$ und b das Steigungsmaß der Geraden angeben. Der Schnittpunkt mit der Mengenachse ergibt sich nach

$$m = \frac{p_a - p}{b} \quad \text{, also für } p = 0 \qquad m_{(p=0)} = \frac{p_a}{b} .$$

Abb. 69: Preis-Absatz-Funktion

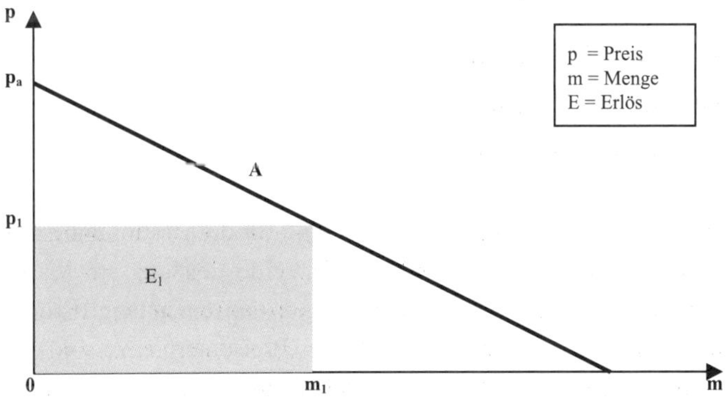

Der Erlös E_l, der bei bei dem Preis p_l erzielt wird, entspricht der Fläche $0m_1Ap_1$ und wird berechnet nach

$$E_l = m_l \cdot p_l.$$

Der wirkliche Verlauf der Preis-Absatz-Funktion ist in der Realität nur unter größten Schwierigkeiten zu ermitteln, zumal er für jedes Gut und auf jedem (Teil-) Markt eine andere Gestalt annehmen kann. Selbst die grundlegende Annahme abnehmender Mengen bei steigenden Preisen kann aufgrund psychologischer Faktoren im Einzelfall unzutreffend sein, z.B. bei prestigeträchtigen Gütern ('Snob-Effekt') oder wenn der Preis als Indikator für die Qualität eines Produktes herangezogen wird. In solchen Fällen kann eine Preiserhöhung zu einem Anstieg der abgesetzten Menge und damit zu einem überproprtionalen Umsatzwachstum führen; eine für die betroffenen Anbieter äußerst vorteilhafte Situation.

Das Beispiel zeigt die Schwierigkeit der klassischen Preistheorie: ihre Modelle und Annahmen sind mit dem tatsächlichen Gegebenheiten der Märkte schwer in Einklang zu bringen und es sind je nach angenommener Marktsituation z.T. sehr komplizierte mathematische Modelle notwendig.

Die Preispolitik in der betrieblichen Praxis kann daher im allgemeinen nicht nach derartigen Modellen der Preistheorie gestaltet werden. In der Praxis haben sich vor allem drei Prinzipien herausgebildet, an denen die tatsächliche Preispolitik der Betriebe orientiert ist und zwar:

- die kostenorientierte Preisbildung
- die nachfrageorientierte Preisbildung
- die konkurrenzorientierte Preisbildung.

Kostenerwägungen bilden vor allem die Grundlage für die Bestimmung der **Preisuntergrenze**, zu der ein Anbieter bereit ist, seine Leistung am Markt anzubieten. Hier muss zwischen einer kurzfristigen und einer langfristigen Betrachtung unterschieden werden. Als langfristige Preisuntergrenze sind die Stückkosten k anzusehen, denn der Betrieb kann auf Dauer nur existieren, wenn der Erlös je Mengeneinheit deren Kosten übersteigt. Es ist hier auch nicht erforderlich, zwischen den variablen und den fixen Kosten zu unterscheiden, denn langfristig sind alle Kosten variabel.

In der kurzfristigen Perspektive ist diese Trennung allerdings angezeigt, da ein Teil der Kosten dann als Fixkosten erscheinen. Die Preisuntergenze wird dann nicht durch die gesamten Stückkosten sondern nur durch ihren varaiablen Teil k_v bestimmt. Solange der Preis die variablen Stückkosten übersteigt, entsteht ein positiver Deckungsbeitrag zu den Fixkosten. Auch wenn in diesem Falle mit Verlust produziert würde, so wäre der Verlust bei Einstellung der Produktion größer.

Analog dieser Überlegungen zur Preisuntergrenze ergibt sich der Angebotspreis eines Gutes aus den Stückkosten und einem Gewinnaufschlag, der als Kalkulationsfaktor K_f ausgedrückt werden kann. Der Angebotspreis errechnet sich dann nach

$$p = k\,K_f$$

Die **nachfrageorientierte Preisbildung** geht von dem Verhalten der Abnehmer und ihrer Einschätzung und Bewertung des Produktes aus. Nicht die Kosten sondern der Nutzen, den das Produkt den Abnehmern stiftet und daraus abgeleitet ihre Bereitschaft, einen bestimmten Preis zu zahlen, stehen im Mittelpunkt der Betrachtung. Im Kern geht es hierbei um die Bestimmung der tatsächlichen Preis-Absatz-Funktion eines Gutes mit den Mitteln der Marktforschung und der Marktbeobachtung. Das ist in der Praxis eine schwierige und sehr aufwendige Aufgabe. Die Kenntnis des Käuferverhaltens ist aber eine notwendige Voraussetzung der nachfrageorientierten Preisbildung.

Die **konkurrenzorientierte Preisbildung** verzichtet weitgehend auf eine eigene aktive Preispolitik, indem der Angebotspreis für das eigene Produkt an einem Leitpreis ausgerichtet wird. Der Leitpreis kann der Preis eines konkurrierenden Großanbieters für das Gut sein, oder, bei atomistischer Konkurrenz, der Durchschnittspreis am Markt.

Die Orientierung an einem Leitpreis hat den praktischen Vorteil, von dem Aufwand einer aktiven Preispolitik entbunden zu sein. Sie ist auch eine Strategie der Risikominimierung, da der einzelne Anbieter in jedem Falle kein höheres Absatzrisiko eingeht, als die Branche insgesamt. Für die Mehrzahl der Anbieter dürfte die konkurrenzorientierte Preisbildung auch zu einem befriedigenden Ergebnis führen, da der Leitpreis auf Dauer der Branche ein Auskommen gewährleisten muss. Das mögliche Gewinnmaximum wird auf diese Weise aber nicht unbedingt erreicht. Immerhin wird aber das Streben nach Kostenminimierung durch diese preispolitische Orientierung gefördert, da der tatsächliche Gewinn dann letztlich von den Kosten bestimmt wird.

5.3.2.3 Distributionspolitik

Der Begriff **Distribution** bezieht sich auf alle betrieblichen Entscheidungen, die im Zusammenhang mit dem Weg eines Produktes zum Endkäufer stehen. Die Notwendigkeit der Distribution folgert aus der arbeitsteiligen Produktionsweise moderner Volkswirtschaften, bei der Produktion und Konsumtion örtlich, zeitlich und personell auseinanderfallen. Die Leistung zum Endverbraucher zu bringen, wird damit eine eigenständige Aufgabe des Absatzes.

Abb. 70: Elemente der Distributionspolitik

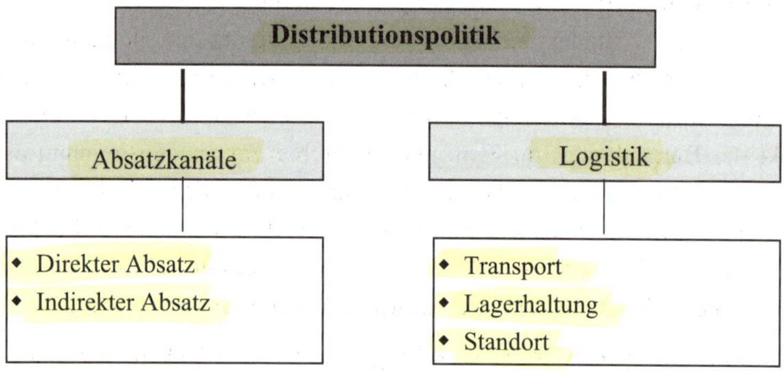

Hierbei kann zwischen dem Problem der physischen **Verteilung** der Güter als einem vorwiegend logistischen Problem[1] und dem Problem des **Verkaufs** der

[1] Vgl. hierzu auch die Kap.5.1 Materialwirtschaft und 2.2 Standort

Güter primär als einem Problem der Gestaltung der Absatzkanäle unterschieden werden.

Bei der Gestaltung der Absatzkanäle geht es zunächst um die Entscheidung über die einzusetzenden Distributionsorgane.

Zu unterscheiden sind:

- **Betriebszugehörige Vertriebsorgane:**
  Vertriebsabteilung, Verkaufniederlassung, Reisende, Vertragshändler, Franchisenehmer u.a.
- **Absatzhelfer:**
  Handelsvertreter, Handelsmakler, Kommissionäre und Marktveranstaltungen
- **Absatzmittler:**
  Großhandel, Einzelhandel

Bei dem **direkten Absatz** gelangt das Produkt auf direktem Wege vom Hersteller zum Endabnehmer. Der Absatz erfolgt also ausschließlich durch betriebszugehörige Distributionsorgane. Diese Organisationsform des Absatzes ist beispielsweise im Investitionsgüterbereich üblich. Immer öfter werden aber in jüngerer Zeit auch Konsumgüter von den Herstellern direkt vertrieben; zum einen unter Nutzung des Internets als Vertriebsmedium, zum anderen auch als sog. Fabrikverkauf, z.T. auch in sog. Factory-outlet-centers (FOC).

Der **indirekte Absatz** ist durch die Zwischenschaltung des Handels gekennzeichnet. Der Vertriebsweg geht im klassischen Vertriebsmodell vom Hersteller über den Großhandel und den Einzelhandel an die Endabnehmer. Die Konzentration im Einzelhandel führt heute allerdings immer häufiger zur Ausschaltung des Großhandels. Der Einzelhandel wird dann direkt vom Hersteller beliefert. Zusätzlich oder alternativ zum Handel können Absatzhelfer in den indirekten Absatz einbezogen werden, beispielsweise Handelsvertreter, die ein Produkt gegenüber dem Handel oder bei Endverbrauchern vertreiben.

5.3.2.4 Kommunikationspolitik

Die Kommunikationspolitik bezieht sich auf die gezielte Informationslenkung vom Betrieb zum Abnehmer. Sie wird oft als das Sprachrohr der Unternehmung bezeichnet. Sie muss von den zuvor im Rahmen der Produkt-, Kontrahierungs- und Distributionspolitik getroffenen Entscheidungen ausgehen und diese als gegebene Daten begreifen.

Die Zielrichtung dieser Kommunikation ist die Beeinflussung potentieller Abnehmer der betrieblichen Leistungen und anderer, für den Erfolg der Unternehmung bedeutsamer Personen im Interesse der Erreichung der gesteckten Unternehmensziele. Zur Kommunikationspolitik gehören folglich sämtliche Maßnahmen, die darauf abzielen, durch Kommunikation auf Kenntnisse, Einstellungen und Verhaltensweisen von Marktteilnehmern einzuwirken.

Die Kommunikationspolitik der Unternehmung erstreckt sich auf verschiedene Handlungsfelder, die ihr Instrumentarium bilden. Die klassischen Instrumente der Kommunikationspolitik sind: die Werbung, die Öffentlichkeitsarbeit (Public relations), der persönliche Verkauf und die Verkaufsförderung (Entwicklung von Verkaufshilfen).

Abb. 71: Kommunikationspolitik

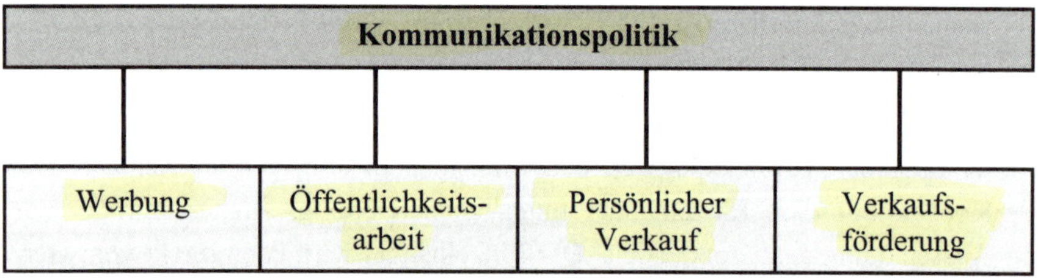

(1) Werbung ist eine Form der Massenkommunikation, bei der ein Werbetreibender versucht, durch den Einsatz von Werbemitteln Einfluss auf die Adressaten der Werbung auszuüben. Die Absatzwerbung ist diejenige Form der Werbung, welche bei (auch: potentiellen) Kunden einen Einfluss auf die Kaufentscheidung für die Leistungen des eigenen Unternehmens ausüben will.

Es kann zwischen vielfältigen **Formen** der Absatzwerbung unterschieden werden:

- nach den **Zielen** der Werbung:
  - Einführungswerbung
  - Expansionswerbung
  - Erinnerungswerbung
  - Reduktionswerbung (zeitliche Verlagerung)
- nach der **Zahl der Werbenden:**
  - Einzelwerbung
  - Kollektivwerbung
- nach der **Zahl der Umworbenen:**
  - Direktwerbung
  - Mediawerbung
- nach der **Stellung der Werbetreibenden:**
  - Herstellerwerbung
  - Handelswerbung
- nach **beabsichtigter Wirkung:**
  - Informationswerbung
  - Suggestivwerbung
- nach **Werbeobjekten:**
  - Produktwerbung
  - Dienstleistungswerbung
  - Firmenwerbung.

(vgl. Weis 1997, S. 370 - 373)

(2) Die Bedeutung des **persönlichen Verkaufs** wie auch seine marketingpolitische Ausgestaltung sind in der Praxis sehr unterschiedlich. Während er bei technischen Produkten, im Investitionsgütersektor und bei vielen Dienstleistungen eine zentrale Rolle spielt, ist er im Konsumgüterbereich, vor allem bei Artikeln des täglichen Bedarfs, von eher untergeordneter Bedeutung.

Gerade in der Verwaltung aber, die ihre Dienstleistungen häufig unter Einbeziehung des sog. „Externen Faktors", also unter Mitwirkung der Abnehmer, erbringt, ist der persönliche Kontakt ein wesentlicher Gesichtpunkt der Imagebildung.

Dabei betreffen die verkaufspolitischen Entscheidungen der Unternehmung sowohl die Distributions- als auch Kommunikationspolitik. Zur Distributionspolitik gehören die Entscheidungen über die einzusetzenden Verkaufsorgane und vor allem auch die Organisation des Außendienstes. Zur Kommunikationspolitik im engeren Sinne gehört die Gestaltung der Kommunikationsaufgabe im Zuge des persönlichen Verkaufs, insbesondere im Rahmen des unmittelbaren Kundenkontaktes:

Je nach der Art der Verkaufsaufgabe lässt sich ein breites Spektrum verschiedener „Verkäufer-Typen" mit unterschiedlichen Anforderungen an die Aufgabenträger unterscheiden. So beschränkt sich z. B. die Verkaufstätigkeit bei einfachen Konsumgütern (z. B. Nahrungsmittel) zumeist auf den Verkaufsvorgang im engeren Sinne (Herausgabe der Waren und ggf. Abrechnung) während etwa bei komplizierten technischen Produkten (z. B. Computer, Fertigungsanlagen) oder bei Dienstleistungen (z. B. Unternehmensberatung, Berufsberatung) der Kundenkontakt sehr stark durch Informations- und Beratungsaufgaben geprägt ist, die entsprechend hohe Anforderungen an die Stelleninhaber beinhalten.

(3) Von großer Bedeutung für den Erfolg des persönlichen Verkaufs ist eine Unterstützung durch Maßnahmen der **Verkaufsförderung**. Diese hat gegenüber der Werbung in jüngerer Zeit an Bedeutung gewonnen, kann aber keineswegs als ein Ersatz hierfür angesehen werden. Während die Werbung eher unter einer mittelfristigen Perspektive betrieben wird, ist die Verkaufsförderung vornehmlich dem kurzfristigen, taktischen Bereich zuzurechen. Eine Ausnahme bilden dabei allerdings die Schulungs- und Trainingsmaßnahmen, die stärker auf langfristige Effekte angelegt sind. Werbung und Verkaufsförderung sind also nicht als alternative, sondern als sich ergänzende Elemente der Kommunikationspolitik zu sehen.

Die Verkaufsförderung kann sich im wesentlichen an drei Gruppen von Adressaten richten. Die eigene Verkaufsorganisation, die Absatzmittler und die Verbraucher bzw. die Abnehmer der Produkte. Entsprechend dieser Gliederung nach Zielgruppen spricht man von Verkaufspromotions, Händlerpromotions und Verbraucherpromotions.

- **Verkaufspromotions** dienen der Leistungssteigerung der eigenen Verkaufsorganisation z.B. durch Schulung und Training des Personals.
- **Händlerpromotions** sollen die Fähigkeit und die Motivation des Handels fördern, die Produkte des jeweiligen Herstellers mit Erfolg zu vertreiben durch Information und Schulung (Informationsdienste, Händlerzeitschriften, Tagungen, Seminare etc.), durch die Beratung bei der Ausgestaltung der Verkaufsräume (Aufstellen von Displays, Warenplazierung) durch die preisliche Beratung und Förderung (Kalkulationshilfen, Verkaufsaktionen etc.) und durch Motivationsmaßnahmen (Händlerwettbewerbe, Schaufensterwettbewerbe etc.).
- **Verbraucherpromotions** zielen auf eine unmittelbare Beeinflussung der Kaufentscheidung der Verbraucher zugunsten des jeweiligen Produktes ab. Ihre Erscheinungsformen sind sehr vielfältig. Sie reichen von der persönlichen Präsentation der Waren ggf. mit Ausgabe von Warenproben oder Werbegeschenken bis hin etwa zur Teilnahme an Verlosungen oder zur Gestaltung einer Verpackung mit Zweitnutzen.

(4) Die **Öffentlichkeitsarbeit** (Public Relation/PR) ist strenggenommen kein Instrument der Marketing-Politik sondern der übergeordneten Unternehmenspolitik zuzurechnen. Sie ist auch institutionell normalerweise nicht der Marketingabteilung sondern der Unternehmungsleitung zugeordnet. Dennoch kann die Öffentlichkeitsarbeit in einer Darstellung des Marketing nicht ausgespart bleiben, weil ihr in Bezug auf die Absatzfunktion des Betriebes eine wichtige, vorwiegend strategische Funktion zufällt, die seine langfristigen Absatzchancen entscheidend mitbestimmt.

Die Öffentlichkeitsarbeit kann definiert werden als „... die planmäßige, systematische und wirtschaftlich sinnvolle Gestaltung der Beziehung zwischen der Betriebswirtschaft und einer nach Gruppen gegliederten Öffentlichkeit (z. B. Kunden, Aktionäre, Lieferanten, Arbeitnehmer, Institutionen, Staat) mit dem Ziel, bei diesen Teilöffentlichkeiten Vertrauen und Verständnis zu gewinnen bzw. auszubauen.“ (Meffert 2000, S. 724)

Zur Erreichung dieses Zieles kann sich die Öffentlichkeitsarbeit verschiedener kommunikativer Instrumente bedienen, die je nach den Erfordernissen der anvisierten Zielgruppe und der konkreten Zielsetzung ausgestaltet werden. Als die wichtigsten Instrumente und Methoden sind zu nennen:

- **Pressearbeit:**
  Pressekonferenzen, -mitteilungen; Prospekte, Fotos, Schaubilder etc.
- **Persönlicher Dialog:**
  Mitwirkung in Verbänden, Parteien, Kirchen etc.; Teilnahme an Veranstaltungen; öffentliche Auftritte; Betriebsbesichtigungen und Firmenveranstaltungen
- **Zielgruppen bezogene Aktivitäten:**
  Tag der offenen Tür, Sponsoring, Spenden, Preise, Stiftungen
- **Mediawerbung**:
  Anzeigen ohne Produktbezug

5.3.2.5 Politik des internen Marketings

Insbesondere Dienstleistungsanbieter sind darauf angewiesen, dass ihr wichtigster Produktionsfaktor - die eigenen Mitarbeiter – Kundenorientierung zur selbstverständlichen Handlungsmaxime machen. Entsprechend werden die Instrumente des Marketing im Sinne einer ‚Mitarbeiterorientierung' auf das eigene Personal bezogen, um die internen Beziehungen als Ausgangspunkt für absatzpolitische Handlungen zu machen. „Wie man in den Wald hineinruft, so schallt es heraus", lautet hier die Devise.

Die Instrumente des internen Marketings lassen sich in Personalpolitik und Kommunikationspolitik einteilen.

Abb. 72: Politik des internen Marketings

Politik des internen Marketings

Personalpolitik
- Beschaffung
- Aus- und Weiterbildung
- Anreizpolitik

Kommunikationspolitik
- Individualkommunikation
- Massenkommunikation (z.B. Betriebszeitschriften)

5.3.3 Marketing in der öffentlichen Verwaltung

Der Marketinggedanke war lange Zeit öffentlichen Verwaltungen fremd. In ihrer Orientierung an den gesetzlichen Vorgaben ihres Handelns, welche die Art, den Umfang und die Prinzipien der Leistungserstellung regeln, kann sie auch heute noch als überwiegend produktionsorientiert gelten. Auch die zumeist unentgeltliche Abgabe der Leistungen, die besondere Form ihrer Finanzierung, die Besonderheiten der Rechnungslegung, der Mangel an quantifizierbaren Erfolgsgrößen etc. haben das Vordringen der Marketingphilosphie in den öffentlichen Sektor erschwert und lange Zeit verhindert.

Erst in jüngerer Zeit setzt sich auch in den Verwaltungen die Erkenntnis immer mehr durch, dass der **Erfolg** des Verwaltungshandelns durch den Einsatz der marketingpolitischen Instrumente verbessert werden kann. Marketing ist für die Verwaltung demnach eine Methode, ihren Betrag zum Gemeinwohl - als ihrer spezifischen Erfolgsgröße - zu maximieren.

5.4 Wiederholungsfragen

	Lösungshinweise siehe Seite
107. Definieren und beschreiben Sie das Aufgabengebiet der betrieblichen Materialwirtschaft.	143
108. Unterscheiden und erläutern Sie die verschiedenen Materialarten.	144
109. Beschreiben Sie die Ziele der Materialwirtschaft.	144/145
110. Welches sind die sechs Teilprobleme der Materialwirtschaft?	145/146
111. In Bezug auf die Beschaffungszeitpunkte lassen sich drei Beschaffungsverfahren unterscheiden. Welche sind dies?	147
112. Welche Voraussetzungen gelten für Make-or-Buy-Entscheidungen?	148
113. Geben Sie einen Überblick über die Lagerbestandsarten.	149
114. Geben Sie eine grafische Darstellung des Lagerbestandsverlaufes mit Bestell- und Lieferzeitpunkt.	150
115. Welche Kostenarten sind bei der Berechnung der optimalen Bestellmenge zu beachten?	151
116. Stellen Sie das Modell der optimalen Bestellmenge graphisch dar.	153
117. Versuchen Sie, dieses Modell in einer algebraischen Version zu erläutern	153/154
118. Beschreiben Sie die Aufgaben des Transportwesens.	154
119. Beschreiben Sie die Aufgaben der Lagerhaltung.	155
120. Welche Entwicklungstrends sind in der Materialwirtschaft absehbar?	155/156
121. Beschreiben Sie die Ziele der Produktion	156/157
122. Was ist die Aufgabe der Produktions- und Kostentheorie?	157/158
123. Welche Arten der Fertigung können unterschieden werden.	159/160
124. Weshalb kommt der Dienstleistungsproduktion heute eine gesteigerte Bedeutung zu?	160
125. Wie unterscheiden sich Güter und Dienstleistungen?	161
126. Stellen Sie das Grundmodell der Dienstleistungsproduktion dar.	162

127.	Was versteht man im Zusammenhang der Produktion unter der „Integration des externen Faktors“?	162
128.	Wovon hängt die Integrationsintensität ab?	163
129.	Weshalb kann die Integrationsintensität des externen Faktors in unterschiedlichem Maße ausgeprägt sein?	163
130.	Erläutern Sie Besonderheiten staatlicher Dienstleistungsproduktion.	164/165
131.	Beschreiben Sie die Ziele des Absatzes.	166
132.	Stellen Sie die Entwicklung und den Bedeutungswandel des Marketingbegriffs dar.	166
133.	Was versteht man unter Marketing-Mix?	166
134.	Nennen Sie die fünf absatzpolitischen Instrumente.	166
135.	Geben sie einen Überblick über die Teilbereiche der Produktpolitik.	167
136.	Grenzen Sie Produktinnovation und Produktvariation voneinander ab.	167
137.	Geben Sie einen Überblick über die Elemente der Kontrahierungs-politik.	168
138.	Erläutern Sie die beiden grundlegenden Ansätze der betriebliche Preispolitik.	169
139.	Zeichnen Sie eine Preis-Absatz-Funktion und geben Sie die dazugehörige Formel an.	169
140.	Nennen und erläutern Sie die verschiedenen Strategien der praktischen Preispolitik.	170/171
141.	Aus welchen Elementen besteht die Distributionspolitik?	172
142.	Erläutern Sie die verschiedenen Absatzkanäle.	173
143.	Sind Kommunikationspolitik und Werbung gleichzusetzen?	174
144.	Geben Sie einen Überblick über die Teilbereiche der Kommuni-kationspolitik.	175
145.	Nennen und erläutern Sie mindestens 10 verschiedene Formen/ Anlässe von Werbung.	175/176
146.	Erläutern Sie die Bedeutung des persönlichen Verkaufs.	176

147.	Was versteht man unterVerkaufsförderung?	176/177
148.	Beschreiben Sie die wichtigsten Formen der Öffentlichkeitsarbeit.	178
149.	Was ist internes Marketing?	178/179
150.	Nennen Sie Gründe, warum sich zunehmend öffentliche Verwaltungen am Marketinggedanken orientieren.	179

6 Finanzbereich des Betriebes

6.1 Einführung, Abgrenzung und Begriffe

In dem Modell des Betriebes in Kap. 1 sind dem Kreislauf der Geldströme die Funktionen Investition und Finanzierung zugeordnet. Diese beiden Hauptaufgaben eines Betriebes betreffen die Finanzmittelbeschaffung (Finanzierung) für profitable Kapitalanlagen (Investitionen).

Die beiden Bereiche gehören eng zusammen und werden doch getrennt behandelt. Genauer wird dem Bereich **Finanzierung** die Steuerung der Zahlungsmittel und die Versorgung mit mittel- und langfristigem Kapital zugewiesen. Es geht hierbei um die Beeinflussung der in den Betrieb hinein- und aus dem Betrieb hinausfließenden Finanzierungsmittel unter zweierlei Zielsetzung, nämlich:

⇨ dem Erhalt der jederzeitigen Zahlungsfähigkeit **(Liquiditätsziel)**

⇨ der Minimierung der Finanzierungskosten **(Rentabilitätsziel)**.

Für den Bereich **Investition** ergibt sich eine Bestimmung über den Beschaffungsmarkt, da in diesem Bereich des Betriebes der Erwerb, die Beschaffung von Vermögensgegenständen (i.d.R. gegen die Hergabe von Zahlungsmitteln) erfolgt mit dem Ziel einer

⇨ der Erhöhung der Rentabilität des Unternehmens.

Die **Zahlungsmittelströme** bieten eine erste Möglichkeit, die in der Betriebswirtschaftslehre verbundenen Begriffe Investition und Finanzierung weitergehend zu erläutern. Die Zahlungsmittelströme bestehen aus Einzahlungen und Auszahlungen (Veränderungen des Zahlungsmittelbestandes einer Unternehmung), die zu unterschiedlichen Zeitpunkten anfallen. Bestimmte Ein- und Auszahlungen gehören inhaltlich zusammen und lassen sich gedanklich zu Zahlungsreihen zusammenfassen, die für bestimmte betriebliche Prozesse eine typische Struktur aufweisen. Kauft eine Unternehmung z.B. eine Maschine, so wird sie diese zunächst bezahlen müssen (Auszahlung), wird mit dieser Maschine produzieren und die erstellten Güter später verkaufen (Einzahlungen). Nimmt andererseits die Unternehmung einen Kredit auf, dann wird ihr eine bestimmte Geldsumme zur Verfügung gestellt (Einzahlung), die zur betrieblichen Leistungserstellung verwendet wird. Dieser Kredit wird im folgenden verzinst und zurückgezahlt (Auszahlungen).

Auf der Ebene der Zahlungsströme kann man definieren:

⇨ Eine **Investition** ist gekennzeichnet durch eine Zahlungsreihe, die mit einer Auszahlung beginnt und in der Regel in späteren Perioden Einnahmeüberschüsse aufweist.

⇨ Eine **Finanzierung** ist gekennzeichnet durch eine Zahlungsreihe, die mit einer Einzahlung beginnt und die in der Regel in späteren Perioden Auszahlungsüberschüsse aufweist.

Der **Zweck solcher Zahlungsströme** ist ein zweites Charakteristikum der Begriffe Investition und Finanzierung. Eine Auszahlung bedeutet in diesem Zusammenhang die Überlassung von Zahlungsmitteln an Dritte mit dem Ziel, Vermögensgegenstände zu erwerben (bzw. verwenden zu können), deren Nutzung der betrieblichen Leistungserstellung und den betrieblichen Zielen (z.B. Gewinn) dient. Eine Einzahlung bedeutet die Überlassung von Zahlungsmittel von Dritten an den Betrieb. Dadurch soll die Zahlungsfähigkeit des Betriebes gewährleistet und eine kostenminimale Beschaffung von Kapital erzielt werden.

Dem **Zweck** nach geht es daher bei

⇨ der **Investition** um eine zielorientierte Strukturierung der Vermögensgegenstände eines Betriebes (und damit um eine zielorientierte Strukturierung der Aktivseite der Bilanz) und bei

⇨ der **Finanzierung** um eine zielorientierte Strukturierung der Geld- und Kapitalbestände eines Betriebes (und damit um eine zielorientierte Strukturierung der Passivseite der Bilanz) unter Wahrung des Prinzips des finanziellen Gleichgewichts, d.h. unter Wahrung der jederzeitigen Zahlungsfähigkeit.

Zusammenfassend ist festzustellen: **Finanzierung** ist die an den Unternehmenszielen ausgerichtete Beschaffung von Eigen- und Fremdkapital und **Investition** ist der Erwerb und die Strukturierung des Anlage- und Umlaufvermögens.

Investitions- und Finanzierungsentscheidungen sind gegenseitig voneinander abhängig. Die eine ist ohne die andere nicht sinnvoll planbar. Investitionsalternativen werden nicht ohne die gleichzeitige Prüfung von Finanzierungsmöglichkeiten erwogen, während die Aufnahme neuer Finanzierungsmöglichkeiten nicht ohne profitable Investitionen denkbar sind. Man spricht daher von der Interdependenz von Investition und Finanzierung.

6.2 Investition

6.2.1 Investitionsformen und -entscheidungen

Nach der einleitenden Definition kann Investition als zielorientierte Strukturierung der Vermögensgegenstände verstanden werden. Investitionsentscheidungen lassen sich nach verschiedenen **Kriterien** unterscheiden:

Eine Investition ist die Überführung von Zahlungsmitteln in einen Vermögenswert, der entweder realer oder nominaler Natur sein kann. Sie können nach der Materialität, nach den Investitionsmotiven oder nach der Art der Erfassung des Werteverzehrs unterschieden werden.

Nach Art der Erfassung des Werteverzehrs unterscheidet man Bruttoinvestitionen (als Summe aller getätigten Investitionsausgaben eines Betriebes) von Nettoinvestitionen (als Differenz der Bruttoinvestitionen und den Abschreibungen (erfasster Werteverzehr des Gebrauchs von Anlagen)): Nur letztere geben die Höhe der durch Investitionen geschaffenen zusätzlichen Werte eines Betriebes wieder.

Investitionsentscheidungen müssen zielgerichtet geplant, realisiert und gesteuert werden. D.h. im Rahmen einer solchen Entscheidung wird darüber befunden, ob überhaupt und wenn ja, welche Vermögensgegenstände durch Zahlungsmittel erworben werden sollen. Wie alle betrieblichen Entscheidungen müssen sich auch Entscheidungen über Investitionen an den Zielen der Unternehmungen orientieren. Für Betriebe in marktwirtschaftlichen Wirtschaftsordnungen muss daher jede dieser Entscheidungen die möglichen Gewinne, aber auch die damit verbundenen Risiken, umfassen und abwägen. Eine rational handelnde Unternehmung wird versuchen, ihre Investitionen so zu tätigen, dass ihr Gewinn langfristig maximiert wird.

Abb. 73: Investitionsformen

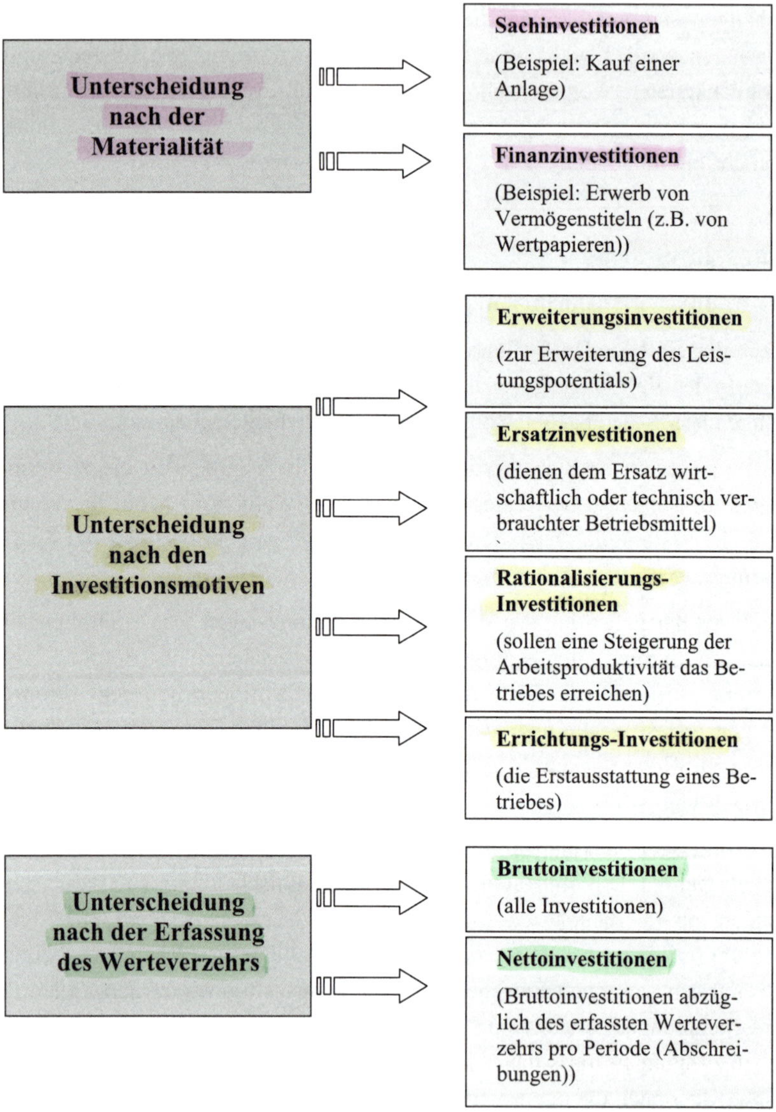

Darüber hinaus werden stets Investitionsalternativen betrachtet: Es besteht die Möglichkeit, die zur Verfügung stehenden Zahlungsmittel in verschiedenen

Vermögenswerten anzulegen. Bietet z.B. eine 'straffe Geldpolitik' die Möglichkeit, auf dem Geldmarkt hohe Zinsen zu erhalten, wird eine Unternehmung tendenziell eher geneigt sein, ihre Mittel in Finanzinvestitionen zu binden als in Sachinvestitionen. Die Investitionsalternative Finanzinvestition wird gegenüber der Sachinvestition relativ günstiger, je restriktiver die Geldpolitik operiert.

Die Vielzahl der erwerbbaren Vermögensgegenstände, die Streuung der mit ihrem Erwerb verbundenen Risiken und ständige Betrachtung von Alternativen machen Investitionsentscheidungen für die Unternehmen äußerst komplex. Gleichzeitig sind sie für den Ertrag unternehmerischer Tätigkeiten entscheidend. Entsprechend lässt sich ihre prominente **Bedeutung** im Rahmen des betrieblichen Geschehens erklären: Investition ist eine der Hauptfunktionen des Betriebes.

Eine Vielzahl von Techniken hilft dabei, Investitionsentscheidungen rational treffen zu können. Soweit nur monetäre, quantifizierbare Größen (z.B. Zahlungsströme) berücksichtigt werden, bieten sich als Entscheidungshilfen **Investitionsrechnungen** an, mit denen die wirtschaftliche Vorteilhaftigkeit einer Investition beurteilt werden kann. Der Begriff Investitionsrechnung wird also nur für Entscheidungentechniken verwendet, bei denen monetäre, quantitative Informationen (z.B. Zahlungsströme) die Grundlage bilden. Bei Entscheidungen auf der Grundlage auch von qualitativen Informationen wird als Entscheidungstechnik die Nutzwertrechnung bzw. -analyse[1] angewandt.

6.2.2 Investitionsrechnung

6.2.2.1 Arten der Investitionsrechnung

Investitionsrechnungen sollen dem Betrieb Informationen über die Vorteilhaftigkeit von Investitionen geben. Grundsätzlich können alle Investitionsrechnungen auf den 'negativen' Wertebewegungen (z.B. Auszahlungen, Ausgaben, Aufwendungen, Kosten) und/oder den 'positiven' Wertebewegungen (z.B. Einzahlungen, Einnahmen, Erträge, Leistungen) beruhen.

Die **Formen der Investitionsrechnung** lassen sich hinsichtlich der Berücksichtigung des Faktors "Zeit" in zwei Gruppen einteilen. In diesem Zusam-

[1] Vgl. Kap. 3.3.6 über die Nutzwertanalyse

menhang spricht man von **"statischen"** und **"dynamischen"** Investitionsrechnungen.

(1) Bei den **statischen** Verfahren der Investitionsrechnungen wird mit Durchschnittsgrößen operiert und die Zeitpunkte, an denen die entsprechenden Vorfälle (z.B. Kosten, Erträge, Zahlungsvorgänge) anfallen, haben keinen Einfluß auf das Ergebnis der Rechnungen, d.h. das Kriterium Zeit spielt keine eigenständige Rolle. Damit ist einerseits die Rechenmethodik meist einfach, die Aussagekraft andererseits aber insbesondere dann gering, wenn bei dem Vergleich verschiedener Investitionsalternativen die Laufzeiten unterschiedlich sind und die jeweiligen Zahlungsströme stark schwanken.

(2) Die **dynamischen** Verfahren der Investitionsrechnungen arbeiten nicht mit Durchschnittsgrößen und berücksichtigen systematisch die unterschiedlichen Zeitpunkte der einzelnen Zahlungen der Zahlungsströme, indem die Gesamtinvestitionsdauer in mehrere Zeitabschnitte zerlegt wird. Damit werden die Rechenmethodik zwar meist komplizierter, die Ergebnisse jedoch aussagefähiger.

Statische Investitionsrechnungen folgen somit einer **Zeitpunkt-**, dynamische Investitionsrechnungen einer **Zeitraumbetrachtung**.

Abb. 74: Arten von Investitionsrechnungen

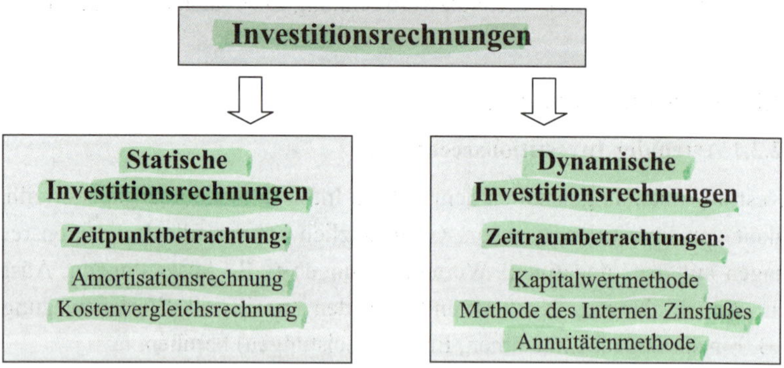

6.2.2.2 Statische Verfahren der Investitionsrechnung

Zwei Formen statischer Investitionsrechnungen werden im Folgenden kurz dargestellt: die statische Amortisationsrechnung und die Kostenvergleichsrechnung.

(1) Die **Amortisationsrechnung** will den Zeitraum ermitteln, der benötigt wird, um das durch die Investition gebundenen Kapital zurückzugewinnen (Amortisationsdauer AD). Kennzeichnet man eine Investition – wie oben beschrieben – durch eine Zahlungsreihe, die mit einer Auszahlung (Kapitaleinsatz A_o) beginnt und die in späteren Perioden Einzahlungsüberschüsse E_i aufweist, dann lässt sich die Amortisationsdauer mit dem Quotienten beider Größen berechnen:

$$AD = \frac{A_o}{E_i}$$

Abb. 75: Amortisationsrechnung

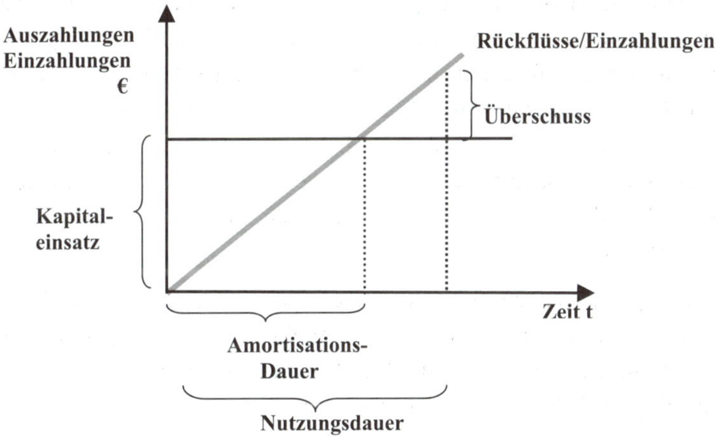

Beispiel:

Es sei $A_0 = 100.000$ € und $E_i = 30.000$ €, dann ist die Amortisationsdauer

$$AD = \frac{100.000}{30.000} = 3{,}333 \text{ Jahre}$$

E_i ist dabei als eine Durchschnittsgröße zu verstehen. Sie ist der durchschnittliche Rückfluss einer Investition.

Die berechnete **Amortisationsdauer AD** kann als Kriterium zur Beurteilung des Risikos von Investitionen dienen. Ohne weitere Informationen über die Vorteilhaftigkeit der Investition liefern zu können, sagt das Ergebnis einer solchen Rechnung aus, dass das investierte und damit gebundene Kapital nach AD-Perioden der Unternehmung wieder zugeflossen ist. Unter Risiko- und meist auch Renditeaspekten gilt dann bei der Auswahl von Investitionsalternativen: Je schneller, desto besser.

In obigen Falle fließt das für die Investition eingesetzte Kapital innerhalb von 3 1/3 Jahren der Unternehmung wieder zurück. Zur endgültigen Beurteilung der Vorteilhaftigkeit dieser Investition wird man dann sicher weitere Kennziffern und Kriterien heranziehen müssen, aber auf die Frage „Wann haben wir unseren Einsatz wieder heraus?“ kann man eine Antwort geben: nach 3 1/3 Jahren! Die Amortisationsrechnung versteht sich so als Ergänzung zu anderen Formen der Investitionsrechnung und -beurteilung.

(2) Bei **Kostenvergleichsrechnungen** werden die Kosten von zwei oder mehr Investitionsalternativen gegenübergestellt. Die Alternative mit den niedrigsten Kosten gilt als vorteilhaft. Damit beschränkt sich die Kostenvergleichrechnung auf die Kostenseite und vernachlässigt die Erlösseite. Die Erlöse müssen also bei den Investitionsalternativen gleich hoch sein. Diese Rechnungen werden daher im allgemeinen für Ersatz- und Rationalisierungsinvestitionen verwendet, da hier die Erträge als unveränderlich angesehen werden und deshalb außer acht bleiben können.

Wenn die Mengenleistungen der Alternativen gleich sind, genügt der Vergleich der Kosten je Zeitabschnitt (z.B. Gesamtkosten pro Jahr), wenn die Mengen unterschiedlich sind, muss der Vergleich auf der Basis der Kosten je Mengeneinheit (z.B. Stückkosten) vorgenommen werden.

Zur Vereinfachung können bei einem Alternativenvergleich die Kostenarten, die bei beiden Alternativen gleich sind, unberücksichtigt bleiben. Andererseits können nur Alternativen verglichen werden, deren Nutzungsdauer gleich ist, da sonst die Verwendung von Durchschnittsgrößen wenig sinnvolle Ergebnisse produzieren würde.

Abb. 76: Beispiel zur Kostenvergleichsrechnung

Position		Betriebs-mittel A	Betriebs-mittel B
1	Kapitaleinsatz in €	100.000	60.000
2	Nutzungsdauer in Jahren	8	8
3	Auslastung in Fertigungsstunden/Jahr	1.560	1.400
4	Abschreibungen in €/Jahr	12.500	7.500
5	Zinsen in €/Jahr	5.000	3.000
6	sonstige fixe Kosten in €/Jahr	1.000	600
7	Σ fixer Kosten in €/Jahr	18.500	11.100
8	fixe Kosten je Fertigungsstunde	11,86	7,92
9	Lohn- und Lohnnebenkosten in €/h	8	9,50
10	Energie- und sonstige variable Kosten in €/h	1,70	2,10
11	Σ variable Kosten in €/h	9,70	11,60
12	Kosten in €/Fertigungsstunde	21,56	19,52
13	Gesamtkosten in € pro Jahr	33.633,60	27.328,--

Unter den gegebenen Umständen wird man sich für Maschine B entscheiden. Wären die Mengenleistungen jedoch unterschiedlich, müsste auf Stückkostenbasis gerechnet werden. Erzielt A eine Leistung von 6.000 Stück und B eine von 5.000, dann betrügen die Stückkosten bei A € 5,6 und bei B € 5,47. Man würde immer noch B wählen, der Abstand ist aber deutlich kleiner geworden.

6.2.2.3 Dynamische Investitionsrechnungen

Bei den **dynamischen** Verfahren wird im Gegensatz zu den statischen Verfahren berücksichtigt, dass von einer Investition jahrelang Auszahlungen und Einzahlungen ausgehen. Der zeitliche Unterschied der Zahlungsströme über die Nutzungsdauer hinweg wird erfasst und mit Hilfe der **Zinseszinsrechnung** bewertet. Deren Ziel ist es, Zahlungen, die zu Beginn der Nutzungsdauer anfallen, höher zu bewerten als Zahlungen, die erst am Ende der Nutzungsdauer anfallen. Das entspricht der persönlichen Erfahrung und der Realität des betrieblichen Geschehens: Je früher Einzahlungen aus einer Investition anfallen, desto früher können sie wieder verwendet werden **(reinvestiert** werden), d.h. man kann sie nutzbringend anlegen und z.B. Zinserträge erzielen. Je länger man andererseits Auszahlungen hinausschieben kann, desto mehr Zinsaufwendungen kann man sich ersparen, so dass zu Beginn der Nutzungsdauer anfallende Auszahlungen "schwerer wiegen" als jene Auszahlungen, die erst am Ende der Nutzungsdauer getätigt werden.

Grundgedanke der dynamischen Investitionsrechnung ist es, alle durch eine Investition ausgelösten Zahlungsströme auf den Investitionszeitpunkt (i.d.R. Zeitpunkt der Inbetriebnahme des Investitionsobjekts bzw. Zeitpunkt der ersten Zahlung) **abzuzinsen** (zu diskontieren)[1]. Dabei hat man anders als bei der mit Durchschnittsgrößen arbeitenden statischen Investitionsrechnung bei der dynamischen die Möglichkeit, die unterschiedliche Höhe der Zahlungsströme über die Nutzungsdauer des Investitionsobjektes zu berücksichtigen.

Bei der dynamischen Investitionsrechnung werden insbesondere drei Rechenverfahren unterschieden:

Abb. 77: Die drei dynamischen Investitionsrechnungsverfahren

Dynamische Investitionsrechnungen		
Kapitalwertmethode	**Methode des Internen Zinsfußes**	**Annuitätenmethode**
Der Kapitalwert ist die Differenz zwischen den auf den Investitionszeitpunkt abgezinsten Gegenwartswerten aller Aus- und Einzahlungen, die während ihrer Nutzungsdauer anfallen.	Der interne Zinsfuß ist die tatsächliche Verzinsung (Ist-Verzinsung) des für ein Investitionsobjekt eingesetzten Kapitals.	Die Annuität ist der im Mittel anfallende und auf den Investitionszeitpunkt abgezinste Jahreseinnahmeüberschuß.

[1] Grundsätzlich sind auch andere Zeitpunkte (z.B. der Endzeitpunkt der Investition) als Diskontierungspunkt denkbar; sie sind aber weniger üblich und werden im Folgenden nicht berücksichtigt.

Im Folgenden wird als praktisch bedeutungsvollstes Verfahren nur die Kapitalwertmethode ausführlicher erläutert[1]. Damit soll ein auf der Funktionsweise der Zinseszinsrechnung beruhendes Verfahren dargestellt werden, um deutlich zu machen, dass es sich um ein differenziertes Entscheidungskalkül handelt, das den Betrieben Informationen liefert, wie in strategisch bedeutungsvollen Zeitpunkten gehandelt werden sollte.

6.2.2.4 Kapitalwertmethode

Der **Kapitalwert KW** ist ein Maßstab für die Verzinsung des eingesetzten Kapitals. Er wird aus der Summe aller während der Nutzungsdauer des Investitionsobjektes anfallenden und auf den Gegenwartszeitpunkt mit gegebenem Kalkulationszinsfuß abgezinsten Ein- und Auszahlungen (bzw. Einzahlungs- oder Auszahlungsüberschüsse) gebildet. Je höher der Kapitalwert einer Zahlungsreihe ist, desto höher ist die Verzinsung und desto rentabler die Investition:

- Ein Kapitalwert von null (KW = 0) drückt aus, dass sich die Investition gerade zum Kalkulationszinssatz verzinst[2];
- ein Kapitalwert von größer als null (KW > 0) bedeutet, dass sich die Investition mit einem höheren Satz als dem Kalkulationszinsfuß verzinst und
- ein Kapitalwert von kleiner als null (KW < 0) drückt aus, dass die Verzinsung der Investition geringer als der Kalkulationszinssatz ist.

Bei Alternativrechnungen wird die Investition mit dem höchsten Kapitalwert gewählt. Sie ist am Vorteilhaftesten, da sie die höchste Verzinsung des eingesetzten Kapitals bietet.

Die Kapitalwertmethode und ihre Anwendung werden im folgenden in vier Schritten erläutert.

(1) Zinseszinsrechung und Abzinsung

Mit Hilfe der Abzinsung möchte man den **Gegenwartswert (Barwert)** zukünftiger Ein- und Auszahlungen ermitteln. Der Barwert gibt also den heuti-

---

[1] Vgl. zu den anderen Verfahren: Schierenbeck 2000, S. 341 ff.

[2] Entsprechend ist der Interne Zinsfuß genau der Zinssatz, bei dem der Kapitalwert einer Investition gerade null wird.

gen Wert einer künftigen Zahlung unter Zugrundelegen eines bestimmten Zinssatzes an.

Dieser Gegenwartswert (Barwert) wird wie folgt errechnet:

$$C_o = C_n \cdot \frac{1}{(1+i)^n}$$

Dabei sind:

C_o =	Barwert
C_n =	Zeitwert, Wert der Zahlung in n Jahren
i =	Kalkulationszinssatz (als Zinsfaktor)
n =	Zeit (in Jahren)

Der Grundgedanke dieser Formel erschließt sich, wenn man eine Geldanlage C_o zum Zeitpunkt 0 unterstellt, die n Jahre zum Zinssatz i angelegt werden soll. Der zukünftige Wert C_n dieser Anlage beträgt nach der Zinseszinsrechnung:

$$C_n = C_0 \cdot (1+i)^n$$

Ein Beispiel: Will man € 1.000,-- drei Jahre lang (n = 3) zu 4 % (i = 0,04) anlegen, so ergibt sich:

$$C_n = 1000 \cdot (1+0{,}04)^3 = 1.124{,}86$$

Wenn aber der zukünftige Wert von € 1.000,-- in drei Jahren bei vier Prozent Zinsen € 1.124,86 beträgt, dann liegt umgekehrt der heutige Wert einer in drei Jahren anfallenden Zahlung in Höhe von € 1.124,86 abgezinst zu 4 % bei genau € 1.000,--:

$$C_0 = 1.124{,}86 \cdot \frac{1}{(1+0{,}04)^3} = 1.000$$

Man nennt $(1+i)^n$ einen Aufzinsfaktor und $\frac{1}{(1+i)^n}$ einen Abzinsfaktor[1].

---

[1] Eine Tabelle mit Abzinsfaktoren findet sich im Anhang.

(2) Die Kapitalwertformel

Aufbauend auf dem Grundgedanken der Zinseszinsrechnung lässt sich die Berechnungsformel für den Kapitalwert KW einer Zahlungsreihe bestimmen. Sie besteht aus den abgezinsten Auszahlungen und Einzahlungen der entsprechenden Zahlungsreihe.

$$KW = \sum\nolimits_{j=1}^{n} (e_j + e_r - a_j) \cdot \frac{1}{(1+i)^j}$$

Dabei sind:

KW	= der Kapitalwert der Zahlungsreihe
e_j	= die laufenden Einzahlungen
a_j	= die laufenden Auszahlungen einschließlich der Anfangsauszahlung (d.h. a_0 als Anfangsausgabe/Investition)
e_r	= der Restwert des Vermögensgegenstandes (von dem unterstellt wird, dass er am Ende der Nutzungsdauer als Einzahlung zufließt)
i	= der Kalkulationszinsfuß
n	= die Nutzungsdauer in Jahren

In anderen Worten lässt sich sagen, dass der Kapitalwert die Summe (∑) der zu einem festen Kalkulationszinsfuß (i) abgezinsten Einzahlungs- bzw. Auszahlungsüberschüsse ($e_j - a_j$) einschließlich eines möglichen Restwertes e_r während der Nutzungsdauer (n) des Investitionsobjektes ist.

(3) Die Zahlungsreihe und der Zeitstrahl

Eine **Zahlungsreihe** besteht aus Veränderungen des Geldvermögens der Unternehmung, d.h. sie besteht aus Auszahlungen (im Folgenden bei den optischen Darstellungen mit einem Minuszeichen versehen) und aus Einzahlungen (im Folgenden mit einem Pluszeichen versehen). Bei manuellen Rechnungen wählt man als Rechenperiode in der Regel den Zeitraum von einem Jahr. Die unterschiedlichen Zeitpunkte dieser Zahlungen können an einem **Zeitstrahl** abgebildet werden:

Der Zeitstrahl kann wie folgt gelesen werden:

- 0 bedeutet den Anfangszeitpunkt, d.h. den Beginn der ersten Periode.
- 1 bedeutet den Endzeitpunkt der 1. Periode (des ersten Jahres) und damit gleichzeitig den Anfangszeitpunkt der 2. Periode (des zweiten Jahres).
- ....
- 6 bedeutet den Endzeitpunkt der 6. Periode und den Anfangszeitpunkt der 7. Periode usw..

Auch für die Zuordnung der Zahlungen zu den Zahlungszeitpunkten gibt es genaue Regeln:

- alle Auszahlungen (auch die, welche im Laufe des Jahres erfolgen (so genannte 'unterjährige' Zahlungen) werden am Anfang eines Jahres (einer Periode) erfasst. Man spricht von vorschüssiger Verzinsung,
- alle Einzahlungen (auch die unterjährigen) werden stets am Ende des Jahres erfasst (nachschüssige Verzinsung).

Beispiel:

a_o (Anfangsauszahlung) = 1.0000

e_1 bis e_6 (laufende Einzahlungen der Perioden 1 bis 6) = 400

Zeitstrahl:

Zahlungsreihe:

1.000

+ 400 + 400 + 400 + 400 + 400 + 400

Soll in diesem Beispiel die Vorteilhaftigkeit der Investition – ausgedrückt durch den Kapitalwert der Zahlungsreihe – berechnet werden, muss die obige Formel verwendet werden. Zur Erleichterung der Rechenoperationen hilft eine tabellarische Technik.

(4) Die Tabellentechnik

Die Errechnung des Kapitalwertes soll an einem einfachen Beispiel gezeigt werden. Dabei wird angenommen, dass gleichbleibende laufende Ausgaben und Einnahmen vorliegen:

Beispiel:

Kapitaleinsatz (= Anfangsauszahlung a_0)	30.000 €
laufende Ausgaben a_j	12.000 €/Jahr
laufende Einnahmen e_j	22.000 €/Jahr
erlösbarer Restwert am Ende der Nutzungsdauer e_r	10.000 €
Nutzungsdauer n	4 Jahre
Kalkulationszinsfuß i	10 %

Zunächst sind die einzelnen Zahlungen mit Hilfe des Zeitstrahls zu erfassen, so dass man eine Zahlungsreihe erhalten:

Zeitstrahl:

Zahlungsreihe:

0	1	2	3	4
- 30.000				
- 12.000				
	+22.000	+22.000	+22.000	+22.000
	-12.000	-12.000	- 12.000	+10.000
- 42.000	+10.000	+10.000	+10.000	+32.000

(= Salden der Zahlungsreihe)

In der folgenden Darstellung wird die Ermittlung des Kapitalwertes tabellarisch dargestellt.

Abb. 78: Tabelle zur Berechnung des Kapitalwertes

Zeitpunkt	**Abzinsfakor**[1]	**Auszahlungsüberschuss** (nominal)	**Barwert** (abgezinst)	**Einzahlungsüberschuss** (nominal)	**Barwert** (abgezinst)
0	1	42.000	42.000	-	-
1	0,9091	-	-	10.000	9.091
2	0,8264	-	-	10.000	8.264
3	0,7513	-	-	10.000	7.513
4	0,6830	-	-	32.000	21.856
		Summen	42.000		46.724
					- 42.000
			Saldo = Kapitalwert		**4.724**

Der Kapitalwert als Saldo der abgezinsten Einzahlungs- und Auszahlungsüberschüssen beträgt hier 4.724 €.

Das Ergebnis dieses Beispiels ist wie folgt zu interpretieren:

Neben seiner Verzinsung von 10 % führt der Kapitaleinsatz von 30.000 € zu einem auf den Investitionszeitpunkt bezogenen (abgezinsten) Einzahlungsüberschuss von 4.724 €. Die wirkliche Verzinsung (interner Zinsfuß) liegt also über der geforderten Mindestverzinsung von 10 %. Danach ist die Investition im Vergleich zu einer 10 prozentigen Geldanlage rentabel.

6.2.2.5 Weiterführende Überlegungen

Beim Kapitalwertverfahren und den anderen dynamischen Verfahren der Investitionsrechnung geht man von einigen – nicht unproblematischen - **Annahmen** (Prämissen) aus:

- Alle Ausgaben und Einnahmen sind über die geplante Nutzungsdauer sicher prognostizier- und dem Investitionsobjekt zurechenbar.

[1] Die Abzinsfaktoren finden sich im Anhang

- Die Nutzungsdauer ist prognostizierbar (was auch für die statischen Rechenverfahren gilt).
- Es wird angenommen, dass alle über die Nutzungsdauer des Investitionsobjektes zurückfließenden Einnahmen sofort in Höhe des Kalkulationszinsfußes reinvestiert werden.

Vernachlässigt man die Hypothese der Wiederanlage, dann beziehen sich die beiden anderen auf die Frage der Vernachlässigung unvollkommener Information in der Investitionsrechnung. Einige Lösungswege sollen kurz angedeutet werden.

Bei Entscheidungssituationen, bei denen möglichen Ergebnissen von Investitionsalternativen Wahrscheinlichkeitswerte zugewiesen werden können (Entscheidungen unter Risiko, siehe oben Abschnitt 3.3.5.), werden entsprechende **Erwartungswerte μ** verschiedener Kapitalwerte berechnet, um die Alternative mit dem höchsten Wert zu wählen. Die Regel lautet dann: maximiere μ!

Diese Regel erscheint dann problematisch, wenn die möglichen Ergebnisse von Investitionsalternativen sehr unterschiedlich streuen und die bei der Erwartungswertmaximierung angenommene Risikoneutralität kaum unterstellt werden kann. Ein Beispiel soll das Problem zeigen:

Beispiel:
Ein Unternehmen erwarte für unterschiedliche zukünftige Umweltzustände z_1 bis z_4 verschiedene Kapitalwerte für zwei Investitionsalternativen A_1 und A_2. Die Umweltzustände weisen die gleiche Wahrscheinlichkeit (25 %) auf. Daraus ergibt sich die folgende Ergebnis- bzw. Nutzwertmatrix.

Abb. 79: Ergebnismatrix mit Kapitalwerten zweier Investitionsalternativen

	z_1	z_2	z_3	z_4	
p_i	0,25	0,25	0,25	0,25	μ
A_1	100	100	100	100	100
A_2	1.000	100	- 100	-500	125

Entscheidet sich das Unternehmen jetzt für die Alternative A_2, dann handelt es nach dem Erwartungswertprinzip (μ-Prinzip) durchaus rational, obwohl mit einer Wahrscheinlichkeit von 50 % negative Kapitalwerte zu erwarten sind. Das Unternehmen verhält sich **risikoneutral**.

Offensichtlich spielt die Streuung von möglichen Kapitalwerten aber dann eine erhebliche Rolle, wenn das Management sich **risikoscheu** verhält – wenn ihm eben nicht egal ist, wie stark die Ergebnisse der Alternativen streuen. Zunächst einmal braucht es eine Messgröße zur Erfassung der Streuung. Üblicherweise nimmt man die Standardabweichung[1] σ, um dann nach der (μ,σ)-Regel zu entscheiden:

- Bei gleicher Standardabweichung σ, d.h. bei gleichem Risiko, wählt man die Alternative mit dem höheren Erwartungswert μ.
- Bei gleichen Erwartungswert μ wählt man die Alternative mit dem geringeren Risiko, d.h. mit der kleineren Standardabweichung σ.

Für den Fall des obigen Beispiels lässt sich die Situation noch nicht theoretisch lösen. Die Alternative A_1 hat einen geringeren Erwartungswert, aber auch ein geringeres Risiko, während die Alternative A_2 einen höheren Erwartungswert, aber auch ein höheres Risiko aufweist. Das Management der Unternehmung muss nun zwischen Ertragsaussichten und Risiko bewusst entscheiden. Die betriebswirtschaftliche Theorie behilft sich hier mit Risikopräferenzfunktionen, die ein Abwägen zwischen Ertragaussichten und Risiken beschreiben. Das ist aber ein Weg, der in dieser Einführung in die BWL nicht weiter verfolgt werden soll[2].

6.3 Finanzierung

Unter **Finanzierung** versteht man die zielorientierte Beschaffung und Strukturierung der Geld- und Kapitalbestände eines Betriebes unter Wahrung des Prinzips des finanziellen Gleichgewichts, d.h. unter Wahrung der jederzeitigen Zahlungsfähigkeit. Diese Bestände an Finanzierungsmitteln müssen dem

---

[1] Die Formel hierfür lautet: $\sigma = \sqrt{\frac{1}{n}\sum(e_{ij} - e_{iM})^2}$; sie ist die Wurzel aus der durchschnittlichen Summe der quadrierten Abweichungen der einzelnen Kapitalwerte von ihrem Mittelwert.

[2] Vgl. dazu z.B. Wöhe 2002, S. 765 ff.

Betrieb stets in ausreichendem Maße zur Verfügung stehen. Die Beschaffung von Zahlungsmitteln und Kapital ist eine Teilaufgabe des Funktionsbereichs der Finanzierung.

Allgemein formuliert betrifft die Finanzierung also Vorgänge der Zu- und Abnahme sowie der Strukturierung der Passiva.

6.3.1 Ziele und Zielkonflikte

Das **finanzielle Gleichgewicht** einer Unternehmung ist erreicht, wenn bei den Zahlungsmitteln die Summe aus Anfangsbestand (AB) und Einzahlungen (E) stets größer oder gleich der Summe der zwingend notwendigen Auszahlungen (A) ist:

$$AB + \sum E \geq \sum A$$

Ist diese Bedingung jederzeit erfüllt, dann wird die Unternehmung als liquide bezeichnet. Der Erhalt der Zahlungsfähigkeit oder **Liquidität** ist ein für alle Betriebe erforderlicher Sachverhalt, denn Zahlungsunfähigkeit oder Illiquidität ist in der Wirtschaft der häufigste Konkursgrund. Der Erhalt einer Unternehmung ist also vom Erhalt des finanziellen Gleichgewichts abhängig; es ist insoweit ein **Formal- und Sicherheitsziel**. Andererseits ist die **Beschaffung von Finanzierungsmitteln** das **Sachziel** der betrieblichen Funktion der Finanzierung.

Von der generellen Zahlungsunfähigkeit, der Illiquidität, muss allerdings die kurzzeitige **Zahlungsstockung** unterschieden werden. Sie ist zwar kein Konkursgrund, wohl aber für Kreditgeber und Lieferanten ein möglicher Hinweis auf finanzielle Schwierigkeiten. I.d.R versuchen Betriebe daher auch solche Zahlungsstockungen zu vermeiden.

Zweites Hauptziel des Finanzierungsbereiches ist die **Kostenminimierung**. Aus dem Prinzip der Wirtschaftlichkeit (Formalziel) folgt, dass ein Betrieb bestrebt sein sollte, genau so viele und genau die Struktur der Finanzierungsmittel zu beschaffen, bei denen die Kosten dieser Überlassung von Geld- oder Kapitalbeständen minimiert werden. Für Betriebe in marktwirtschaftlichen Ordnungen bedeutet dieses Zielstreben gleichzeitig den Versuch, sich gewinnorientiert zu verhalten. Durch Kostenminimierung wird die Rentabilität gefördert.

Die Erreichung beider Ziele ist für den (Investitions- und) Finanzierungsbereich nicht leicht, da häufig **Zielkonflikte** zwischen Liquidität (Sicherheit) und Rentabilität bestehen:

- Je größer die Liquiditätsreserve bemessen wird, desto sicherer wird das finanzielle Gleichgewicht der Unternehmung bei unvorhergesehenen Auszahlungsverpflichtungen erreicht. Das Halten von Bargeld oder kurzfristigen Bankguthaben ist aber insofern ungünstig für die Rentabilität, als andere Vermögensgegenstände häufig einen höheren Ertrag bieten. Hier gilt: Größere Liquiditätssicherheit verringert die Rentabilität.
- Oft sind Zinsen für kurzfristige Finanzierungsmittel niedriger als für längerfristige (normale Zinsstruktur). Will das Finanzmanagement ertragsorientiert handeln, bietet es sich an, längerfristige Investitionen durch kurzfristige Kredite zu finanzieren. Im Konjunkturverlauf ändert sich gelegentlich das Verhältnis: Die kurzfristigen Zinssätze übersteigen die langfristigen (inverse Zinsstruktur). Gerade im Bereich der Baufinanzierung können Unternehmen durch ein derartiges Verhalten erhebliche Verluste erleiden.
- Viele unternehmerische Risiken können durch Versicherungen verschiedenster Art abgedeckt werden. Aus Ertragsgesichtpunkten verzichten Unternehmen öfter auf solche Versicherungen und laufen Gefahr, im Schadensfalle in Zahlungsschwierigkeiten zu kommen.
- Spekulationen sind häufig der Erwerb von ertragsstarken Vermögenswerten mit hohen Risiken. Entwickelt sich das spekulative Geschäft in eine ungünstige Richtung, treten Ertragseinbußen und Zahlungsschwierigkeiten auf.

6.3.2 Finanzierungsmittel

Herkömmlich unterscheidet man die **Finanzierungsmittel** nach ihrer **Herkunft** und zwar: die **Außenfinanzierung**, bei der Mittel dem Betrieb von außen zugeführt (z.B. Einlagen) werden, die **Innenfinanzierung** bei der die Mittel im Betriebsprozess erwirtschaftet (z.B. Gewinn) werden sowie des weiteren **realwirtschaftliche Maßnahmen mit Finanzierungscharakter.**

Abb. 80: Finanzierungsarten nach der Herkunft der Mittel

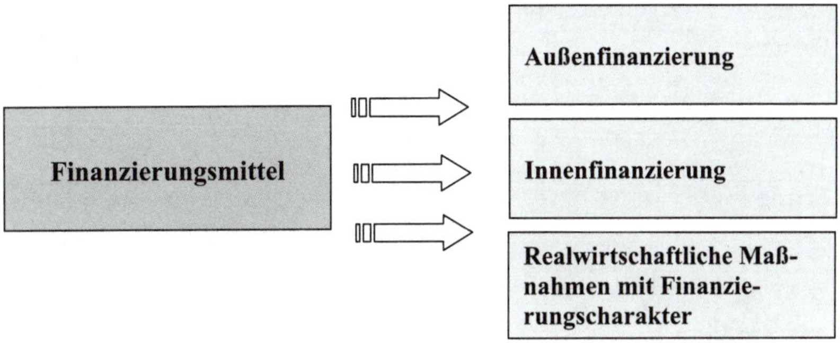

6.3.2.1 Außenfinanzierung

Diese Finanzierung erfolgt durch die Aufnahme neuer Finanzierungsmittel. Der Unternehmung fließen Gelder oder dazu äquivalente Güter oder Leistungen von außen - zusätzlich zu den Umsatzerlösen - zu.

Nach dem Inhalt der **Rechte der Kapitalgeber** unterscheidet man des Weiteren (und erhält ein weiteres Klassifizierungsmerkmal von Finanzierungsmitteln, das auch bei der Innenfinanzierung zu beachten ist):

- **Eigen-/Beteiligungsfinanzierung**: das Geld wird dem Unternehmen von den bisherigen und/oder von neu hinzutretenden Eigenkapitalgebern zugeführt,
- **Fremdfinanzierung**: das Geld oder die geldäquivalenten Güter werden dem Unternehmen von Dritten (Fremdkapitalgebern) überlassen, sowie
- **Zwischenformen** zwischen Eigen- und Fremdfinanzierung (z.B. Beteiligung als stiller Gesellschafter, durch Wandelobligationen).

Unterschiede zwischen Eigen- und Fremdfinanzierung zeigen sich an verschiedenen Kriterien. Diese Unterschiede verweisen auch auf die Probleme, die mit der Entscheidung über die Wahl der Finanzierungsmittel verbunden sein können.

Abb. 81: Unterscheidung zwischen Eigen- und Fremdfinanzierung

Kriterien	Eigenkapital	Fremdkapital
1. Haftung	abhängig von der Rechtsform der Gesellschaft; mindestens in Höhe der Einlage, ggf. mit dem gesamten Privatvermögen	Gläubigerstellung, keine (primäre) Haftung
2. Ertrag	Teilhabe an Gewinn und Verlust (GuV)	fixierter Anspruch auf Nutzungsentgelt, kein GuV-Anteil
3. Vermögensanspruch	anteiliger Anspruch	Anspruch auf Rückzahlung der Forderung
4. Unternehmensleitung	grds. berechtigt, de facto häufig nicht	grds. ausgeschlossen, teilweise aber faktische Möglichkeit
5. zeitliche Verfügbarkeit des Kapitals	i.d.R. unbegrenzt, z.T. kurzfristig kündbar	i.d.R. zeitlich begrenzt
6. steuerliche Belastung	der Gewinn wird steuerlich voll belastet je nach Rechtsform mit ESt, KSt, GewSt	Zinsen sind als Aufwand steuerlich als Betriebsausgabe absetzbar (mit Einschränkung bei der GewSt)
7. Beispiele	Aktienemission, Aufnahme Stiller Gesellschafter	Bankkredit, Lieferantenkredit

6.3.2.2 Innenfinanzierung

Nachdem die Unternehmung Leistungen erstellt hat, kann sie diese über die Märkte anbieten. Die Zuführung von Finanzierungsmitteln aus Teilen der Umsatzerlöse wird dabei Innenfinanzierung genannt. Bei entsprechender Umsatztätigkeit wird das in den Produktionsmitteln und in den Lagerbeständen gebundene Kapital freigesetzt (z.B. getätigte Abschreibungen, Aufwand für Lagerentnahmen). Auch dabei entstehende Gewinne können einen Zufluss an Finanzierungsmitteln bedeuten. Wenn sie nicht ausgezahlt werden, überlassen die Kapitalgeber die Verwendung von Finanzierungsmitteln – z.T. nicht nur kurzfristig - der Unternehmung.

Abb. 82: Formen der Innenfinanzierung

Finanzierung aus Abschreibungen	Finanzierung aus Um-schichtungen	Finanzierung aus Rückstellungen	Finanzierung aus Gewinnen

(1) Finanzierung aus Abschreibungen

Diese Finanzierungsart beruht auf dem Prinzip, dass das Kapital, mit dem Güter des Anlage- und Umlaufvermögens finanziert wurden, ganz oder teilweise durch Abschreibungen dauerhaft oder befristet freigesetzt wird und dem Betrieb in der Zeit bis zur Wiederbeschaffung abgenutzter Wirtschaftsgüter zur Verfügung steht (Kapitalfreisetzung im Anlage- und Umlaufvermögen).

Abschreibungen haben (soweit sie planmäßig erfolgen) die Aufgabe, Anschaffungs- oder Herstellungskosten von Wirtschaftsgütern mit mehrperiodischem Gebrauch auf den Zeitraum der Nutzung zu verteilen, indem jährliche Abschreibungsbeträge ermittelt werden.

Werden über die Absatzpreise von Wirtschaftsgütern, in welche die Abschreibungen eingerechnet wurden, entsprechende Erlöse erzielt, dann werden die im Vermögen gebundenen Finanzierungsmittel anteilmäßig freigesetzt (**Kapitalfreisetzungseffekt**). Im Grunde findet aber lediglich eine Vermögensumschichtung (Aktivtausch) statt: Der Wert des Vermögensgegenstandes verringert sich um die Abschreibung, während die liquiden Mittel sich erhöhen.

Da die freigesetzten Mittel nicht sofort in ein gleiches Anlagegut reinvestiert werden müssen bzw. können, stehen sie dem Unternehmen i.d.R. zeitlich begrenzt bis zum jeweiligen Reinvestitionsakt zur Verfügung.

Beispiel:

Anschaffungskosten einer Anlage 100.000,-€,
Nutzungsdauer 5 Jahre, lineare Abschreibung

Investitionsausgabe:	t = 0	100.000,-
verdiente Abschreibungen	t = 1	20.000,-
dito	t = 2	20.000,-
dito	t = 3	20.000,-
dito	t = 4	20.000,-
dito	t = 5	20.000,-
Reinvestitionsausgabe:	t = 5	100.000,-

usw.

In den Perioden t = 1 bis t = 4 stehen die freigewordenen Finanzmittel kumulativ zur Verfügung (falls es sich nicht um entsprechend rückzahlbares Fremdkapital handelt).

Bei mehreren zeitlich gestaffelten, aber dennoch überschneidenden Investitionen kann sich ein **dauerhafter Kapitalfreisetzungseffekt** ergeben. Werden diese Mittel für Erweiterungsinvestitionen genutzt, tritt ein Kapazitätserweiterungseffekt (sog. Lohmann-Ruchti-Effekt) ein.

(2) Finanzierung aus Umschichtungen

Neben den Finanzierungen aus Abschreibungsgegenwerten, können weitere Umschichtungsprozesse Finanzierungscharakter haben, und zwar:

- Umschichtung von Vermögensgegenständen

Werden z.B. Grundstücke gegen Zahlungsmittel verkauft, dann findet ein Aktivtausch statt, der die Liquidität (i.S. von Verfügbarkeit über jederzeit fällige Zahlungsmittel) erhöht.

- Umschichtung von Finanzierungsmittel

Werden z.B. kurzfristige Kredite durch langfristige abgelöst, dann verändert sich die Kapitalstruktur der Unternehmung. Es findet ein Passivtausch statt. Damit kann z.B. die Finanzierung langfristiger Vermögensgegenstände auf eine sichere Basis gestellt werden.

(3) Finanzierung durch Rückstellungen

Werden Finanzierungsmittel für in der laufenden Periode entstehende, aber erst zukünftig fällige Zahlungsansprüche zurückgestellt, indem sie in der Bilanz als Rückstellungen erfasst werden, dann stehen sie der Unternehmung bis zum Auszahlungszeitpunkt zur Disposition. So sind z.B. Pensionsrückstellungen Fremdkapitalanteile, die dem Betrieb i.d.R. langfristig zur Verfügung stehen.

(4) Finanzierung aus einbehaltenem Gewinnen (Selbstfinanzierung)

Bei der **offenen Selbstfinanzierung** erfolgt die Finanzierung aus versteuerten, nicht ausgeschütteten Gewinnen. Sie werden bei Personengesellschaften dem Kapitalkonto des/der Inhaber(s) gutgeschrieben und bei Kapitalgesellschaften in die Rücklagen eingestellt.

Die **stille Selbstfinanzierung** erfolgt durch legale Ausnutzung der handels- und steuerrechtlichen Bewertungsmöglichkeiten, um unversteuerte Gewinnanteile nicht auszuweisen (Bildung stiller Reserven).

Möglichkeiten der stillen Selbstfinanzierung sind:

- Unterbewertung von Aktiva

Anlage- und/oder Umlaufvermögen wird niedriger ausgewiesen als es dem Verkehrswert entspricht (z.B. werden Abschreibungen getätigt, die höher sind, als es dem Werteverzehr entspricht)

- Überbewertung von Passiva

Verbindlichkeiten aus Lieferungen- und Leistungen enthalten zum Bilanzstichtag noch Skontomöglichkeiten, werden aber voll ausgewiesen.

Die stille Selbstfinanzierung hat gegenüber der offenen Selbstfinanzierung eine Reihe von **Vorteilen**, und zwar:

- Steuerstundung[1]
- Liquiditätsvorteil
- Zinsgewinn
- Bildung von (unsichtbaren) Sicherheitspuffern gegenüber möglichen (späteren) Verlusten

[1] Jedoch handelt es sich nicht um eine Steuerersparnis, da bei Auflösung der stillen Reserve der damit entstehende Gewinn der Besteuerung unterliegt.

6.3.2.3 Realwirtschaftliche Maßnahmen mit Finanzierungscharakter

Fast alle betrieblichen Maßnahmen haben einen Einfluss auf die Höhe und die zeitliche Verteilung der Ein- und Auszahlungen. Ob z.B. eine Unternehmung ihre Lieferantenrechnungen (ggf. unter Abzug von Skonto) umgehend zahlt, oder eine vom Lieferanten eingeräumte Zahlungsfrist ausnutzt (Lieferantenkredit). hat einen Einfluss auf den Ertrag und auf die Höhe und Struktur der Finanzierungsmittel. Insofern haben solche Maßnahmen Finanzierungscharakter.

Darüber hinaus gibt es Instrumente der realwirtschaftlichen Leistungserstellung und -verwertung, bei denen der Finanzierungscharakter in den Mittelpunkt der Überlegungen gestellt ist. Beim **Leasing** mietet die Unternehmung Gegenstände des Anlage- oder Umlaufvermögens für einige Jahre mit dem Ziel, die Finanzierungsmittel, die im Falle des eigenen Erwerbs abgeflossen wären, verfügbar zu halten. Ausgabenwirksam wird während der Laufzeit des Leasingvertrages die Mietzahlung (Leasingrate). Trotz der nicht unerheblichen laufenden Kosten des Leasings kann für Unternehmungen das Leasing aus steuerlichen und finanztechnischen Gründen eine attraktive Finanzierungsalternative darstellen.

Insgesamt stellt sich das Bild der Finanzierungsquellen wie folgt dar:

Abb. 83: System der Finanzierungsquellen

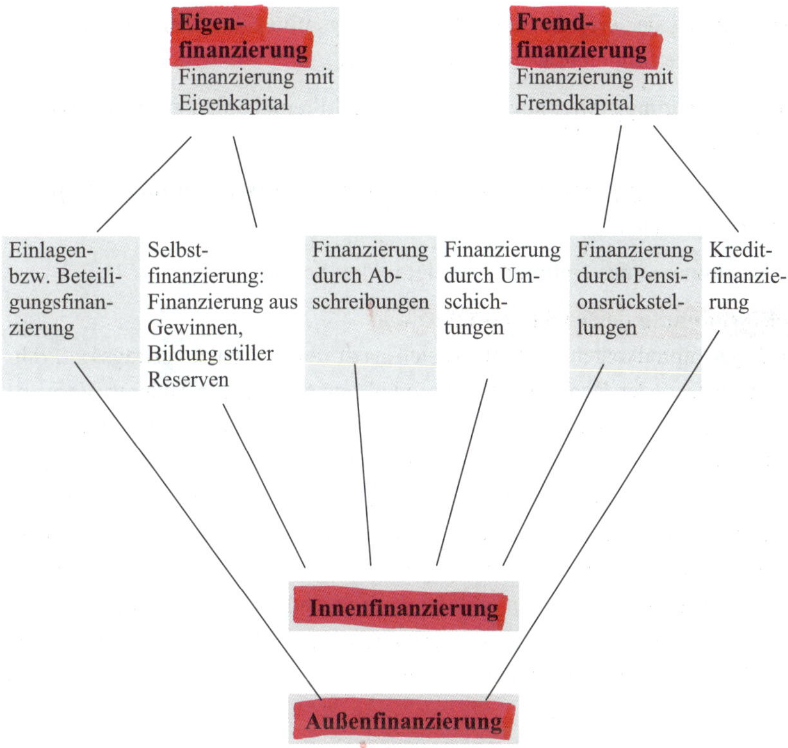

6.3.3 Kapitalstruktur und Rentabilität

Neben der Sicherung der Liquidität ist das zweite Ziel des Finanzierungsbereiches die Minimierung der Kapitalkosten. Unternehmerische Entscheidungen sind im Kern **Optimierungsentscheidungen**: Nach dem Prinzip der Wirtschaftlichkeit wird die Alternative gewählt, bei der mit gegebenem Input ein möglichst großer Ertrag oder bei dem ein bestimmter Ertrag mit dem geringsten Mitteleinsatz erreicht werden kann.

Bei der Finanzierung geht es um die Frage, welcher Umfang und welche Struktur an Finanzierungsmitteln zu wählen ist, um die Kapitalkosten zu minimieren. Für die weiteren Überlegungen soll vereinfachend unterstellt werden, dass

- der Umfang der erforderlichen Finanzierungsmittel durch andere betriebliche Bereiche festgelegt worden ist, und dass
- die Finanzierungsmittel nur nach Eigen- und Fremdkapital zu differenzieren sind.

Das Finanzierungsproblem besteht nun darin, die **kostenminimale Kapitalstruktur** zu finden.

Die Bestimmung des Optimums erfolgt in drei Schritten:

(1) Bestimmung der Eigenkapitalkosten

Die Eigenkapitalkosten bestimmen sich nach dem Alternativertragssatz, d.h. der Ertragsatz (der Rendite) der dem oder den Anlegern in anderen Verwendungen ihrer Finanzierungsmittel zufließen würde. Erhält ein Kapitalgeber für die Hergabe von Mitteln an andere Unternehmen eine höhere Rendite, dann handelt er rational, wenn er auch genau dort seine Mittel 'investiert'. Die Unternehmung braucht aber Eigenkapital zur Existenzsicherung; sie wird daher danach streben den Ertragsatz des Eigenkapitalgebers zu maximieren - was im einfachsten Falle ohnehin mit gewinnmaximierendem Verhalten identisch ist. Neben dem Ertrag wird ein Eigenkapitalgeber auch das Risiko seiner Anlage bedenken. In einer Modellwelt mit sicheren Erwartungen kann davon zunächst abgesehen werden.

(2) Bestimmung der Fremdkapitalkosten

Im einfachsten Fall kann der Fremdkapitalzinssatz als Marktzinssatz für Fremdkapital genommen werden. Weiter unten wird auch die Bedeutung des Risikos aus der Sicht der Fremdkapitalgeber berücksichtigt - zunächst wird davon abstrahiert.

(3) Optimierung der Kapitalstruktur

Die Fragen lauten: Gibt es eine optimale Zusammensetzung der Finanzierungsmittel und wenn ja, wie sieht sie aus und von welchen Faktoren hängt sie ab? Zu suchen ist also die Kapitalstruktur, die die Kosten der Finanzierung minimiert und das heißt, die Kapitalstruktur bei der die Rendite (das Verhältnis von Gewinn zu Eigenkapital) des Eigenkapitals die (Eigenkapitalrendite) R_e maximiert wird.

Modellhaft stellt sich das Problem wie folgt dar:

Es sei:

EK	das Eigenkapital
FK	das Fremdkapital
GK	das Gesamtkapital = Eigenkapital + Fremdkapital
t	der Verschuldungsgrad = FK/EK (also FK = t · EK)
R	die Rendite des gesamten eingesetzten Kapitals (der gesamten Finanzierungsmittel)
i	der Fremdfinanzierungssatz
R_e	die Rendite des eingesetzten Eigenkapitals (Eigenkapitalrendite)

Die Eigenkapitalrendite R_e ergibt sich als Verhältnis von Gewinn und Eigenkapital; der Gewinn bildet sich aus der Differenz des mit dem gesamten Kapital erwirtschafteten Überschusses (Bruttogewinn, Gesamtkapitalertrag) und der Fremdkapitalzinsen, d.h. aus dem Gesamtkapitalertrag abzüglich der Zinsen für das Fremdkapital:

$$G = R \cdot GK - i \cdot FK$$
$$= R \cdot (EK + FK) - i \cdot FK$$

Die Eigenkapitalrendite R_e berechnet sich dann nach der Formel:

$$R_e = \frac{Gewinn}{Eigenkapital} = \frac{G}{EK}$$

Eingesetzt:

$$R_e = \frac{R \cdot (EK + FK) - i \cdot FK}{EK} = R + R \cdot \frac{FK}{EK} - \frac{FK}{EK} \cdot i$$

$$R_e = R + t \cdot (R - i)$$

Die Eigenkapitalrendite ist demnach gleich der Gesamtkapitalrendite plus des Verschuldungsgrads multipliziert mit der Differenz aus Gesamtkapitalrendite und Zinssatz für Fremdkapital. Die Eigenkapitalrendite ist also vom **Verschuldungsgrad** abhängig.

Liegt die Gesamtkapitalrendite über dem Zinssatz für Fremdkapital (R > i), dann folgt, dass die Eigenkapitalrendite mit wachsendem Verschuldungsgrad proportional zunimmt. Man spricht von der Hebelwirkung des Fremdkapitals für die Rendite des Eigenkapitals - dem **Leverage-Effekt** *(vgl. z.B. Spremann 1991, S. 281 ff)*

Abb. 84: Leverage-Effekt

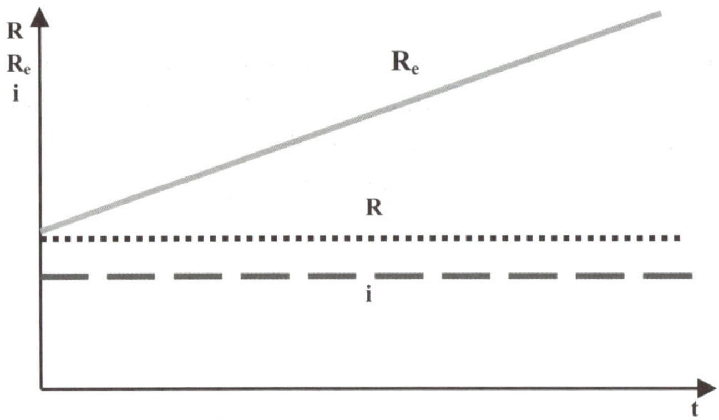

Immer dann, wenn die zur Verfügung stehenden Finanzierungsmittel so im Unternehmen eingesetzt werden können (investiert werden können!), dass die Verzinsung des gesamten Kapitals (Eigenkapital + Fremdkapital) höher ist als der Fremdkapitalzinssatz, lohnt es, immer mehr Fremdkapital zu verwenden. Mit dem Fremdkapital wird ja eine Rendite erwirtschaftet, die höher als die Kosten für diese Finanzierungsmittel sind. Man denke daran, dass die Möglichkeit bestehe, Geld zu einem Zinssatz zu leihen, der niedriger ist als der Zinssatz, den man für eine Anlage erhält!

In einer Welt, die Risiken kennt, wirkt der Leverageeffekt allerdings nicht so ungebremst. Man kann nicht davon ausgehen, dass den Kreditgebern die Kapitalstruktur in der Form unwichtig ist, dass sie bei jedem Verhältnis von

Fremd- und Eigenkapital den gleichen Zinssatz verlangen. Da ein Unternehmensexterner niemals die finanzielle Situation eines Betriebes ganz überschauen kann, wird er auch dann nicht bereit sein, einer Unternehmung Kredit in beliebiger Höhe zu gewähren, wenn sie Erträge erwirtschaftet, deren Rendite höher ist als der Fremdkapitalzinssatz. Wenn es zu Verlusten kommt, dann dient zunächst das Eigenkapital der Sicherung der Gläubiger, erst später können z.B. im Konkursfalle die Fremdkapitalgeber betroffen sein (Pufferfunktion des Eigenkapitals). Daraus folgt, dass die Fremdkapitalgeber ab einem als risikoreich empfundenen Verschuldungsgrad einen immer höheren Zinssatz für weiteres Fremdkapital verlangen werden. Ab dem Verschuldungsgrad, an dem der Fremdkapitalzinssatz die Gesamtkapitalrendite übersteigt, fällt die Rendite des Eigenkapitals wieder; der **optimale Verschuldungsgrad t*** wurde überschritten.

Abb. 85: Optimaler Finanzierungsgrad

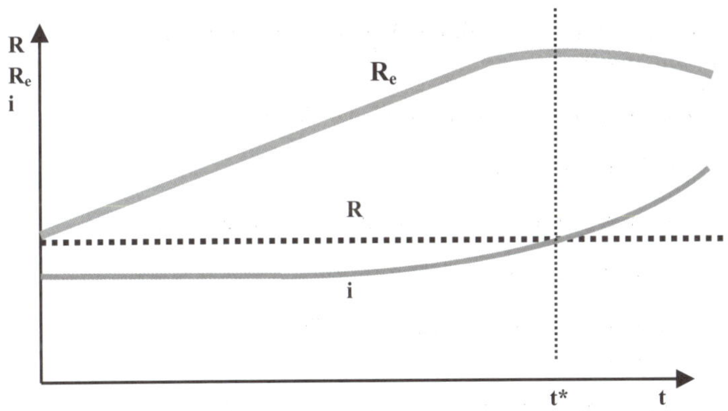

Das Beispiel macht erneut deutlich, dass Investition und Finanzierung zusammen gehören: Die Investitionen bestimmen die Höhe der Gesamtkapitalrendite und der Finanzierungsbereich muss für die dazu passende optimale Kapitalstruktur sorgen.

6.4 Wiederholungsfragen

	Lösungshinweise siehe Seite
151. Grenzen Sie die Begriffe Investition und Finanzierung nach zwei Kriterien voneinander ab.	183
152. Welches sind die Ziele (Zwecke) von Investition und von Finanzierung?	184
153. Welche Investitionsformen werden unterschieden?	186
154. Unterscheiden Sie die Arten der Investitionsrechnung.	188
155. Stellen Sie den Ansatz der Amortisationsrechnung zeichnerisch dar.	189
156. Beschreiben Sie die Kostenvergleichsrechnung.	190/191
157. Beschreiben Sie kurz den Grundgedanken der dynamischen Investitionsrechnung.	192
158. Nennen und erläutern Sie kurz die drei Verfahren der dynamischen Investitionsrechnung.	192
159. Was besagt ein Kapitalwert größer, gleich und kleiner als null?	193
160. Nach welcher Formel wird aufgezinst?	194
161. Wie berechnet man den Barwert C_0 einer zukünftigen Zahlung?	194
162. Nennen und erläutern Sie die Kapitalwertformel.	195
163. Wie werden unterjährige Zahlungen auf die Anfangs- bzw. Endpunkte der Zahlungsperioden zugerechnet?	196
164. Erläutern Sie an einem selbstgewählten Zahlenbeispiel die Tabellentechnik bei der Berechnung nach der Kapitalwertmethode.	197
165. Was ist das Erwartungswertprinzip und was versteht man unter der (μ,σ)-Regel?.	200
166. Was versteht man unter Finanzierung?	200/201
167. Wie ist das finanzielle Gleichgewicht definiert?	201
168. Welches sind die häufig vorfindbaren Zielkonflikte zwischen Liquidität und Sicherheit?	202

169. Unterscheiden Sie die Finanzierungsarten nach der Herkunft der Mittel.	203
170. Nenne und erläutern Sie die beiden Grundformen der Außenfinanzierung.	203
171. Nennen Sie sechs Kriterien zur Unterscheidung von Eigenkapital- und Fremdkapitalfinanzierung.	204
172. Beschreiben Sie die vier Formen der Innenfinanzierung	205
173. Erläutern Sie die Finanzierung aus Abschreibungen anhand eines selbstgewählten Zahlenbeispiels.	205/206
174. Wie können durch Umschichtungen Finanzierungseffekte zustande kommen.	206
175. Grenzen Sie die offene Selbstfinanzierung von der stillen Selbstfinanzierung ab.	207
176. Nennen Sie vier Vorteile der stillen Selbstfinanzierung.	207
177. Was versteht man unter realwirtschaftlichen Maßnahmen der Finanzierung?	208
178. Stellen Sie das System der Finanzierungsquellen dar.	209
179. Was versteht man unter dem Leverage-Effekt? Erläutern Sie seine Wirkungsweise an einem einfachen Zahlenbeispiel.	212
180. Was versteht man unter dem optimalen Finanzierungsgrad?	210ff

7 Rechnungswesen des Betriebes

7.1 Grundlagen

7.1.1 Aufgaben und Teilbereiche des Rechnungswesens

In allen Teilbereichen des Betriebes sind ständig Entscheidungen zu treffen und zwar unter jeweils wirtschaftlichen Gesichtspunkten. Diese Entscheidungen bedürfen einer Informationsgrundlage, die durch das **Rechnungswesen** des Betriebes bereitgestellt wird. Das betriebliche Rechnungswesen erfasst sämtliche wirtschaftlich relevanten Tatbestände und Vorgänge im Betrieb, unterzieht sie einer monetären Bewertung, verdichtet diese Daten und bereitet sie auf. Das Rechnungswesen ist daher eine unverzichtbare Voraussetzung erfolgreicher betrieblicher Tätigkeit.

Die wesentlichen **Teilbereiche** des Rechnungswesens sind:

- Buchhaltung
- Inventur
- Jahresabschluss
- Kosten- und Leistungsrechnung

Diese werden ergänzt durch die Betriebsstatistik und verschiedene Planungsrechnungen.

Basis aller Teilbereiche des Rechnungswesens ist:

- zum einen die **Finanzbuchhaltung** (externes Rechnungswesen), die der Erfassung der Geschäftsvorfälle mit Externen und der Information externer Adressaten dient, und
- zum anderen die **Betriebsbuchhaltung** (internes Rechnungswesen), die den internen Entscheidungsträgern eine Informations- und Entscheidungsgrundlage bietet.

Die Finanzbuchhaltung ist in hohem Maße durch gesetzliche Vorschriften, die dem Schutz von Außenstehenden dienen, regelmentiert. Die Betriebsbuchhaltung dagegen ist eine weitgehend freiwillige Maßnahme der Unternehmen, auf deren Grundlage die wirtschaftliche Betriebsführung, insbesondere das Controlling, aufbaut.

Abb.86: Teilaspekte des betrieblichen Rechnungswesens

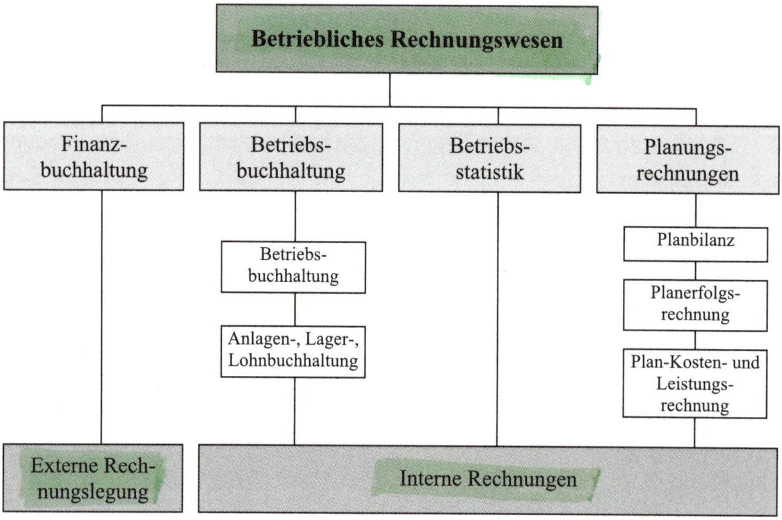

(Eilenberger 1991, S. 6)

Für die Zwecke der externen Analyse eines Betriebes sind vor allem die Finanzbuchhaltung und der hierauf basierende Jahresabschluss (Bilanz, Gewinn- und Verlustrechnung) von entscheidendem Erkenntniswert. Es sind überdies für den außenstehenden Betrachter nicht selten die einzigen Informationsquellen, die zur Verfügung stehen. Entsprechend hat sich eine Technik der Analyse entwickelt, die sog. Bilanzanalyse, die eine systematische Aufbereitung der veröffentlichten Daten ermöglicht.

Das betriebliche Rechnungswesen verfügt über eine **Terminologie**, die teilweise Begriffe beinhaltet, die auch in der Alltagssprache gebräuchlich sind. Im Gegensatz zum alltagssprachlichen Gebrauch finanz- und betriebswirtschaftlicher Begriffe, der häufig unscharf, mehrdeutig und damit missverständlich ist, verwendet die betriebswirtschaftliche Terminologie klar definierte und gegeneinander abgegrenzte Begriffe. Grundbegriffe im Rahmen des betrieblichen Rechnungswesens sind:

Einzahlungen, Einnahmen, Ertrag und **Leistung** einerseits sowie **Auszahlungen, Ausgaben, Aufwand** und **Kosten** andererseits.

Abb.87: Grundbegriffe der Finanz- und Betriebsbuchhaltung

Finanzbuchhaltung

Bilanz plus Gewinn- und Verlustrechnung;
Erfassung der wertmäßigen Außenbeziehungen des Betriebes

	Strömungsgrößen	
Bestandsgröße	Positive Bestandsveränderung	Negative Bestandsveränderung
Zahlungsmittelbestand = Kasse + jederzeit verfügbare Bankguthaben	**Einzahlung**	**Auszahlung**
Geldvermögen = Zahlungsmittelbestand + übrige Forderungen ./. Verbindlichkeiten	**Einnahme**	**Ausgabe**
Reinvermögen = Geldvermögen + Sachvermögen	**Ertrag**	**Aufwand**

	Leistungen	**Kosten**

Betriebsbuchhaltung

Kosten- und Leistungsrechnung;
Erfassung des betriebsbedingten Wertezugangs bzw. Werteverzehrs

7.1.2 Buchführung

In der Buchführung werden alle Geschäftsvorfälle eines Betriebes chronologisch erfasst und systematisch aufgezeichnet. Zusammen mit dem Inventar bildet sie die Grundlage für die Erstellung des Jahresabschlusses (Bilanz, Gewinn- und Verlustrechnung).

Grundsätzlich ist hierbei zwischen der kameralistischen Buchhaltung der öffentlichen Betriebe (Verwaltungen) und der kaufmännischen Buchhaltung der Unternehmen zu unterscheiden.

Die Kameralistische Buchhaltung beschränkt sich weitgehend auf eine Einnahmen-/Ausgabenrechnung. Der Erfolg eines Betriebes (Gewinn, Jahresüberschuss o.ä.) kann mit dieser einfachen Form der Buchhaltung nicht festgestellt werden. Die kameralistische Buchführung ist ein Instrument, um im Rahmen der Haushaltspläne die Einnahmen und Ausgaben der Exekutive durch die Legislative zu steuern. Von ihrer Grundorientierung bleibt sie auf der Ebene des Geldvermögens und kann Werterhöhungen und Wertverluste (Leistungen und Kosten) höchstens nachrichtlich ausweisen.

Die **einfache kaufmännische Buchhaltung** besteht im wesentlichen auf einer chronologischen Aufschreibung der Geschäftsvorfälle auf Bestandskonten, mit deren Hilfe sich durch Vermögensvergleich zum Periodenende der Betriebserfolg ermitteln lässt. Die Entstehung des Erfolges, die Entwicklung des Aufwandes und Ertrages sowie ihrer Struktur werden von der einfachen Buchführung jedoch nicht erfasst. Ebenso fehlt die immanente Kontrolle der Buchungen, da jeder Vorfall nur einfach gebucht wird. Eine systematische Aufspaltung in bestands- und erfolgswirksame Geschäftsvorfälle findet nicht statt. Die einfache kaufmännische Buchführung ist deswegen nur für Kleinstbetriebe geeignet, deren Geschäftstätigkeit auch ohne umfangreiches Rechnungswesen überschaubar bleibt. Als Kontroll- und Steuerungsinstrument größerer Unternehmen ist sie ungeeignet.

Die **doppelte kaufmännische Buchhaltung** (Doppik) ist der einfachen kaufmännischen Buchhaltung überlegen und dominiert in der Praxis. Die doppelte Buchführung basiert auf dem Prinzip von Buchung und Gegenbuchung, d.h. jeder Geschäftsvorfall wird doppelt erfasst. Dadurch ist zum einen eine immanente Kontrolle der Buchhaltung gewährleistet, zum anderen kennt sie neben den Bestandskonten eigenständige Erfolgs- und Finanzkonten und ermöglicht somit eine differenzierte Erfassung und Analyse sämtlicher Finanz- und Leistungsprozesse innerhalb der Unternehmung. Die doppelte kaufmännische Buchführung ist deshalb ein unentbehrliches Instrument der Unternehmensführung.

In ihrer heutigen Form ist die Doppik das Ergebnis eines Entwicklungsprozesses, der bis ins Mittelalter zurückreicht. Sie hat ihren Ursprung in den Geschäftspraktiken von Kaufleuten aus den Handelszentren des mittelalterlichen Italien. Sie lässt sich vor allem in Venedig, aber auch in Genua und Florenz bis in das 14. Jahrhundert zurück verfolgen. Von hier aus fand das Prinzip der doppelten Buchführung rasche Verbreitung in ganz Europa. In Deutschland führte bereits im 15. Jahrhundert Jacob Fugger (1459 - 1525) seine Bücher nach venezianischem Vorbild. Noch heute verweisen viele Begriffe aus der Terminologie der Buchführung (z.B. Bilanz, Agio) auf ihren geschichtlichen Ursprung.

7.1.3 Inventur

Neben der laufenden Buchführung ist die **Inventur,** also die Erstellung eines **Inventars,** eine notwendige Vorarbeit für den Jahresabschluss. Die Inventur soll zum Bilanzstichtag vorgenommen werden; dies bedeutet nicht, dass sie immer am Bilanzstichtag selbst durchgeführt wird. Die Bestandsaufnahme muss jedoch zeitnah zum Bilanzstichtag erfolgen.

Die **Inventur** ist eine körperliche Bestandsaufnahme sämtlicher Vermögens- und Schuldenbestände eines Unternehmens. Im einzelnen sind in das Inventar aufzunehmen und mit Werten zu versehen:

- Gegenstände des Anlagevermögens (materielle und immaterielle Vermögensgegenstände)
- Forderungen und Verbindlichkeiten
- der Betrag baren Geldes
- sonstige Vermögensgegenstände.

Das **Inventar** ist also ein Bestandsverzeichnis dieser betrieblichen Vermögens- und Schuldenbestände. Es stellt die Bestände nach Art, Menge und Wert zum Bilanzstichtag fest.

7.2 Jahresabschluss

Zum Ende jedes Geschäftsjahres ist von allen Unternehmen ein Jahresabschluss zu erstellen. Bei Einzelfirmen und Personengesellschaften genügt einen einfacher Jahresabschluss, der aus der Bilanz und der Gewinn- und Verlustrechnung besteht. Kapitalgesellschaften benötigen einen erweiterten Jahresabschluss, der zusätzlich noch einen Anhang und einen Lagebericht umfasst.

Abb. 88: Bestandteile des Jahresabschlusses

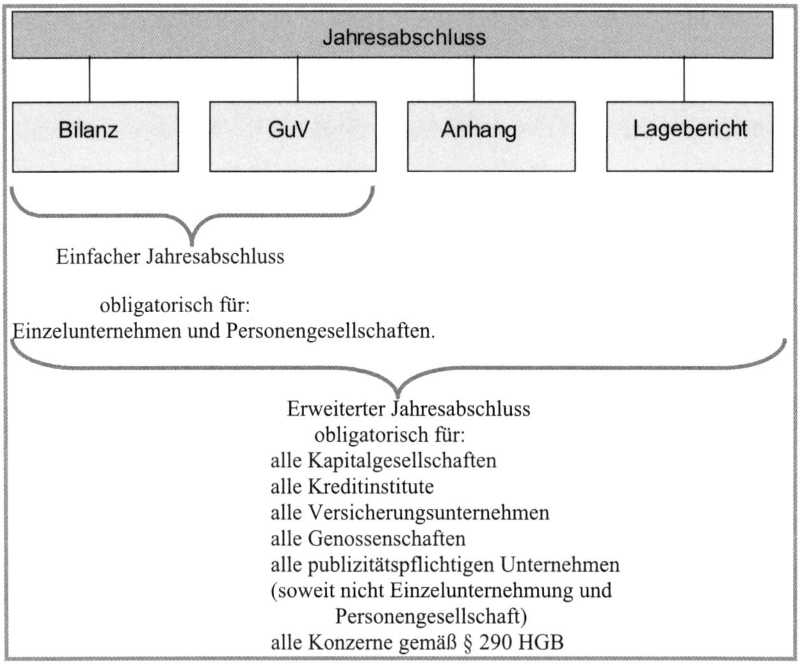

(nach Heinold 1995, S. 55)

7.2.1 Funktionen des Jahresabschlusses

Der Jahresabschluss hat mehrere Aufgaben zu erfüllen. Zum einen dient er der Information verschiedener Adressaten und der Dokumentation der Geschäftsdaten. Die eigentlichen Hauptzwecke sind aber die Feststellung des Gewinnes und - darauf aufbauend – die Regelung der Ausschüttung an die Eigentümer.

Abb.89: Aufgaben des Jahresabschlusses

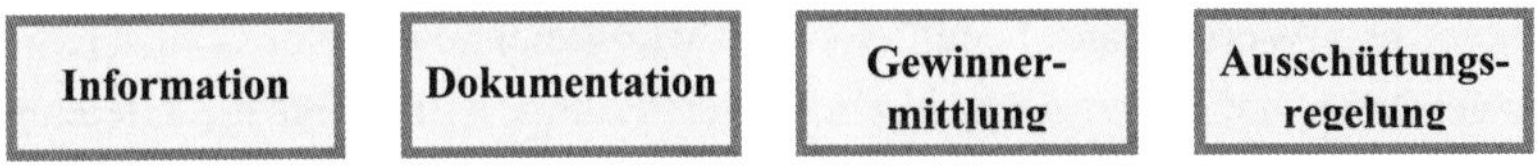

Die Informationsaufgabe des Jahresabschlusses besteht darin, den Informationsinteressen bestimmter Personengruppen gerecht zu werden. Hierbei wird unterschieden zwischen den internen Adressaten und den externen Adressaten. *(vgl. Wöhe 2002, S. 848)*

Die erste Gruppe besteht aus dem Management der Unternehmung, das aus den Daten elementare Informationen über die geschäftliche Situation im abgelaufenen Geschäftsjahr enthält. Zur zweiten Gruppe gehören im wesentlichen Gläubiger, Aktionäre, Arbeitnehmer, Finanzverwaltung sowie die interessierte Öffentlichkeit.

Zum Schutz der Interessen dieser Personenkreise hat der Jahresabschluss insbesondere die Aufgaben, die wirtschaftlichen Vorgänge des letzten Geschäftsjahres festzuhalten und analysierbar zu machen.

Daneben sollen diese Personenkreise im Rahmen des Jahresabschlusses auch Informationen erhalten, an denen sie ein berechtigtes Interesse haben können (Beispiel: Wie sicher ist die Rückzahlung eines Kredites für den Gläubiger?).

Außerdem interessiert externe Stellen die genaue Höhe ihrer an den Gewinn gekoppelten Zahlungsansprüche. Auch hier bildet der Jahresabschluss die entsprechende Grundlage.

Art und Umfang dessen, was im Jahresabschluss offengelegt werden muss, hängt von der Größe des Betriebes ab. Je größer dieser ist, um so detaillierter muss der Jahresabschluss erfolgen. Auch die Frage der Prüfpflicht vor der

Veröffentlichung durch einen unabhängigen Abschlussprüfer hängt von der Größe ab.

7.2.2 Elemente des Jahresabschlusses

7.2.2.1 Bilanz

Die Bilanz stellt die jeweiligen Bestände der Unternehmung an **Vermögen** und **Kapital** zu einem bestimmten Stichtag gegenüber. Die Werte resultieren aus dem am Ende des Geschäftsjahres vorgenommen Abschluss der einzelnen Konten. Das Wort Bilanz bedeutet soviel wie gleichgewichtige zweischalige Waage. Nach betriebswirtschaftlichem Verständnis ist hiermit die Gleichgewichtigkeit von unterschiedlichen aufgeführten Positionen gemeint, insbesondere die Wertgleichheit der beiden Seiten der Bilanz, also der Aktiva und der Passiva.

Abb. 90: Grundstruktur der Handelsbilanz nach dem HGB

Aktivseite	Passivseite
A Anlagevermögen	**A. Eigenkapital**
I Immaterielle Vermögensgegenstände	I Gezeichnetes Kapital
II Sachanlagen	II Kapitalrücklagen
III Finanzanlagen	III Gewinnrücklagen
	IV Gewinnvortrag/ Verlustvortrag
B. Umlaufvermögen	
I Vorräte	V Jahresüberschuss/ Jahresfehlbetrag
II Forderungen und sonstige Vermögensgegenstände	
III Wertpapiere	**B. Rückstellungen**
IV Flüssige Mittel	
	C. Verbindlichkeiten
C. Rechnungsabgrenzungsposten	**D. Rechnungsabgrenzungsposten**

(vgl. Schierenbeck 2000, S. 535)

Die **Aktivseite** weist aus, in welchen unterschiedlichen Formen das Kapital des Betriebes gebunden ist, bzw. investiert wurde.

Zum **Anlagevermögen** gehören diejenigen Gegenstände, die dem Betrieb über eine längere Zeit hinweg dienen sollen. Das **Umlaufvermögen** dagegen umfasst die Vermögenswerte, welche im Rahmen der Betriebstätigkeit beständig in den Betrieb hinein – und wieder aus ihm herausfließen. Es ist nach dem Kriterium der Liquiditätsnähe gegliedert.

Die **Passivseite** gibt Auskunft darüber, aus welchen unterschiedlichen Quellen das Kapital des Betriebes stammt. Hier werden die beiden grundsätzlich unterschiedlichen Gruppen, die Eigentümer und die Gläubiger des Betriebes unterschieden. Die Passiva gliedern sich in das **Eigen**- und das **Fremdkapital**. Das Fremdkapital wiederum besteht aus den Rückstellungen und den Verbindlichkeiten. Zum Eigenkapital eines Betriebes zählen auch die „stillen Reserven", welche sowohl durch Unterbewertung von Vermögenswerten (z.B. Beibehalten der Anschaffungskosten eines Grundstücks auch bei sehr hoher Wertsteigerung im Zeitablauf) als auch durch Überbewertung von Verpflichtungen gegenüber Gläubigern gebildet werden.

Abb. 91: Beispiel für eine Bilanz

Bilanz zum 31.12. ...			
Aktiva			**Passiva**
Anlagevermögen		**Eigenkapital**	**700**
Sachanlagen	750		
Finanzanlagen	200	**Fremdkapital**	
		Hypothek	480
		Verbindlichkeiten	320
Umlaufvermögen			
Vorräte	180		
Forderungen	220		
Zahlungsmittel	150		
Bilanzsumme	**1.500**		**1.500**

Stets werden beide Seiten der Bilanz zum Ausgleich gebracht, d.h. beide Bilanzseiten sind wertmäßig immer gleich. Die sich ergebende Differenz des Eigenkapitals gegenüber der Vorjahresbilanz stellt den Periodenerfolg dar.

Die sog. Bilanzgleichung lautet:

Gesamtwert des Vermögens = Gesamtwert des Kapitals.

Dieser Ausgleich ergibt sich dadurch, dass der Wert des Betriebes unter zwei verschiedenen Aspekten betrachtet wird: der Herkunft (Kapital) und der Verwendung (Vermögen) der Mittel.

In der Bilanz lassen sich bestimmte Strukturen erkennen, beispielsweise auf der Aktivseite das Verhältnis von Anlage- zu Umlaufvermögen oder auf der Passivseite das Verhältnis von Eigen- zu Fremdkapital. Diese Relationen können z.B. etwas über das längerfristig im Betrieb gebundene Kapital aussagen oder über die Abhängigkeit von Gläubigern.

Bei dem Erstellen der Bilanz ergibt sich das Problem, wie die einzelnen Positionen zu **bewerten** sind.

Hier gilt das grundlegende Prinzip der **kaufmännischen Vorsicht**, welches besagt, dass die wirtschaftliche Situation eines Betriebes keineswegs günstiger geschildert werden darf, als sie tatsächlich ist. Im Zweifelsfalle sind die Vermögenswerte niedriger zu bewerten (**Niederstwertprinzip**) und die Schulden höher (**Höchstwertprinzip**) als sie der tatsächlichen Situation entsprechen. Das HGB enthält eine Reihe von hier zu beachtenden Bewertungsprinzipien.

Zur Bewertung von Bilanzpositionen ist es weiterhin erforderlich, die Wertminderungen, welche sich z.B. durch Verschleiß oder Alterung ergeben, im richtigen Maße zu erfassen. Dieses ist die Aufgabe der **Abschreibungen**. Je nach der Vorhersehbarkeit werden planmäßige und außerplanmäßige Abschreibungen unterschieden.

Während für die außerplanmäßigen Abschreibungen keine allgemeinen Verfahren gelten, sind bei den planmäßigen Abschreibungen drei Verfahren möglich und zulässig

Abb. 92: Planmäßige Abschreibungen für Abnutzung (AfA)

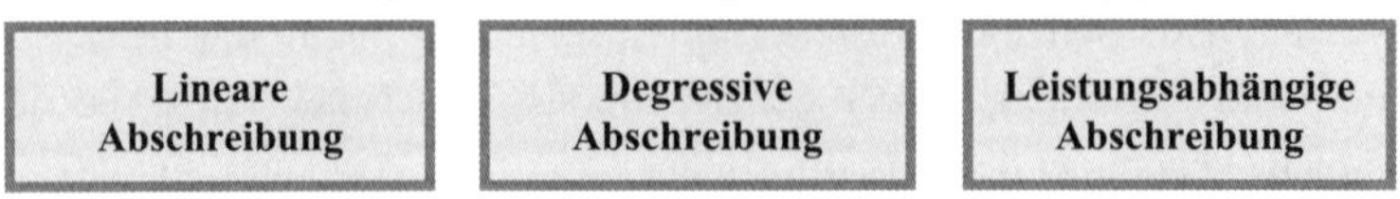

(1) Lineare Abschreibung

Bei der linearen Abschreibung wird der Basiswert des Vermögensgegenstandes (Anschaffungs/Herstellungskosten) in gleichbleibenden Jahresbeträgen über die voraussichtliche Nutzungsdauer abgeschrieben. Die jährlichen Abschreibungsbeträge ergeben sich aus der Division des Basiswertes durch die voraussichtliche Nutzungsdauer in Jahren. Wird also z.B. ein Wirtschaftsgut, das für 1.000,-- € angeschafft wurde und voraussichtlich vier Jahre genutzt werden kann, linear abgeschrieben, so kann im Jahr der Anschaffung und in den darauffolenden drei Wirtschaftsjahren eine Abschreibung für Abnutzung (AfA) von je 250,-- € angesetzt werden.

Behält das abzuschreibende Wirtschaftsgut auch nach vollständiger Abnutzung einen Restwert (Schrottwert), so sind die jährlichen Abschreibungsraten entsprechend zu kürzen. Vor der Division durch die Jahre der voraussichtlichen Nutzungsdauer sind die Anschaffungs-Herstellungskosten um den Betrag des Restwertes zu verringern. Behält in dem obigen Beispiel das angeschaffte Wirtschaftsgut auch nach völliger Abnutzung einen Restwert von 200,-- €, so kann es folglich mit nur 200,-- € jährlich abgeschrieben werden.

(2) Degressive Abschreibung

Die lineare Abschreibung entspricht nicht immer dem tatsächlichen Werteverzehr eines Gutes durch Abnutzung. Häufig verlieren Wirtschaftsgüter gerade in den ersten Jahren der Nutzung sehr schnell an Wert (z.B. PKW), während der jährliche Wertverlust mit zunehmendem Alter des Gutes abnimmt.

Bei der **geometrisch-degressiven Abschreibung** wird mit festen Prozentsätzen abgeschrieben, aber nicht, wie bei der linearen Methode, auf der Grundlage des Basiswertes, sondern vom jeweiligen Restbuchwert. Da sich der Restbuchwert von Periode zu Periode verringert, nehmen auch die Abschreibungsbeträge - bei gleichbleibenden Abschreibungsprozentsätzen - ab.

Allgemein gilt, dass die Abschreibungsprozentsätze auf den Restbuchwert er heblich höher sein müssen als die Abschreibungsprozentsätze auf den Basiswert (lineare Abschreibung), wenn eine gleiche wirtschaftliche Nutzungsdauer unterstellt und damit ein gleichlanger Abschreibungszeitraum angestrebt wird.

Im Gegensatz zur linearen Abschreibung ist nach dieser degressiven Methode eine völlige Abschreibung bis zum Restwert 0 nicht möglich. Ein Restwert muss deswegen immer berücksichtigt werden.

(3) Leistungsabhängige Abschreibung

Der leistungsabhängigen Abschreibung liegt nicht die Schätzung der voraussichtlichen Nutzungsdauer sondern eine Annahme über die bis zum endgültigen Verschleiß abgegebene Gesamtleistung zugrunde. Die Dauer der Abschreibung ist bei diesem Verfahren nicht von vornherein festgelegt, sie hängt vielmehr davon ab, wie sehr das Anlagegut beansprucht wird.

Zur Ermittlung der jährlichen Abschreibungsbeträge werden die Anschaffungs-/Herstellungskosten durch die erwartete Gesamtleistungsmenge des Wirtschaftsgutes dividiert und mit der im Geschäftsjahr tatsächlich abgegebenen Leistungsmenge multipliziert.

Dieses Verfahren ist besonders dann geeignet, wenn die Abnutzung des Wirtschaftsgutes durch seine tatsächliche Inanspruchnahme verursacht wird und nicht ein leistungsunabhängiger Alterungsprozeß darstellt. Sie kann also beispielsweise für Maschinen und Anlagen in Betracht kommen, die keinen nennenswerten Alterungsverschleiß aufweisen, sondern sich vor allem durch den Gebrauch abnutzen.

7.2.2.2 Gewinn- und Verlustrechnung

Die Gewinn- und Verlustrechnung ist im Gegensatz zur Bilanz eine Zeitraumrechnung. Der Erfolg wird bei ihr durch das Saldieren der gesamten Aufwendungen und Erträge ermittelt. Dabei werden diese den Abrechnungsperioden zugerechnet, in denen sie verursacht worden sind.

Weiterhin wird hier eine Trennung zwischen den betrieblich und den nicht betrieblich verursachten Aufwendungen und Erträgen vollzogen. Aus diesem Grunde kann diese Rechnung das Zustandekommen des betrieblichen Erfolges einer Abrechnungsperiode analytisch erklären.

Die Gewinn- und Verlustrechnung kann in Kontoform oder, wie bei Aktiengesellschaften ohnehin im Aktiengesetz vorgeschrieben, in Staffelform dargestellt werden. Die Staffelform hat den Vorteil größerer Übersichtlichkeit, außerdem erlaubt sie die Bildung von Zwischensummen.

7.2.2.3 Anhang und Lagebericht

(1) Der **Anhang** erfüllt die Aufgabe, die Angaben in der Bilanz und der Gewinn- und Verlustrechnung näher zu erläutern.

So enthält er u.a. Angaben über die zugrundegelegten Bilanzierungs- und Bewertungsmethoden bzw. deren Änderung, da ohne deren Kenntnis nicht ersichtlich ist, in welcher Weise eine Gesellschaft den erheblichen bestehenden bilanzpolitischen Spielraum genutzt hat.

Durch Angaben im Anhang ist es den externen Adressaten leichter möglich, Erkenntnisse über die betriebliche Situation und die Ertragslage zu gewinnen, die aus dem bloßen vorgelegten Zahlenwerk nicht hervorgeben.

(2) Zusätzlich zu dem Anhang hat jede Kapitalgesellschaft einen **Lagebericht** aufzustellen. Die hierin enthaltenen Angaben dienen dazu, die sonstigen Informationen des Jahresabschlusses weiter zu ergänzen und so ein deutlicheres Bild der augenblicklichen Lage zu ermöglichen.

Er enthält Informationen zum Geschäftsverlauf in der Berichtsperiode einschließlich Aussagen zur Markt-, Kosten- und Liquiditätssituation der Gesellschaft. Weiterhin werden hier wesentliche Vorgänge, welche nach dem Ende des Geschäftsjahres eingetreten sind, beschrieben.

Immer mehr Betriebe nutzen die mit dem Lagebericht gegebenen Möglichkeiten zu einer umfassenden den eigenen Zielen dienenden Informationspolitik.

7.3 Kostenrechnung

7.3.1 Aufgaben der Kostenrechnung

Die Kostenrechnung hat die Aufgabe, der Führung aktuelle Informationen über die Leistungsfähigkeit des Betriebes zur Verfügung zu stellen.

Hierbei lassen sich verschiedene Aufgabenstellungen unterscheiden, die mit der Kostenrechnung verfolgt werden, insbesondere:

- die Kontrolle der Wirtschaftlichkeit
- Informationen bezüglich der Preiskalkulation
- die Ermittlung des betrieblichen Erfolges als Gegenüberstellung von Leistungen und Kosten
- Informationen für andere Bereiche des Rechnungswesen, wie z.B. zur Bewertung fertiger und unfertiger Erzeugnisse anlässlich des Jahresabschlusses in der Geschäftsbuchführung.

Grundsätzlich dient die Kostenrechnung der Dokumentation der betrieblichen Ergebnisse der Vergangenheit, gleichzeitig aber auch der Steuerung des aktuellen Geschäftsgeschehens sowie der Planung zukünftiger Aktivitäten.

Die Kostenrechnung kann in folgende Teilbereiche gegliedert werden:

Abb. 93: Teilbereiche der Kostenrechnung

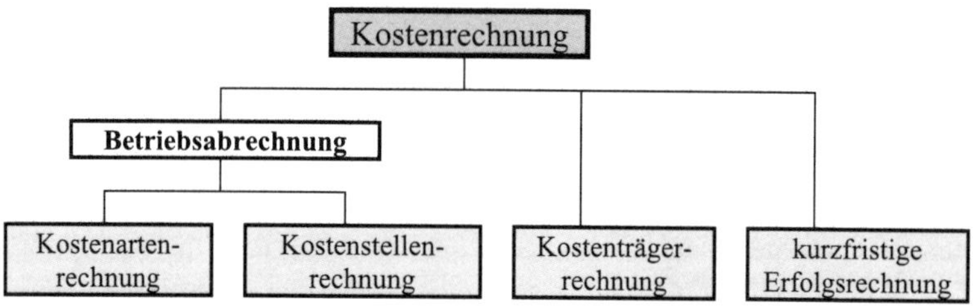

Die Ausgangsdaten der Kostenrechnung entstammen der **Kostenartenrechnung**. Diese bezieht sich auf die Frage, **welche** Kosten angefallen sind.

Die **Kostenstellenrechnung** zielt auf die Frage ab, **wo** die Kosten angefallen sind. Sie verrechnet die Kosten auf den jeweiligen Ort ihrer Entstehung. Diese beiden Bereiche werden der Betriebsbuchhaltung zugerechnet, die auch als Betriebsabrechnung bezeichnet wird. *(vgl. Dincher/Ehreiser/Müller-Godeffroy 2004, S. 109)*

Die **Kostenträgerrechnung** schließlich beantwortet die Frage, **wofür** die Kosten entstanden sind, d.h. für welches Produkt oder für welche Dienstleistung sie aufgewendet wurden.

7.3.2 Die Kostenartenrechnung

Die Aufgabe der Kostenartenrechnung besteht darin, die im Betrieb anfallenden Kosten zu erfassen und anzugeben, auf welche Weise die jeweiligen Kosten in der Kostenrechnung weiterzuverrechnen sind. Die Kostenartenrechnung kann daher als die Grundlage der gesamten Kostenrechnung bezeichnet werden.

Für eine richtige Erfassung der Kosten ist deren zweckentsprechende Gliederung erforderlich. Die Gliederung kann nach verschiedenen Kriterien vorgenommen werden:

- nach der Zurechenbarkeit
- nach der Abhängigkeit von der Beschäftigung
- nach der betrieblichen Funktion
- nach dem Verbrauchscharakter

(1) Nach der Zurechenbarkeit wird zwischen **Einzelkosten** und **Gemeinkosten** unterschieden. Die Einzelkosten können den einzelnen Leistungseinheiten bzw. den Kostenträgern direkt zugerechnet werden, während die Gemeinkosten nur mit Hilfe von Schlüsseln oder Zuschlagsätzen auf einen Kostenträger (Kostenträgergemeinkosten) oder eine Kostenstelle (Kostenstellengemeinkosten) verteilt werden können.

(2) Das Maß, in dem Kosten auf Beschäftigungsschwankungen reagieren, wird als Reagibilitätsgrad bezeichnet. Aufgrund unterschiedlichen Reagibilitätsgrades ist eine Einteilung in **fixe** und **variable** Kosten möglich. Fixe Kosten sind über einen bestimmten Zeitraum in der Höhe gleich, unabhängig davon, wieviel produziert wird. Bei den variablen Kosten besteht ein direkter Zusammenhang zwischen den entstehenden Kosten und dem Beschäftigungsgrad.

Nach dem jeweiligen Grad der Kostenveränderung im Verhältnis zur Änderung des Beschäftigungsgrades lassen sich drei Arten variabler Kosten unterscheiden:

- **Proportionale Kosten** entwickeln sich im gleichen Verhältnis zur Änderung der Beschäftigung
- **Progressive Kosten** steigen im Verhältnis zum Beschäftigungsanstieg überproportional
- **Degressive Kosten** entwickeln sich unterproportional gegenüber dem Steigen der Beschäftigung.

Kostenarten, welche sowohl aus fixen als auch aus variablen Elementen bestehen, werden als **Mischkosten** bezeichnet, wie z.B. Telefongebühren, die sich aus einer fixen Grundgebühr und variablen Kosten pro Gesprächseinheit zusammensetzen.

(3) Werden die Kosten nach den betrieblichen Funktionen gegliedert, so lassen sie sich u.a. einteilen in:

- Kosten der **Beschaffung**
- Kosten der **Lagerhaltung**
- Kosten der **Fertigung**
- Kosten des **Vertriebes**.

(4) Der verbrauchsbedingten Kostengliederung liegt die Einteilung der Kostenklasse 4 des Gemeinschaftskostenrahmens der Industrie (GKRI) zugrunde. Hiernach lassen sich unterscheiden:

- **Personalkosten**
- **Sachkosten**
- **Kapitalkosten**
- **Kosten für Drittleistungen** (z.B. Versicherungskosten)
- **Gebühren, Steuern** und **Beiträge.**

7.3.3 Die Kostenstellenrechnung

Die Kostenartenrechnung und liefert Erkenntnisse über Art und Höhe der Kosten. Der Aussagewert dieser Daten wird allerdings durch die Zurechnung der Kosten auf **Kostenstellen** wesentlich verbessert.

Es ist die Aufgabe der Kostenstellenrechnung, als Bindeglied zwischen Kostenartenrechnung und Kostenträgerrechnung Informationen für die betriebliche Entscheidungsfindung sowie für Wirtschaftlichkeitsberechnungen bereitzustellen. Darüberhinaus dient sie dazu, alle Gemeinkosten aus der Kostenartenrechnung, welche nicht unmittelbar auf die Kostenträger verteilt werden können, über die Kostenstellen weiterzuverrechnen.

Zur Durchführung der Kostenstellenrechnung ist es erforderlich, im gesamten Betrieb ein Organisationssystem einzführen, dessen Elemente die Kostenstellen als rechnungsmäßig abgegrenzte und kostenrechnerisch eigenständig abzurechnende betriebliche Teilbereiche sind. *(vgl. Eisele 2002, S. 675)* Bei deren Bildung ist es notwendig, dass sich für jede Kostenstelle genaue Bezugsgrößen für die Kostenverursachung finden lassen. Außerdem sollte für jede Kostenstelle ein Kostenstellenverantwortlicher benannt werden.

7.3.3.1 Arten von Kostenstellen

(1) Allgemeine Kostenstellen

Allgemeine Kostenstellen dienen der Funktion des gesamten Betriebes. Sie stehen nicht unmittelbar mit der Erstellung einer bestimmten betrieblichen Leistung in Verbindung. Beispiele hierfür sind u.a. die Verwaltungsstellen, die Kantine oder die Energie- und Wasserversorgung.

(2) Hauptkostenstellen

In den Hauptkostenstellen vollzieht sich der eigentliche Leistungsprozess. Die hier entstehenden Kosten werden nicht auf andere Kostenstellen weiter-, sondern unmittelbar auf die Kostenträger verrechnet. In einem Industriebetrieb werden zumeist Fertigungshauptstellen (z.B. Presswerk, Stanzerei) und Vertriebshauptstellen (wie Inlandsvertrieb, Export etc.) unterschieden.

(3) Hilfskostenstellen

Hilfskostenstellen unterstützen mit zuarbeitenden Leistungen die Hauptkostenstellen. Deren Kosten werden nicht direkt auf die Kostenträger, sondern auf andere Hilfskostenstellen oder Hauptkostenstellen umgelegt. Beispiele dafür sind in der Fertigung die Arbeitsvorbereitung oder das Lohnbüro und im Vertrieb Einheiten wie Verpackung oder Werbung.

7.3.3.2 Durchführung der Kostenstellenrechnung

Die Aufgabe der Kostenstellenrechnung besteht zunächst darin, die Kostenträgerrechnung vorzubereiten.

Bei dieser Funktion kann - wie bereits erwähnt - die Verrechnung der Einzelkosten unmittelbar auf die Kostenträger erfolgen. Dagegen sind die Kostenträgergemeinkosten (auch die Kostenstellengemeinkosten) zunächst über die Kostenstellenrechnung zu verrechnen, und zwar entsprechend dem Verursacherprinzip.

Abb. 94: Die Kostenstellenrechnung als Verbindung von Kostenarten- und Kostenträgerrechnung

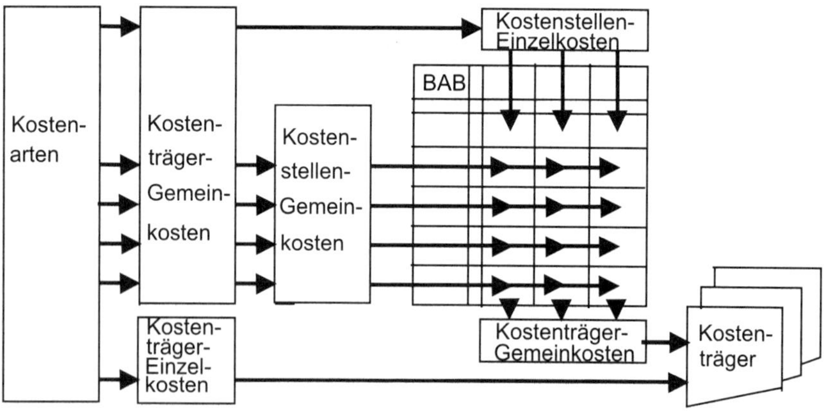

Dient die Kostenstellenrechnung auch der Kostenstellenkontrolle, so sind auch die Kostenträgereinzelkosten über die Kostenstellenrechnung zu führen.*(vgl. Dincher/Ehreiser/Müller-Godeffroy 2004, S. 124ff)*

In der Praxis wird die Kostenstellenrechnung normalerweise mit Hilfe des Betriebsabrechnungsbogens (BAB) durchgeführt, der meist monatlich erstellt wird. Dieses technische Hilfsmittel erfasst die Kosten in taballarischer Form, wobei normalerweise die Kostenstellen horizontal und die Kostenarten vertikal angeordnet sind.

Abb. 95: Beispiel für den Aufbau des Betriebsabrechnungsbogens (BAB)

Spalte / Zeile	Kostenstellen / Kostenarten	Erfassungsschlüssel	Verteilungsschlüssel	zu verrechnende Kosten	Allgemeine Kostenstelle	Fertigungshauptkostenstellen A	B	C	Fertigungshilfskostenstelle	Materialkostenstelle	Verwaltungskostenstelle	Vertriebskostenstelle
1	2	3	4	5	6	7	8	9	10	11	12	13
2	Gemeinkostenmaterial	Materialscheine	direkt	9 380	470	3 120	2 080	1 740	860	490	300	320
3	Energiekosten	Rechnungen	Verbraucher	6 500	890	1 950	1 020	1 510	740	150	120	120
4	Hilfslohnkosten	Lohnscheine	direkt	14 600	3 600	4 100	3 050	1 600	1 820	[illegible]	--	--
5	Gehaltskosten	Gehaltsliste	Tätigkeitenschlüssel	21 300	2 200	2 900	2 600	2 200	2 500	[illegible]	3 000	3 900
6	Sozialkosten	Lohn/ Ge-[illegible]	Pro-[illegible]ortional [illegible]	[illegible]	3 480	11 442	8 850	[illegible]	2 592	[illegible]	1 800	2 340

Die Erstellung des Betriebsabrechungsbogens geht in mehreren Schritten vor sich:

(1) Aufnahme der Einzelkosten

Sie dienen der Information, um mit ihrer Hilfe spätere Zuschlagssätze zu ermitteln.

(2) Aufnahme der primären Gemeinkosten

Sie stammen aus der Betriebsbuchhaltung. Diese Gemeinkosten sind tatsächlich in den Kostenstellen entstanden.

Abb. 96: Grundprinzip der Stellenverrechnung nach dem BAB-Verfahren

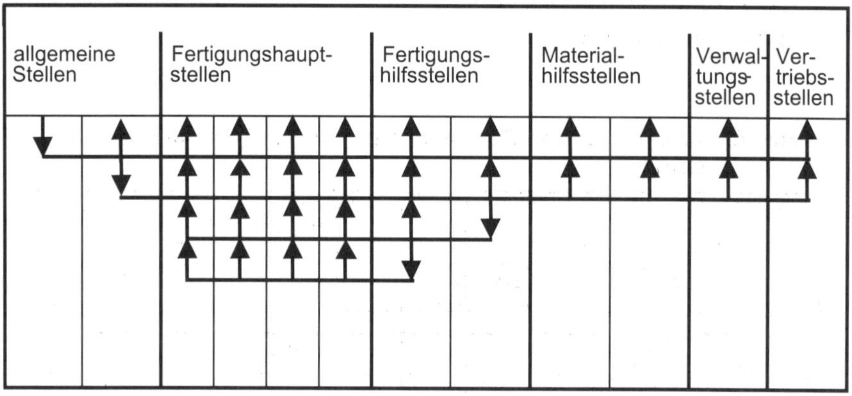

(3) Verteilung der primären Gemeinkosten

Sie werden auf die Kostenstellen verteilt, z.B. aufgrund von Belegen oder Verteilungsschlüsseln wie z.B. Raumgröße.

(4) Verteilung der sekundären Gemeinkosten

Die Summen der Gemeinkosten, die sich in den Hilfskostenstellen ergeben, werden auf die Hauptkostenstellen verteilt. Dies erfolgt mit Hilfe von Verteilungsschlüsseln.

(5) Bildung von Ist-Gemeinkostenzuschlägen

Sie werden ermittelt, indem die Gemeinkosten der einzelnen Hauptkostenstellen zu den in diesen Kostenstellen angefallenen Einzelkosten in Verbindung gesetzt werden.

(6) Ermittlung der Normal-Gemeinkosten

Sie kommen zustande durch die Multiplikation der jeweiligen Ist-Gemeinkosten mit den vorgegebenen Normal-Gemeinkostenzuschlagsätzen.

(7) **Vergleich der Ist- und Normal-Gemeinkosten**
Dieser Vergleich zeigt, ob eine Unterdechung (d.h. zu viel verbrauchte Kosten) oder eine Überdeckung vorliegt (d.h. zu wenig Kosten verbraucht wurden). *(vgl. Olfert/Rahn 2001, S.422)*

7.3.4 Die Kostenträgerrechnung

Die Kostenträgerrechnung ist die dritte Stufe der Kostenrechnung. In sie gehen die Einzelkosten aus der Kostenartenrechnung und die Gemeinkosten - in Form von Zuschlagssätzen - aus der Kostenstellenrechnung ein.

Die Kostenträgerrechnung dient:

- der Ermittlung und Beurteilung von Angebotspreisen
- der kurzfristigen Erfolgsermittlung,
- als Hilfsmittel zur Bewertung von Beständen (z.B. unfertiger und fertiger Erzeugnisse).

Die Kostenträgerrechnung kann auf einen bestimmten Zeitraum bezogen werden (Kostenträgerzeitrechnung) oder auf ein einzelnes Erzeugnis (Kostenträgerstückrechnung). Die Kostenträgerstückrechnung ermittelt die Selbstkosten für eine Kostenträgereinheit. Sie wird auch als **Kalkulation** bezeichnet.

Die bekanntesten Formen der Kalkulation sind

- Divisionskalkulation und die
- Zuschlagskalkulation.

(1) Divisionskalkulation
Bei der Divisionskalkulation handelt es sich um ein prinzipiell einfaches Verfahren, welches insbesondere diejenigen Betriebe anwenden, die einheitliche Produkte oder Leistungen erbringen wie z.B. Wasserwerke, Elektrizitätswerke oder Gaswerke.

Bei diesem Kalkulationsverfahren werden die gesamten Kosten eines Zeitraums dividiert durch die Anzahl der in diesem Zeitraum hergestellten Erzeugnisse.

$$\textit{Selbstkosten je Leistungseinheit} = \frac{\textit{gesamte Kosten}}{\textit{gesamte Leistungsmenge}}$$

Wenn in einem Betrieb mehrere Kostenträger existieren, so muss eine mehrstufige Divisionskalkulation angewendet werden.

Diese kann durchgeführt werden in Form der:

- Stufendivisionskalkulation
- Äquivalenzzahlenrechnung
- Veredelungsdivisionskalulation.

(2) Zuschlagskalkulation

Die Zuschlagskalkulation wird im Gegensatz zur Divisionskalkulation insbesondere in solchen Betrieben angewendet, welche vielfältige, heterogene Produkte herstellen. Für jede Erzeugniseinheit müssen in diesem Fall die Selbstkosten gesondert ermittelt werden. Hierfür ist eine Trennung in Einzel- und Gemeinkosten und deren - wie bereits beschrieben - unterschiedliche Zurechnung auf die Kostenträger erforderlich.

Nach der Feinheit der Gemeinkostenverrechnung werden zwei bedeutende Varianten der Zuschlagskalkulation unterschieden:

- die summarische Zuschlagskalkulation und
- die differenzierte Zuschlagskalkulation.

Bei der **summarischen Zuschlagskalkulation** werden die gesamten Gemeinkosten mit einem einheitlichen Zuschlagssatz auf die Leistungseinheiten verteilt.

Die **differenzierte Zuschlagskalkulation** dagegen arbeitet mit mehreren separaten Verrechnungssätzen.

7.3.5 Kostenrechnung in der öffentlichen Verwaltung

In der Vergangenheit war in der öffentlichen Verwaltung die kameralistische Buchführung üblich, welche vor allem durch die Rechnenschaft gegenüber der Legislative geprägt ist.

Die Kameralistik erfasst aber nur Zahlungsvorgänge (Einnahmen und Ausgaben) und keinen Wertevezehr (z.B. Abschreibunngen), daher kann sie die Kosten auch nicht den Leistungen zuordnen.

Mit der Einführung von neuen Steuerungsinstrumenten gewinnt die Effizienz und Effektivität der Verwaltungsleistungen an Bedeutung. Durch den Übergang von der Input-Steuerung zur Output-Steuerung, zur Budgetierung sowie mit der Defnition von Produkten gewinnt die Kostenrechnung an Bedeutung. Durch neu gefasste Bestimmungen des öffentlichen Haushaltsrechts ist die Einführung einer Kosten- und Leistungsrechnung in geeigneten Bereichen der öffentlichen Vewaltung nicht nur möglich, sondern teilweise sogar zwingend erforderlich. *(vgl. Schmidt 2001, S. 401)*

Mit dem Einsatz einer Kosten- (und Leistungs-)Rechnung in öffentlichen Verwaltungen sollen im wesentlichen die folgenden **Ziele** erreicht werden:

- Sie ermöglicht die Erhebung und Kontrolle der Wirtschaftlichkeit von Leistungsprozessen.
- Damit ist sie eine wesentliche Grundlage für die Einführung von Controlling in der öffentlichen Verwaltung.
- Durch sie werden wichtige Entscheidungsgrundlagen für Benchmarking-Prozesse oder Make-or-Buy-Entscheidungen bereitgestellt.
- Sie liefert die Grundlage für eine permanente Prozessoptimierung staatlichen Handelns und damit zur Entbürkratisierung.
- Mit ihrer Hilfe wird die bedarfsgerechte Mittelveranschlagung im Haushaltssystem optimiert.
- Sie liefert die Kalkulationsgrundlage für die Ermittlung kostendeckender Gebührensätze und Entgelte.

7.4 Wiederholungsfragen

	Lösungshinweise siehe Seite
181. Was versteht man unter Rechnungswesen?	217
182. Welche Teilebereiche umfasst das betriebliche Rechnungswesen?	217
183. Worauf basiert das betriebliche Rechnungswesen?	217
184. Welche Aufgaben kommen dem betrieblichen Rechnungswesen zu?	218
185. Wann spricht man von Einzahlungen bzw. Auszahlungen?	219
186. Beschreiben Sie kurz die kameralistische, die einfache und die doppelte kaufmännische Buchführung.	220
187. Unterscheiden sie die Begriffe Inventur und Inventar.	221
188. Was ist im einzelnen im Inventar zu verzeichnen?	221
189. Erläutern Sie die verschieden Funktionen des Jahresabschlusses.	223
190. Welche Positionen umfasst eine Bilanz?	224
191. Geben Sie anhand frei gewählter Zahlen eine Beispiel für eine einfache Bilanz.	225
192. Erläutern Sie den Unterschied zwischen der linearen und der geometrisch-degressiven Abschreibung.	227/228
193. Welche Aufgaben kommen der Kostenrechnung zu?	230
194. Nennen und erläutern Sie die Kriterien für die Gliederung der Kostenarten.	231/232
195. Beschreiben Sie die verschiedenen Kostenstellen.	233/234
196. Geben Sie anhand beliebiger Zahlen ein Beispiel für den Aufbau des BAB.	235
197. Beschreiben Sie die Divisions- und die Zuschlagskalkulation..	237/238
198. Welche Ziele verfolgen Verwaltungen mit der Einführung der Kosten- und Leistungsrechnung?	239

8 Übungsaufgaben und Aufgabenlösungen

8.1 Übungsaufgaben

Aufgabe 1:
Unternehmensbesteuerung

Die GmbH des Rentiers Dagobert D. aus Entenhausen erzielt einen Jahresüberschuss € 2.000,-- (vor Steuer), der - nach der Besteuerung - vollständig an Dagobert ausgeschüttet wird. Sein individueller Einkommensteuersatz beträgt 30 %, die Körperschaftssteuer beläuft sich auf 25 %.

Wenn andere Einzelheiten des Steuerrechts vernachlässigt werden - wie hoch (in €) ist dann die gesamte Steuerbelastung dieser Einkünfte (unter Zugrundelegung des deutschen Halbeinkünfteverfahrens) und welchem durchschnittlichen Steuersatz entspricht diese Steuer?

Aufgabe 2:
Standortwahl

Eine Unternehmung prognostiziert für die folgenden Geschäftsjahre u. a. folgende Daten:

Jahresüberschuss	1.000.000 €
Fremdkapitalzinsen	300.000 €

Die Unternehmung überlegt, ob sie – zunächst nur auf diese Planwerte gestützt – den Firmensitz im Land A belassen oder nach Land B verlegen sollte. Im Land A gelte ein Unternehmensertragsteuersatz von 40 %, wobei die FK-Zinsen nicht als Betriebsausgaben berücksichtigt werden können, während im Land B ein Steuersatz von 50 % verlangt wird, die FK-Zinsen aber als Betriebsausgaben vor Anwendung des Steuersatzes abgezogen werden können.

Welches Land sollte unter dem Gesichtspunkt der Minimierung der Unternehmensertragsteuerzahlungen als Standort gewählt werden?

Wie hoch sind die effektiven Steuersätze In den Ländern A und B?

Aufgabe 3:
Entscheidung unter Risiko und Unsicherheit

Gegeben sei folgende Nutzwertmatrix:

Aktionenraum	Zustandsraum			
	z_1	z_2	z_3	z_4
a_1	10	15	35	40
a_2	15	20	30	25
a_3	20	30	25	15
a_4	10	15	25	35

(1) Berechnen Sie die Erwartungswerte für a_1 - a_4 bei folgenden Wahrscheinlickeiten: $p(Z_1) = 0{,}2$; $p(Z_2) = 0{,}1$; $p(Z_3) = 0{,}3$; $p(Z_4) = 0{,}4$.

(2) Welche Aktion wählen Sie bei $p(Z_1) = 1$?

(3) Für welche Aktion entscheiden Sie sich nach:
a) der Maximin-Regel,
b) der Maximax-Regel?

(4) Für welche Aktion entscheiden Sie sich nach der Hurwicz-Regel bei einem Optimismusparameter von = 0,4?

Aufgabe 4:
Entscheidung unter Risiko

Das Unternehmen Gerd Sauertopf GmbH (Hersteller von Wurst- und Fleischwaren) möchte in der kommenden Periode seinen Umsatz möglichst stark ausweiten. Dazu stehen ihm vier unterschiedliche Marketingstrategien zur Verfügung, die sowohl preispolitisch als auch werbepolitisch verschieden ansetzen.

Die zukünftigen Umsatzergebnisse hängen nun nicht nur von der Wahl der Strategie, sondern auch von der künftigen konjunkturellen Entwicklung (gemessen in den Veränderungsraten des realen Bruttosozialprodukts) ab. Denkbar sind Wachstumsraten von 0, 1, 2 und 3%.

Die Marketingstrategien sind so ausgedacht, daß sie z.T. relativ erfolgreicher bei geringen Wachstumsraten, z.T. erfolgreicher bei hohen Wachstumsraten sein werden.

Entsprechend der möglichen Wachstumsraten 0, 1, 2 und 3% ergeben sich mögliche Umsätze von:

Alternative A1: 16, 17, 18 und 19 Mill €

Alternative A2: 15, 16, 19 und 20 Mill €

Alternative A3: 14, 16, 18 und 22 Mill €

Alternative A4: 12, 16, 20 und 24 Mill €

Der Alleinunternehmer Fritz G. Sauertopf jr. hat im Herbstgutachten der Forschungsinstitute gelesen, daß sie Szenarien der Wirtschaftsentwicklung vorgestellt haben, die sie für unterschiedlich wahrscheinlich halten. Der Wachstumsrate von 0% wird eine Wahrscheinlichkeit von 10%, der Wachstumsrate von 1% eine Wahrscheinlichkeit von 30%, der Wachstumsrate von 2% eine Wahrscheinlichkeit von 40% und der Wachstumsrate von 3% eine Wahrscheinlichkeit von 20% zugeschrieben,

(1) Für welche Marketingstrategie sollte sich das Unternehmen entscheiden?

(2) Wie sähe die Entscheidung bei:

0% Wachstum = 20% Wahrscheinlichkeit,
1% Wachstum= 30% Wahrscheinlichkeit,
2% Wachstum = 40% Wahrscheinlichkeit und
3% Wachstum= 10% Wahrscheinlichkeit aus?

Aufgabe 5:
Entscheidung unter Unsicherheit

Ein stark exportorientiertes Unternehmen plant, im kommenden Jahr einen neuen Produktionsbereich aufzunehmen. Drei Sortimentvarianten sind dabei denkbar (A_1, A_2 und A_3).

Je nach Entwicklung des Yen-Kurses sind jeweils unterschiedliche Umsätze möglich:

Fällt der Yen-Kurs um durchschnittlich 5%, betragen die zu erwartenden Umsätze: (A_1 = 5 Mill.; A_2 = 10 Mill.; A_3 = 15 Mill.);

bleibt der Yen-Kurs gegenüber der € konstant, dann ist mit folgenden Ergebnissen zu rechnen: (A_1 = 9 Mill.; A_2 = 9 Mill.; A_3 = 9 Mill.);

steigt der Yen-Kurs um durchschnittlich 5%, dann ist mit folgender Umsatzentwicklung zu rechnen: (A_1 = 20 Mill.; A_2 = 10 Mill.; A_3 = 6 Mill.).

Wie viele Wechselkurse außerhalb des EWS erweist sich auch der Yen-Kurs als nicht prognostizierbar. Welche denkbaren, rationalen Entscheidungsalternativen bieten sich dem Management?

Unterstellen Sie in einem Fall einen Optimismus-Parameter von 0,2 !

Aufgabe 6:
Entscheidung nach der Hurwicz-Regel

Der Student Bertal Steinein erhält folgende Prüfungsaufgabe:

„Angenommen Sie können mit 20 € Einsatz

entweder beim neuen *Bingo-Twingo-Spiel*

20 € gewinnen, wenn XA eintritt oder
10 € gewinnen, wenn XB eintritt oder
30 € gewinnen, wenn XC eintritt oder
40 € gewinnen, wenn XD eintritt

oder mit 20 € Einsatz beim neuen *Nix-Nutz-Spiel*

50 € gewinnen, wenn XB eintritt oder
20 € gewinnen, wenn XD eintritt oder
nichts gewinnen, wenn XA und XC eintreten.

Über die Wahrscheinlichkeit des Eintritts der Ereignisse XA, XB, XC und XD ist nichts bekannt. Ihr Optimismus-Parameter sei 0,6. Wie soll er sich entscheiden?“

Steinein weiß keine Antwort. Können Sie ihm helfen?

(Denken Sie daran: Bei solchen Spielen geht es um die Netto-Erträge, alles andere heißt, sich in die Tasche zu lügen!)

Aufgabe 7:
Nutzwertanalyse ‚Dienstwagen'

Für die B-Verwaltung soll ein neuer **Dienstwagen** angeschafft werden. Bei der Entscheidung für ein bestimmtes Modell sollen 7 Kriterien berücksichtigt werden.Bei einem paarweisen Vergleich der Kriterien ergeben sich im einzelnen folgende **Präferenzen**:

Die **Anschaffungskosten** sind wichtiger als alle anderen Kriterien mit Ausnahme des Service.

Die **Unterhaltskosten** werden als bedeutsamer angesehen als der Benzinverbrauch, der Komfort und der Service, jedoch als weniger wichtig als die Kofferraumgröße und die Wendigkeit.

Der **Benzinverbrauch** hingegen wird im Vergleich zur Kofferraumgröße und zum Service als bedeutsamer erachtet, jedoch nicht im Vergleich zum Komfort und zur Wendigkeit.

Die **Kofferraumgröße** ist bedeutsamer als Komfort und Wendigkeit aber unwichtiger als der Service.

Wendigkeit und **Service** wiederum sind wichtiger als Komfort, wobei dem Service im Vergleich zur Wendigkeit die größere Bedeutung beigemessen wird.

(1) Erstellen Sie nach diesen Präferenzen ein **Präferenzdreieck**.

(2) Ermitteln Sie die **Vorzugshäufigkeiten** und deren Summe, die **Rangplätze** und die **Gewichtung** (in %) der Kriterien.

Aufgabe 8:
Akzeptanz und Diskriminanz

Bei einer Nutzwertanalyse wurden für die drei einbezogenen Alternativen folgende Nutzwerte errechnet:

Nutzwert Alternative A: 800

Nutzwert Alternative B: 650

Nutzwert Alternative C: 500

Wie hoch sind die **Diskriminanz** und die **Akzeptanz**, wenn die Bewertung der Alternativen mit einer Zehnerskala und die Gewichtung in % vorgenommen wurde?

Aufgabe 9:
Nutzwertanalyse ‚DV-Anlage'

Der Behörde A-Amt liegen für die neu anzuschaffende *EDV-Anlage* 3 Angebote vor.

Hinsichtlich der Kriterien, die bei der Auftragsvergabe berücksichtigt werden sollen, wurden den Angeboten von maximal fünf möglichen Punkten (5 Punkte = "sehr gut") folgende **Punktwerte** zugeordnet:

Kriterium	**Bewertung**		
	Angebot		
	1	**2**	**3**
Anschaffungspreis	5	3	4
Unterhaltskosten	4	1	3
Betriebssicherheit	3	4	4
Kundendienst	2	5	3
Handhabung	3	4	1

Für die **Gewichtung** der Kriterien gilt folgendes:

Die beiden Kostenkriterien sollen zusammen mit 30 % in die Bewertung einfließen, wobei der Anschaffungspreis doppelt so stark gewichtet wird wie die Unterhaltskosten. Betriebssicherheit hat das gleiche Gewicht wie die Unterhaltskosten. Der Kundendienst hat das doppelte Gewicht wie die Handhabung.

(1) Ermitteln Sie mit Hilfe einer Nutzwertanalyse das beste Angebot.

(2) Ist das Ergebnis laut zufriedenstellend, wenn von der besten Alternative mindestens 75 % der Gesamtpunktzahl erreicht werden sollen (Akzeptanz) und die Differenz zur nächstbesten mindestens 10 %-Punkte (Diskriminanz) betragen soll?

Aufgabe 10:
Nutzwertanalyse ‚Rechenzentrum'

Soll in einer Behörde ein **zentrales Rechenzentrum** eingerichtet werden, oder sollen die einzelnen Abteilungen mit **dezentralen Rechnereinheiten** ausgerüstet werden?

Folgende Kriterien sollen dabei berücksichtigt werden:

(1) Anschaffungskosten
Die Anschaffungskosten für das zentrale Rechenzentrum liegen bei 75 % der maximal zulässigen Anschaffungskosten. Die Anschaffungskosten bei dezentralen Rechnern belaufen sich auf 50 % der maximal zulässigen Anschaffungskosten. Anschaffungskosten von unter 60 % der maximal zulässigen werden als "sehr gut" (5 Punkte) angesehen.

(2) Unterhaltskosten
Die Unterhaltskosten sind mit maximal 25.000,- € pro Monat vorgegeben. Bei einem zentralen Rechenzentrum liegen sie um 10 % höher als bei dezentralen Computern. Dort betragen die Unterhaltskosten maximal 10.000,- € pro Monat. Dezentrale Rechner haben "sehr gute" Unterhaltskosten.

(3) Störanfälligkeit
Bei Störungen kann bei den vorgesehenen dezentralen Rechnern innerhalb von zwei Stunden auf andere Geräte umgestiegen werden, bei zentralen Re-

chenzentren fällt der gesamte EDV-Betrieb für acht Stunden aus. Die maximal zulässige Ausfallzeit liegt bei zehn Stunden. Ein sehr günstiger Wert ist eine Ausfallzeit von einer Stunde.

(4) Kommunikation
Dezentrale Rechner erschweren im Gegensatz zu zentralen Rechenzentren die Datenkommunikation im Unternehmen geringfügig. Auf einer Fünferskala ergeben sich für die dezentrlae Lösung drei, für das zentrale Rechenzentrum vier Punkte.

(5) Fachwissen
Beim der dezentralen Lösung sind die Anforderungen an das EDV-Wissen der Mitarbeiter beträchtlich höher als bei einem zentralen Rechenzentrum. In einer Fünfpunktenutzwertskala von "sehr gering" bis "sehr hoch" ist das EDV-Wissen der Mitarbeiter hier als "hoch", bei einem zentralen Rechenzentrum hingegen als "gering" zu bezeichnen. Beachten Sie bitte, dass das hohe Fachwissen der Mitarbeiter den Betrieb Geld kostet.

(1) Welche Alternative ist die günstigste, wenn sie von folgenden Gewichtungen ausgehen: Anschaffungskosten 20%, Unterhaltskosten 30%, Störanfälligkeit 20%, Kommunikation 15% und Fachwissen 15% ?

(2) Ist das Ergebnis bei 65 % Akzeptanz- und 15 % Diskriminanzniveau zur Entscheidung hinreichend eindeutig und annehmbar?

Aufgabe 11:
Nutzwertanalyse ‚Schreibdienst'

Bereiten Sie mit Hilfe der Nutzwertanalyse eine Entscheidung für folgenden Sachverhalt vor:

Soll in einer Behörde ein zentraler Schreibdienst eingerichtet werden oder sollen die Schreibarbeiten durch Schreibkräfte erledigt werden, die einzelnen Abteilungen direkt zugeordnet werden?

Folgende Kriterien sollen berücksichtigt werden:

(1) Zeitbedarf
Der Zeitbedarf für das Anfertigen von Schriftstücken liegt bei einem zentralen Schreibdienst bei 80 % des maximal zulässigen Zeitbedarfs. Direkt zugeord-

nete Schreibkräfte haben 45 % des maximal zulässigen Zeitbedarfs. Ein Zeitbedarf von unter 30 % würde als "sehr gut" einzustufen sein.

(2) Selbständigkeit
Von den delegationsfähigen Aufgaben können direkt zugeordnete Schreibkräfte 75 % selbständig erledigen. Bei einem zentralen Schreibdienst ist dies nur für 25 % der Fall. Den Erfordernissen voll gerecht würde eine Quote von mindestens 80 %. Eine Quote von unter 50 % wäre als ungenügend (1 Punkt) zu bewerten.

(3) Verfügbarkeit
Für Urlaubs- und Krankheitsvertretungen fallen bei zentralem Schreibdienst Zusatzkosten in Höhe von € 35.000,- an. Bei direkt zugeordneten Schreibkräften sind es € 65.000,-. Maximal zulässig sind € 80.000,-. Als "sehr gut" würde man Zusatzkosten von weniger als 20.000,- € einstufen.

(4) Auslastung
In einer fünfteiligen Skala von "sehr gering" bis "sehr hoch" kann die Auslastung des zentralen Schreibdienstes mit "sehr hoch", die der direkt zugeordneten Schreibkräften mit "durchschnittlich" bewertet werden.

Rechnen Sie eine Nutzwertmatrix und beantworten Sie folgende Fragen:

(1) Welche Lösung ist bei folgenden Gewichtungen die günstigste? Zeitbedarf 25%, Selbständigkeit 15%, Verfügbarkeit 20% und Auslastung 40% ?

(2) Welche Lösung(en) ist/sind akzeptabel (Akzeptanz), wenn 75 % der erreichbaren Punktzahl das akzeptable Minimum darstellt?

(3) Sind die Nutzwerte hinlänglich vergleichbar (Diskriminanz), wenn eine Differenz von 10 % der max. erreichbaren Punkte zwischen den Lösungen vorausgesetzt wird?

(4) Welche 3 Lösungsansätze für den Entscheidungskonflikt "Nichtaktzeptierbarkeit" sind sinnvoll?

Aufgabe 12:

Nutzwertanalyse ‚Stromversorgung'

Eine Forschungsstation auf einer südlichen Karibikinsel benötigt für ihren Betrieb eine Stromversorgung. Zur Wahl stehen ein dieselbetriebenes Stromaggregat und ein Solargenerator.

Das Dieselaggregat kostet 15.000,-- € und verursacht laufende Betriebskosten von 580,-- € pro Tag. Seine Lebensdauer wird mit fünf Jahren veranschlagt. Kraftstoff kann für acht Monate bevorratet werden. Das Aggregat muß einmal im Monat überprüft und gewartet werden. Die Wahrscheinlichkeit, daß es zu Störungen kommt, die vom Forscherteam selbst nicht behoben werden können, wird mit 20 % angenommen.

Der Solargenerator kostet in der Anschaffung 45.000,-- €, verursacht aber lediglich Betriebskosten von 50,-- € täglich. Er erreicht eine durchschnittliche Lebensdauer von 30 Jahren. Die Anlage ist autonom, sie arbeitet auch dann, wenn die Station von der Außenwelt abgeschnitten ist. Zweimal im Jahr muß die Anlage überprüft und gewartet werden. Die Wahrscheinlichkeit für nicht selbst behebbare Störungen liegt unter 1 %.

Die beiden Anlagen werden mit Hilfe einer Nutzwertanalyse miteinander verglichen und bewertet.

Die **Anschaffungskosten** gehen mit einem Gewicht von 10 % in die Bewertung ein. Kosten von unter 10.000,-- € werden als sehr gut (5 Punkte) bewertet, für je weitere angefangene 10.000,-- € wird ein Punkt bei der Bewertung abgezogen bis max. 1 Punkt.

Die **Unterhaltskosten** haben die Hälfte des Gewichtes der Wartungsintensität. Unterhaltskosten von mehr als 800,-- € täglich werden als sehr schlecht bewertet (1 Punkt). Kosten von z. B. 401,-- € bis 600,-- € würden mit drei Punkten bewertet.

Die **Lebensdauer** erhält das fünffache Gewicht der Unterhaltskosten. Für je angefangene sieben Jahre Lebensdauer wird ein Bewertungspunkt vergeben.

Die **Autonomie** der Anlage wird mit fünf Prozentpunkten niedriger gewichtet als ihre Lebensdauer. Ein Punkt wird vergeben, wenn sie weniger als sechs Monate ohne Treibstofflieferung auskommt. Die weitere Punktvergabe erfolgt in Sechs-Monats-Intervallen bis maximal fünf Punkte.

In Bezug auf die **Wartungsintensität** werden bei bis zu einer Wartung pro Jahr fünf Punkte vergeben. Für jede weitere Wartung pro Jahr wird je ein Punkt abgezogen, bis max. 1 Punkt.

Mit dem dreifachen Gewicht der Anschaffungskosten beziehungsweise dem sechsfachen Gewicht der Unterhaltskosten wiegt die **Störanfälligkeit** am stärksten. Bei der Störungswahrscheinlichkeit (p) von: $p > 0.08$ wird mit einem Punkt bewertet. Der Extremwert der Skala am oberen Ende wird bei $p = 0$ erreicht.

(1) Führen Sie nach diesen Angaben eine Nutzwertanalyse durch.

(2) Berechnen Sie auch Akzeptanz und Diskriminanz der besseren Alternative.

Aufgabe 13:
Organisatorische Tiefengliederung

In Abhängigkeit von der Leitungsspanne ist eine Organisation mehr oder weniger tief gegliedert. Bei hoher Leitungsspanne erhält man eine flache Organisation mit nur wenigen Hierarchieebenen.

Stellen Sie die Vor- und Nachteile einer flachen Organisation dar.

Aufgabe 14:
Funktionalorganisation

Der Vorstand der Blitzblank Putzwaren AG in Berlin beauftragt Sie als Organisator, für das Unternehmen eine Funktionalorganisation zu gestalten.

Dabei sollen die folgenden Abteilungen vertreten sein:

Verkauf
Personalwesen
Werbung
Einkauf
Finanz- und Rechnungswesen
Materiallager

Weiterhin ist vorgegeben, dass dem Vorstand vier Hauptabteilungsleiter unterstehen, denen die genannten Abteilungen in geeigneter Weise unterstellt sind.

Gestalten Sie einen entsprechenden Organisationsplan.

Aufgabe 15:
Funktionen der Führung

Führung kann im allgemeinen als ein zielgerichteter kommunikativer Prozess verstanden werden. Insbesondere fällt der Führung eine Lokomotions- und Kohäsionsfunktion zu.

Nennen Sie jeweils beispielhaft einzelne Aktivitäten, welche diesen beiden Funktionen dienen.

Aufgabe 16:
Führung der Führungskräfte

Die meisten Vorgesetzten sind zugleich Mitarbeiter eines höheren Vorgesetzten.

Welche Probleme können sich daraus ergeben und welche Konsequenzen sind ggf. zu ziehen?

Aufgabe 17:
Management by Objectives

Das Photospass-Versandhaus verkauft Fotogeräte aller Art. Der Geschäftsführer, Herr Klug, besuchte kürzlich ein Führungskräfteseminar. Nachdem er sich daraufhin intensiv mit der Führungspraxis im eigenen Unternehmen auseinandergesetzt hatte, kamen ihm Zweifel, ob das dort angewendete Führungskonzept „Management by Objectives" wirklich in optimaler Art und Weise umgesetzt wird. Bedenklich stimmt ihn vor allem auch die hohe Fluktuation in seinem Unternehmen.

Die Abteilungsleiter der Bereiche Beschaffung, Vertrieb und Verwaltung bittet er um eine Stellungnahme, welche Ziele sie aus den übergeordneten Unternehmenszielen für ihren Bereich abgeleitet haben und wie sie dabei vorgegangen sind.

Die übergeordneten Ziele des Photospass-Versandhauses für das nächste Jahr lauten:

Steigerung des Umsatzes um 8%

Steigerung der Eigenkapitalrentabilität um 4%

Verringerung der Mitarbeiterfluktuation um 20%

Abteilungsleiter Beschaffungsbereich:
Dieser erläutert, er habe nach langer und gründlicher Überlegung, wozu er nur an den Wochenenden Zeit habe, folgende Zielsetzungen für seinen Unternehmensbereich erarbeitet:

Senkung der Lagerkosten im kommenden Jahr um 5%

Senkung der bestellfixen Kosten um 10% im neuen Jahr

Seine Mitarbeiter sollen diese Zielvorgaben umsetzen.

Abteilungsleiter Vertriebsbereich:
Er hat mit seinen Verkäufern in mehreren Sitzungen Zielvorgaben für die künftigen Verkaufsziele erarbeitet, wobei die Verkäufer entsprechende Vorschläge vorlegen. Daraus ergibt sich eine anzustrebende Umsatzsteigerung von 8%.

Gleichzeitig wird aufgrund der Verkäuferauffassung eine leistungsabhängige Entlohnung vorgeschlagen.

Abteilungsleiter Verwaltungsbereich:
Der Abteilungsleiter traf sich mit seinen Mitarbeitern und erläuterte ihnen die übergeordneten Unternehmensziele für das kommende Jahr. Er unterstrich die besondere Bedeutung, die er diesen Zielen beimesse.

Wie beurteilen Sie das Verhalten der einzelnen Abteilungsleiter?

Aufgabe 18 :
Kosten der Materialbeschaffung

Bei der Ermittlung der optimalen Bestellmenge sind drei Kostengrößen zu berücksichtigen.

Welche sind dies und aus welchen Kostenarten setzen sie sich jeweils zusammen?

Aufgabe 19 :
Optimale Bestellmenge

Anton Übel ist in seinem neuen Job als Einkaufsleiter einer Software-Firma beschäftigt. Nun geht es um eine Bestellung von Schreibpapier.

Egal welche Mengen Anton Übel kauft, die 500 Blatt-Packung kostet stets € 2,99. Dafür steigen die Lagerkosten pro Packung (KL) mit der Funktion

$$KL = 0{,}01 \cdot Q$$

(Q ist die Anzahl der Packungen).

Die Lagerkosten (LK) betragen dann

$$LK = 0{,}01 \,.\, Q^2$$

(da KL = LK/Q), während die bestellfixen Kosten (KB) € 100 betragen und auf die Packungen gleichmäßig zu verteilen sind (BK = 100/Q).

Bei welcher Menge an Paketen kauft Anton Übel zu minimalen Kosten pro Packung ein??

Aufgabe 20 :
Fertigungsmethoden

Die Firma BLECHTOY GmbH stellt historische Spielwaren her. Dabei wurde weitgehend manuell in einzelnen Werkstätten etwa 200 Erzeugnisse im Monat produziert. In der letzten Zeit beobachtet Herr Tüftler, der Inhaber dieser Firma, einen kontinuierlichen Anstieg des Absatzes. Aus diesem Grunde fragt er Sie um Rat, ob er seine Fertigung von der Werkstattfertigung auf eine Fließfertigung umstellen sollte. Dabei sollen Sie die Vor- und Nachteile beider Fertigungsverfahren gegeneinander abwägen. Was erwidern Sie Herrn Tüftler?

Aufgabe 21 :
Dienstleistungsproduktion

Herr Pfiffig hat von seinen Eltern ein Hotel geerbt, das er nun in eigener Regie betreibt. Bald erkennt er das Problem, während der Saison häufig nicht genügend Zimmer anbieten zu können und außerhalb dieser Zeiten hohe Leerstände zu haben.

Herr Pfiffig überlegt, wie eine gleichmäßigere Produktion seiner Dienstleistungen zu erreichen ist.

Welche Empfehlungen können Sie Herrn Pfiffig geben?

Aufgabe 22 :
Kostenvergleichsrechnung ‚Straßenbauamt'

Das Straßenbauamt überlegt, ein neues Fahrzeug anzuschaffen. Drei Typen (A, B, C) stehen zur Auswahl, die unterschiedliche fixe und variable Kosten aufweisen.Die Entscheidungsfindung soll durch eine Kostenvergleichsrechnung unterstützt werden.

Dabei sollen als fixe (zeitabhängige) Kosten berücksichtigt werden:

- kalkulatorische Abschreibungen
- kalkulatorische Zinsen
- die KFZ - Versicherung und
- die KFZ - Steuer

Bei den variablen (leistungsabhängigen) Kosten betrachtet man:

- Wartung, Verschleißteile
- Benzinverbrauch

Folgende Informationen trägt das Straßenbauamt zusammen:

Typ	A	B	C
Anschaffungskosten in Euro A_0	80.000	60.000	40.000
Nutzungsdauer in Jahren n	5	5	5
Zinskosten pro Jahr i	10 %	10 %	10 %
Fixe Kosten			
kalkulatorische, lineare Abschreibungen	A_0/n	A_0/n	A_0/n
kalkulatorische Zinsen	$(A_0/2) . i$	$(A_0/2) . i$	$(A_0/2) . i$
KFZ-Versicherung	2.000	1.800	1.900
KFZ-Steuer	500	500	500
Variable Kosten			
Wartung pro 1000 km	100	200	300
Benzinverbrauch pro 100 km in Liter[1]	10	12	15

Ermitteln Sie die Gesamtkostenfunktionen für alle Fahrzeuge (variable Kosten gemessen in je 1 km Fahrleistung). Der Benzinpreis wird mit € 1,50 angenommen.

Bei welcher Kilometerleistung ist welcher Fahrzeugtyp vorteilhaft?

Aufgabe 23 :
Kostenvergleichsrechnung ‚EMMA/13'

Die Lummerstädter Industrie AG beabsichtigt, für ihre E-Magneten-Produktion vom Typ EMMA/13 eine neue Machine zu leasen. Sie hat zwei Angebote vorliegen.

Angebot A.:

- Monatliche Leasingrate 1.278,- €
- Lohnkosten pro Stunde 29,80 €

[1] Der Liter Benzin wird mit 1,50 Euro geschätzt!

- Materialkosten je Stück 12,38 €
- Anteilige Raumkosten 584,30 € poro Monat.

Die Maschine kann 6 E-Magneten vom Typ EMMA/13 pro Stunde produzieren.

Angebot B:

- monatliche Leasingraten 7.281,- €
- Lohnkosten pro Stunde 31,35 €
- Materialkosten pro Stück 9,21 €
- anteilige Raumkosten je Monat 962,90 €

Die Maschine kann 22 E-Magneten vom Typ EMMA/13 pro Stunde produzieren.

Der Betrieb arbeitet an 240 Tagen im Jahr jeweils 8 Stunden täglich. Der Monat wird mit durchschnittlich mit 20 Arbeitstagen gerechnet.

(1) Welche Maschine sollte angeschafft werden, wenn eine Jahresproduktion von 8.000 Stück E-Magneten vom Typ EMMA/13 geplant ist.

(2) Stellen Sie den Verlauf der Stückkosten in Abhängigkeit von der Produktionsmenge für beide Alternativen zeichnerisch dar.

(3) Welches ist die kritische Menge, bei der sich die beiden Stückkosten-Kurven schneiden?

Aufgabe 24:

Kapitalwertrechnung ‚Lotteriegewinn'

Herr Glücklich hat in einer **Lotterie** den Hauptpreis gewonnen. Er erhält 100.000,-- € in bar oder alternativ 10 Jahre lang monatlich 1.000,-- €.

Er entscheidet sich für eine der beiden Alternativen mit Hilfe der Kapitalwertmethode, wobei er einen Kalkulationszinssatz von 8 % zugrunde legt.

Wofür wird er sich entscheiden?

Aufgabe 25:
Kapitalwertrechnung ‚Investitionsvorhaben'

Ermitteln Sie den Kapitalwert für ein **Investitionsvorhaben** aufgrund folgender Daten:

Kapitaleinsatz C 60.000,-- €

a_0 23.000,-- €

a_1 28.000,-- €	e_1 28.000,-- €
a_2 28.000,-- €	e_2 40.000,-- €
a_3 35.000,-- €	e_3 60.000,-- €
a_4 40.000,-- €	e_4 60.000,-- €
a_5 34.000,-- €	e_5 60.000,-- €
a_6 22.000,-- €	e_6 50.000,-- €
	e_7 30.000,-- €

Restwert (Liquidationserlös) e_r 6.000,-- €

Nutzungsdauer 7 Jahre

Kalkulationszinsfuß i 10 %

Aufgabe 26:
Kapitalwertrechnung ‚Dienstwagen'

Bei der Anschaffung eines neuen Dienstfahrzeuges ist zu prüfen, ob der Wagen gekauft oder geleast werden soll.

Der Kaufpreis für das gewählte Modell beträgt 30.000,- €. Die jährlichen Unterhaltskosten belaufen sich auf insgesamt 3.000,- €. Nach der vorgesehenen 5jährigen Nutzungsdauer wird von einem Wiederverkaufswert von 15.000,- € ausgegangen.

Alternativ könnte der Wagen geleast werden. Das Angebot sieht eine Einmalzahlung von 10.000,- € und jährliche Leasingraten von 6.000,- € vor. Die Unterhaltskosten trägt in diesem Falle das Leasingunternehmen. Die Betriebskosten (Benzin, Waschen etc.) sind in beiden Fällen gleich hoch. Nach fünf Jahren wird das geleaste Fahrzeug ohne weitere Verrechnung zurückgegeben.

Ermitteln Sie nach der Kapitalwertmethode bei einem Alternativzinssatz von 8 % die kostengünstigere Beschaffungsform.

Aufgabe 27:
Kapitalwertrechnung ‚Druckmaschine'

Für das Staatliche Bildungsinstitut in Frauheim soll für die Hausdruckerei eine neue **Druckmaschine** angeschafft werden. Es liegen zwei Angebote für zwei Druckmaschinen vor. Die Maschine A wird zum Kauf, die Maschine B jedoch ausschließlich im Leasingverfahren angeboten.

Die Entscheidung soll aufgrund einer Investitionsrechnung nach der Kapitalwertmethode getroffen werden. Hierzu wurden folgende Daten ermittelt:

Maschine A (Kauf):

Kaufpreis 10.000,-- €, jährl. Unterhaltskosten 1.000,-- €, Ertrag 4.000,-- € jährlich, Restwert nach fünf Jahren 3.000,-- €.

Maschine B (Leasing):

Einmalzahlung bei Lieferung 5.000,-- €, jährl. Leasingraten (incl. Unterhaltskosten)
2.000,--€, Ertrag 3.500,-- € jährlich, Rückgabe nach fünf Jahren ohne weitere Zahlungen/Erlöse.

a) Berechnen Sie die Barwerte der Angebote bei einem Kalkulationszinssatz von 8 % und einer vorgesehenen Nutzungsdauer von fünf Jahren.

b) In welche Richtung und warum würde sich der Kapitalwert von Maschine A verändern, wenn:

  ba) der Kaufpreis erst im zweiten Jahr der Nutzung fällig wäre?

  bb) die Nutzungsdauer mit mehr als fünf Jahren angenommen würde?

  bc) der Kalkulationszinssatz höher als 8 % angenommen würde?

Aufgabe 28:
Kapitalwertrechnung ‚Vermögensanlage'

Die Spar- und Vermögensverwaltungsgesellschaft mbH bietet ihren Privatkunden folgendes Anlagekonzept:

Es werden vier Jahre lang monatlich 1.000,-- € angespart. Die angesparte Summe ruht danach für drei Jahre.
In den folgenden drei Jahren werden dem Anleger monatlich 2.000,-- € zurückgezahlt. Zusätzlich erhält der Anleger zum Ende dieser drei Jahre eine Einmalzahlung von 10.000,-- €.
Beurteilen Sie das Angebot nach der Kapitalwertmethode bei einem Kalkulationszinssatz von 8% p.a..
Wie hoch ist der Saldo der Barwerte dieser Anlageofferte?

Aufgabe 29:
Kapitalwertrechnung ‚Anlageinvestitionen'

Die **Maschinen und Anlagen** GmbH steht vor der Entscheidung für eine neue Fertigungsanlage. Zwei konkurrierende Konzepte sind in der engeren Wahl. Die Entscheidung für eines von beiden soll aufgrund einer Investitionsrechnung nach der Kapitalwertmethode getroffen werden. **Anlage A** kostet 70.000,-- € und hat eine Nutzungsdauer von sieben Jahren, an deren Ende ein Restwert von 20.000,-- € verbleibt. Die Unterhalts- und Betriebskosten belaufen sich auf 15.000,-- € im ersten Jahr. Man nimmt an, daß sie in den Folgejahren um je 3 % zunehmen. Die Erträge summieren sich im ersten Jahr auf 30.000,-- €. Sie werden in den Folgejahren aufgrund des erwarteten Preisdrucks voraussichtlich um jährlich 1.000,-- € zurückgehen. **Anlage B** kostet 50.000,-- € und hat eine Nutzungsdauer von vier Jahren. Der Restwert wird mit 10.000,-- € angenommen. Die Unterhalts- und Betriebskosten betragen im ersten Jahr 10.000,-- € und steigern sich um 1.000,-- € jährlich. Im dritten Jahr wird zusätzlich eine Generalüberholung erforderlich, die mit 10.000,-- € veranschlagt wird.

Der Ertrag der Anlage beträgt im ersten Jahr 40.000,-- €, fällt dann aber aufgrund der abnehmenden Leistung der Anlage und der Preisentwicklung um 5.000,-- € jährlich ab.

Berechnen Sie für die beiden Anlagen die Kapitalwerte bei einem Kalkulationszinssatz von 10 % p. a..

Aufgabe 30:
Investitionsentscheidung ‚Fuhrpark'

a) Die **Fern Spezialtransporte GmbH** erneuert einen Teil des Fuhrparks. Drei Fahrzeuge werden ausgemustert und ersetzt. Für die neuen Fahrzeuge liegen Angebote von drei verschie-denen Herstellern vor. Bei der Entscheidung sollen neben Rentabilitätskriterien auch qualitative Aspekte berücksichtigt werden.

Die Wirtschaftlichkeit soll nach der Kapitalwertmethode beurteilt werden, deren Ergebnisse in eine Nutzwertanalyse einfließen.

Es ist beabsichtigt, die drei Fahrzeuge als Eigentum zu erwerben und nach vier Jahren zu veräussern und zu ersetzen.

Hersteller *A* bietet die Fahrzeuge zu einem Kaufpreis von zusammen 2.000.000,-- € an. Bei der angenommenen durchschnittlichen Fahrleistung von 200.000 km im Jahr belaufen sich die Unterhalts- und Betriebskosten auf jährlich 250.000,-- € je Fahrzeug. Aufgrund der kalkulierten Beförderungskapazität der Fahrzeuge wird mit einem Ertrag von 400.000,-- € pro Fahrzeug und Jahr gerechnet. Der Restwert nach Ablauf der Nutzungsdauer wird mit 1.300.000,-- € angenommen.

Bei **Hersteller *B*** würden die Fahrzeuge zusammen 1.700.000,-- € kosten, die jährlichen Unterhalts- und Betriebskosten bei gleicher Fahrleistung jedoch 300.000,-- € je Fahrzeug betragen. Die etwas geringere Kapazität läßt Erträge von 350.000,-- € pro Jahr und Fahrzeug erwarten. Der Restwert nach vier Jahren wird auf 300.000,-- € je Fahrzeug geschätzt.

Hersteller *C* offeriert die Fahrzeuge für zusammen 2.200.000,-- €, räumt jedoch für die Hälfte des Kaufpreises ein Zahlungsziel von 15 Monaten ein. die Unterhalts- und Betriebskosten sind hier mit 350.000,-- € pro Jahr und Fahrzeug am höchsten, dem steht jedoch ein hoher Ertrag von 450.000,-- € jährlich pro Fahrzeug entgegen. Ebenso kann mit einem hohen Restwert von 1.500.000,-- € kalkuliert werden.

Berechnen Sie die Kapitalwerte der Angebote bei einem Kalkulationszinssatz von 8 % p.a..

b) Die Kapitalwerte werden mit weiteren Kriterien in eine Nutzwertanalyse einbezogen. Sie berücksichtigt neben dem Kapitalwert die Sicherheit, die Zuverlässigkeit und die Leistungsreserve der Fahrzeuge.

Für die Gewichtung der Kriterien gilt, daß der Kapaitalwert soviel wiegt wie die übrigen Kriterien zusammen. Sicherheit und Zuverlässigkeit haben das gleiche Gewicht, die Leistungsreserve hat ein Fünftel des Gewichtes des Kapitalwertes.

Angebote mit einem negativen Kapitalwert erhalten die geringste Punktzahl (1). Die höchste Punktzahl wird bei Kapitalwerten von mehr als 300.000,-- € vergeben (5). Fahrzeuge des Herstellers A haben eine hervorragende Sicherheitsausstattung (5), eine gute Leistungsre serve (4), sie gelten aber als relativ unzuverlässig (2). Die von Hersteller B gebauten Fahrzeuge haben eine ungenügende Sicherheitsausstattung (1) und eine nur mäßige Leistungsreserve (2), gelten aber als besonders zuverlässig (5).

Hersteller C bietet Fahrzeuge mit sehr hohen Leistungsreserven (5) und hohen Sicherheitsstandards (4) bei befriedigender Zuverlässigkeit (3).

Nehmen Sie anhand dieser Daten eine Nutzwertanalyse vor.

Aufgabe 31:
Kapitalwertrechnung ‚Immobilienprojekt'

Herr Schleicher hat von einer verstorbenen Tante 500.000,-- € geerbt.

Ein Anlageberater empfiehlt ihm, den Betrag in ein Immobilienprojekt zu investieren und zwar zu folgenden Konditionen:

Herr Schleicher erwirbt durch Zahlung von 500.000,-- € einen Anteil an dem Immobilienobjekt. In den ersten beiden Jahren (Bauphase) ist mit Einkünften aus der Beteiligung nicht zu rechnen. Im dritten Jahr soll ein Einnahmenüberschuß von 10.000,-- € erzielt werden, der sich in den folgenden drei Jahren jeweils verdoppelt. In den folgenden vier Jahren werden keine weiteren Einnahmenüberschüsse erwartet. Nach Ablauf dieser Zeit verpflichtet sich die Betreibergesellschaft den Anteil zu einem Kaufpreis von 1.000.000,-- € zurückzukaufen.

Alternativ könnte Herr Schleicher die Erbschaft bei seiner Bank anlegen. Sie bietet ihm eine festverzinsliche Anlage zu 6 % Zins per anno und gleicher Gesamtlaufzeit wie das Immobilienprojekt.

Herr Schleicher vergleicht die beiden Anlageofferten nach der Kapitalwertmethode.

Welche der beiden Angebote ist hiernach günstiger?

Wie hoch ist die Differenz der Kapitalwerte der beiden Angebote?

Aufgabe 32:
Optimaler Verschuldungsgrad

Die Max Gewinn GmbH plant ihre Finanzierung für das kommende Geschäftsjahr. Sie will den optimalen Verschuldungsgrad realisieren, bei dem die Eigenkapitalrendite den höchstmöglichen Wert erreicht.

Aus den Offerten der potentiellen Fremdkapitalgeber hat sie in Abhängigkeit von dem Verschuldungsgrad folgende Funktion für den Fremdkapitalzins ermittelt:

$$i = 0{,}04 + 0{,}01\, t^2$$

Unabhängig von der Art der Finanzierung rechnet das Unternehmen damit, eine Gesamtkapitalrendite von 8% zu erreichen.

a) Bestimmen Sie den optimalen Verschuldungsgrad für die Max Gewinn GmbH.

b) Stellen Sie das Ergebnis zeichnerisch dar.

Aufgabe 33:
Eigenkapitalrendite

Das in der Unternehmung 'Surprise' eigesetzte gesamte Kapital in Höhe von € 20 Mill. verzinse sich mit 13,5%. Die Unternehmung überlegt, ihre Finanzierungsstruktur zu optimieren. Fremdkapital ist bis zu einer Höhe von € 10 Mill. zu 10% zu erhalten. Darüber hinausgehende Fremdmittel sind nur mit einem kumulierenden Risikozuschlag von jeweils 1% für jede weitere € 1 Mill. zu erhalten.

Wie viel Fremdkapital sollte die Firma 'Surprise' einsetzen, um das dann verbleiebende Eigenkapital mit einer maximalen Rendite auszustatten? Wie hoch ist in diesem Falle die EK-Rendite?

Aufgabe 34:
Grundbegriffe des Rechnungswesens

Ordnen Sie die Stromgrößen:

- Einzahlungen
- Aufwendungen
- Auszahlungen
- Erträge
- Einnahmen
- Ausgaben

den drei Bestandsgrößen

- Zahlungsmittelbestand
- Geldvermögen
- Reinvermögen

zu.

Aufgabe 35:
Abschreibungen ‚Anlage'

Eine Anlage, die für 80.000,-- DM angeschafft wurde, kann wahlweise mit 10% p.a. linear oder der mit 20% p.a. geometrisch-degressiv abgeschrieben werden.

a) Nach wieviel Jahren der Nutzung ist der Restbuchwert nach der linearen Abschreibung erstmals niedriger als nach der degressiven?

b) Wie schlägt sich ein Verkauf der Anlage nach x Jahren zum Buchwert in der Bilanz nieder?

Aufgabe 36:
Abschreibungen ‚Lastwagen'

Eine Unternehmung kauft im Jahre 2006 einen Lastwagen für 60.000,- €. Am Ende einer geschätzten Gesamtkilometerleistung von 300.000 wird ein Veräußerungserlös (Restwert) von 6.000,-€ erwartet. In den Jahren 2006, 2007 und 2008 wird der LKW je 20.000, 30.000 und 40.000 km gefahren..

(1) Wie hoch sind die planmäßigen Abschreibungen bei leistungsmäßiger Abschreibung in den Jahren 2006, 2007 und 2008?

(2) Wie hoch sind die Abschreibungen bei linearer Abschreibung? (Die zugrundegelegte Abschreibungsdauer ist von Ihnen selbst zu begründen).

(3) Wie hoch sind die Werte in diesen Jahren bei geometrisch-degressiver Abschreibung und einem Abschreibungssatz von 20% ?

Aufgabe 37:
Kostenrechnung (BAB)

Die Lummerstädter Industrie AG bearbeitet im Zuge ihrer Kostenrechnung einen Betriebsabrechnungsbogen (BAB). Die Daten der Buchhaltung sind bereits ermittelt und den Kostenstellen zugeordnet.

Schließen sie den BAB bitte ab, indem Sie die Umlagen durchführen, die Gemeinkostenzuschläge (Ist-Zuschläge) errechnen und mit den Soll-Zuschlägen (Normal-Zuschlägen) vergleichen.

Für die Umlagen gilt folgender Verteilschlüssel:

Umlage 1 im Verhältnis 10 : 20 : 15 : 25 : 20 : 5 : 5

Umlage 2a im Verhältnis 60 : 40

Umlage 2b im Verhältnis 50 : 50

Betriebsabrechnungsbogen (BAB)

Kostenstelle / Kostenart	Zahlen der Buchhaltung	Allgem. Kosten-stelle	Material-stelle	Hilfs-kosten-stelle 1	Hilfs-kosten-stelle 2	Fertig.-haupt-stelle 1	Fertig.-haupt-stelle 2	Verw.-stelle	Vertr.-Stelle
Fertigunsmaterial	30.000		30.000						
Fertigungslöhne	150.000					100.000	50.000		
Betriebsstoffe	10.000	1.000	1.500	2.000	500	2.000	2.500	300	200
Raumkosten	15.000	1.000	2.000	1.000	800	5.000	4.000	800	400
Abschreibungen	40.000	5.000	3.000	4.000	3.000	11.000	10.000	3.000	1.000
Summe									
Umlage 1									
Summe									
Umlage 2a Umlage 2b									
Summe									
Ist-Zuschlag									
Soll-Zuschlag			25%			25%	50%	2%	2%
Soll-Gemeinkosten									
Über-/ Unterde-ckung									

8.2 Lösungshinweise

zu Aufgabe 1:
Unternehmensbesteuerung

Gewinn		2000,--	
Unternehmensertragssteuer	**500,--**		
Ausschüttung		1500,--	
Davon		→	750,-- einkommensteuerfrei
und		→	750,-- einkommensteuerpflichtig
Einkommensteuer (30 %) →	**225,--**		
Steuer gesamt	**725,--**		

Die gesamte Ertragsbesteuerung beträgt 725,-- € (500,-- € Unternehmensertragsteuer und 225,-- € individuelle Ertragsteuer),
das entspricht einem Satz von **36,25 %** (725,-- von 2.000,--).

zu Aufgabe 2:
Standortwahl

Land A: 40% Steuersatz und keine Abziehbarkeit als Betriebsausgabe

Überschuss : 1.000.000 ← Steuerbemessungsgrundlage
- Steuern 40%: 400.000
- FK-Zinsen : 300.000

Gewinn nach Steuern: 300.000

Land B: 50% und Abziehbarkeit als Betriebsausgabe

Überschuss : 1.000.000
- FK-Zinsen : 300.000

700.000 ← Steuerbemessungsgrundlage

- Steuern 50% : 350.000

Gewinn nach Steuern: 350.000

$$\text{Effektiver Steuersatz} = \frac{Steuerbetrag}{Überschuss} \bullet 100 \quad oder = \frac{Steuerbetrag}{Überschuss} \bullet 100 - FK - Zinsen$$

$$\text{Land A} = \frac{400.000}{1.000.000} \bullet 100 = 40\% \rightarrow \frac{400.000}{700.000} \bullet 100 = 57{,}1\%$$

$$\text{Land B} = \frac{350.000}{1.000.000} \bullet 100 = 35\% \rightarrow \frac{350.000}{700.000} \bullet 100 = 50\%$$

zu Aufgabe 3:
Entscheidung bei Risiko und Unsicherheit

(1) Erwartungswerte für

a_1 = 30

a_2 = 24

a_3 = 20,5

a_4 = 25

(2) Aktion a_3

(3) ca) für a_2 oder a_3

cb) für a_1 oder a_4

(4) a_1 = **<u>22</u>**

a_2 = 21

a_3 = 21

a_4 = 20

zu Aufgabe 4:
Entscheidung unter Risiko

(1) | | Z_1 | Z_2 | Z_3 | Z_4

	Wachstums-rate in %	0	1	2	3	Erwar-tungswert
Alterntive	**Wahrschein-lichkeit in %**	**10**	**30**	**40**	**20**	
A1		16	17	18	19	17,7
A2		15	16	19	20	17,9
A3		14	16	18	22	17,8
A4		12	16	20	24	**18,8**

(2)

	Wachstums-rate in %	0	1	2	3	Erwar-tungs-wert
Alternative	**Wahrschein-lichkeit in %**	**20**	**30**	**40**	**10**	
A1		16	17	18	19	17,4
A2		15	16	19	20	17,4
A3		14	16	18	22	17,0
A4		12	16	20	24	**17,6**

zu Aufgabe 5:
Entscheidung unter Unsicherheit

	Z_1	Z_2	Z_3	Zeilen max.	Zeilen min.	0 = 0,2	1-0,2 = 0,8	Hurwicz
A_1	5	9	20	**20**	5	4	4	8
A_2	10	9	10	10	**9**	2	7,2	**9,2**
A_3	15	9	6	15	6	3	4,8	7,8

zu Aufgabe 6:
Entscheidung nach der Hurwicz-Regel

	XA	XB	XC	XD	Zeilen-max.	Zeilen-min.	Zeilen-max.	Zeilen-min.	HR
Bingo-Twingo	0	-10	10	20	20	-10	12	-4	8
Nix-Nutz	-20	30	-20	0	30	-20	18	-8	**10**

Bertal Steinein kann geholfen werden. Nach der Hurwicz-Regel sollte man sich am Nix-Nutz-Spiel beteiligen.

zu Aufgabe 7:
Nutzwertanalyse ‚Dienstwagen'

Nr.	Kriterium	VH	Rang	Gew. (%)
1	Ansch. kosten	5	1	23,8
2	Unterh. kosten	3	3	14,3
3	Benzinverbrauch	2	6	9,5
4	Kofferraumgr.	3	3	14,3
5	**Komfort**	1	7	4,8
6	Wendigkeit	3	3	14,3
7	Service	4	2	19,1
		21		100,1

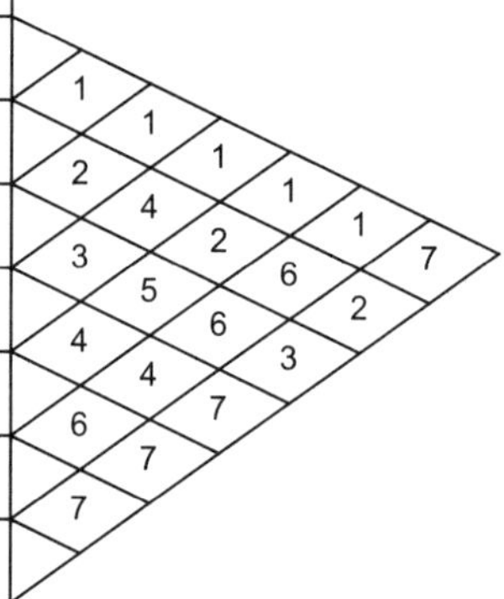

zu Aufgabe 8:
Akzeptanz und Diskriminanz

$$D = \frac{800 - 650}{800} * 100 = \underline{\underline{18{,}75\ \%}}$$

$$A = \frac{800}{1000} * 100 = \underline{\underline{80\%}}$$

zu Aufgabe 9:
Nutzwertanalyse ‚DV-Anlage'

				Alternativen					
				Angebot 1		Angebot 2		Angebot 3	
Nr.	**Bezeichnung**	**VH**	**Gew. (%)**	**Bew.**	**TNW**	**Bew.**	**TNW**	**Bew.**	**TNW**
1	**A. -Preis**	-	20	5	100	3	60	4	80
2	**U. h. -Kosten**	-	10	4	40	1	10	3	30
3	**Betr. sicherh.**	-	10	3	30	4	40	4	40
4	**Kundend.**	-	40	2	80	5	200	3	120
5	**Handhab.**	-	20	3	60	4	80	1	20
		-	**100**		**310**		**390**		**290**

$$D = \frac{390 - 310}{390} * 100 = \underline{\underline{20{,}5\ \%}}$$

$$A = \frac{390}{500} * 100 = \underline{\underline{78\%}}$$

zu Aufgabe 10: Nutzwertanalyse ‚Rechenzentrum'

			Alternativen			
			RZ		PC.	
Nr.	**Bezeichnung**	Gew. (%)	Bew.	TNW	Bew.	TNW
1	**A. - Kosten**	20	3	60	5	100
2	**U. h. - Kosten**	30	4	120	5	150
3	**Störanfäll.**	20	2	40	5	100
4	**Kommunikat.**	15	4	60	3	45
5	**Fachwissen**	15	4	60	2	30
		100		**340**		**425**

$$D = \frac{425 - 340}{425} * 100 = \underline{\underline{20\ \%}}$$

$$A = \frac{425}{500} * 100 = \underline{\underline{85\ \%}}$$

zu Aufgabe 11:
Nutzwertanalyse ‚Schreibdienst'

Skalen zur Bewertung nach den Kriterien:

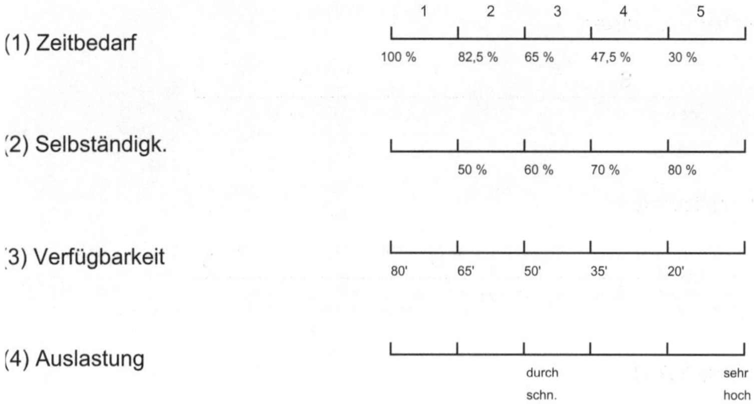

Nutzwerttabelle

			Zentraler Schreibdienst		Dezentraler Schreibdienst	
Nr.	**Bezeichnung**	**Gew. (%)**	**Bew.**	**TNW**	**Bew.**	**TNW**
1	**Zeitbedarf**	25	2	50	4	100
2	**Selbständigkeit**	15	1	15	4	60
3	**Verfügbarkeit**	20	3	60	1	20
4	**Auslastung**	40	5	200	3	120
		100		**325**		**300**

$$D = \frac{325 - 300}{325} * 100 = \underline{\underline{7{,}7\ \%}}$$

$$A = \frac{325}{500} * 100 = \underline{\underline{65\ \%}}$$

zu Aufgabe 12:
Nutzwertanalyse ‚Stromversorgung'

Skalen zur Bewertung

1. Anschaffungskosten

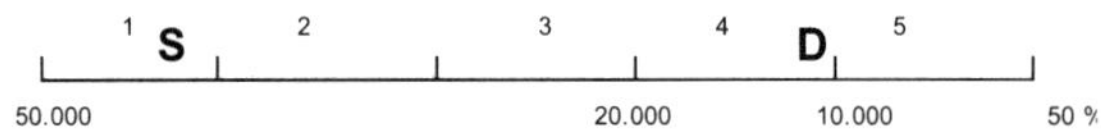

2. Unterhaltskosten

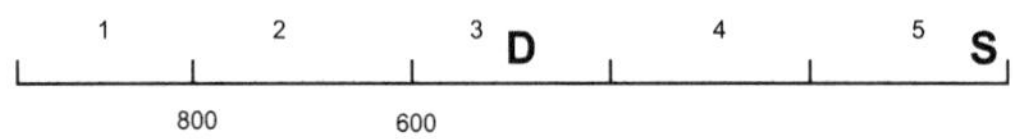

6. Störanfälligkeit

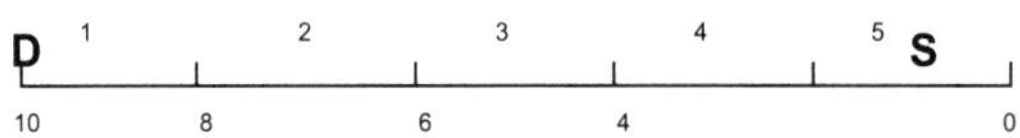

			Alternativen			
Kriterien			Dieselaggregat		Solargenerator	
Nr.	Bezeichnung	Gew.(%)	Bew.	TNW	Bew.	TNW
1	Anschaffungskosten	10	4	40	1	10
2	Unterhaltskosten	5	3	15	5	25
3	Lebensdauer	25	1	25	5	125
4	Autonomie	20	2	40	5	100
5	Wartung	10	1	10	4	40
6	Störanfäll.	30	1	30	5	150
				160		**450**

$$D = \frac{450 - 160}{450} * 100 = \underline{\underline{64{,}4\ \%}}$$

$$A = \frac{450}{500} * 100 = \underline{\underline{90\ \%}}$$

zu Aufgabe 13:
Organisatorische Tiefengliederung

Unter einer flachen Organisationsstruktur ist zu verstehen, dass ein Betrieb nur wenige Hierarchieebenen aufweist. Daraus folgt eine tendenzielle Verlagerung von Entscheidungskompetenzen auf die unteren Ebenen.

Vorteilhaft hieran ist insbesondere das schnellere Reagieren auf Wünsche von Außenstehenden (z.B. den Kunden). Die Anpassungsgeschwindigkeit und Flexibilität des Betriebes wird dadurch gefördert. Außerdem trägt die Verlagerung von Handlungs- und Entscheidungsbefugnissen auf nachgeordnete Stellen zur Förderung der Motivation der Mitarbeiter bei.

Nachteilig kann aber bei einer solchen Organisationsstruktur die Schwierigkeit der Koordination von Entscheidungen sein. Die Vielzahl von Entscheidungsträgern kann die Einheitlichkeit des betrieblichen Handelns und die Steuerbarkeit insgesamt beeinträchtigen. Außerdem ergeben sich, bedingt durch die geringere Zahl von vorgesetzten Ebenen weniger Aufstiegsmöglichkeiten und Karrierechancen.

zu Aufgabe 14:
Funktionalorganisation

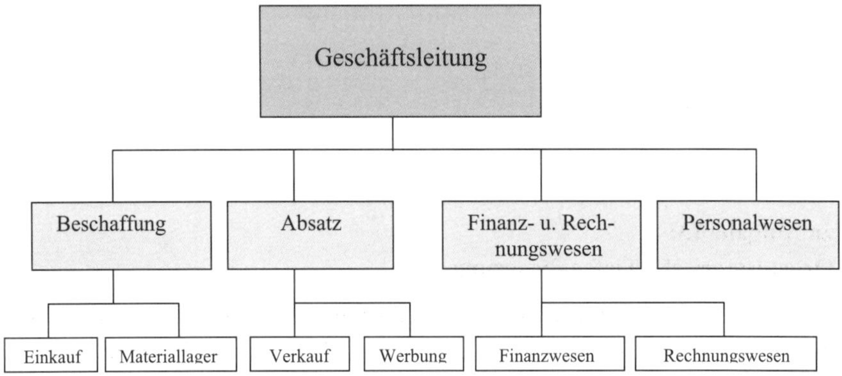

zu Aufgabe 15:
Funktionen der Führung

Unter ***Lokomotionsfunktion*** werden alle diejenigen Aktivitäten verstanden, welche dem Ziel dienen, das Handeln der Mitarbeiter konkret auf die beabsichtigten Organisationsziele hin auszurichten.

Hierzu gehören z.B.: Erläuterung der zu erledigenden Aufgaben, Klärung missverständlicher Sachverhalte, Setzen von Terminen, individuelles Leistungs-Feedback, Beschaffung und Weitergabe der notwendigen Informationen, Hilfestellung bei sachlichen Problemen.

Bei der **Kohäsionsfunktion** steht die Aufrechterhaltung und Förderung der Beziehungen zwischen Vorgesetztem und Mitarbeiter sowie der Mitarbeiter untereinander im Vordergrund. Hierdurch soll auch die Motivation der Mitarbeiter gefördert werden.

Beispiele hiefür sind: Abbau sozio-emotionaler Spannungen, Schutz einzelner Mitarbeiter vor persönlichen Angriffen, Motivation durch Belohnungen, Förderung von „Teamgeist“ bei Arbeitsgruppen, Abbau von Ängsten und Unsicherheiten, die sich aus den betrieblichen Abläufen ergeben, Aufbau eines vertrauensvollen Arbeitsklimas.

zu Aufgabe 16:
Führung der Führungskräfte

Durch die Vorgaben einer höheren Führungskraft kann der Vorgesetzte in dem Handlungsspielraum gegenüber seinen Mitarbeitern eingeengt sein. Dies führt u.U. dazu, dass er sich zu einem Verhalten veranlasst sieht, welches nicht seiner Überzeugung entspricht. Dadurch wiederum besteht die Möglichkeit einer Verringerung seiner persönlichen Autorität bei den Untergebenen.

Typisch für „mittlere“ Vorgesetzte sind die Problematiken, die sich aus einer solchen „Sandwichposition“ ergeben. Von beiden Seiten werden gegebenenfalls unterschiedliche eventuell sogar unvereinbare Erwartungen an die Führungskraft gestellt. Da er ihnen gleichzeitig kaum gerecht werden kann, wird er sich für eine Lösungsstrategie entscheiden müssen.

zu Aufgabe 17:
Management by Objectives

Abteilungsleiter Beschaffungsbereich:
Der Abteilungsleiter hat seine Zielvorgaben aus dem übergeordneten Unternehmensziel „ Steigerung der Eigenkapitalrentabilität“ abgeleitet. Da die Ziele eindeutig quantitativ bestimmt sind, ist eine Zielkontrolle möglich.

Der Fehler des Abteilungsleiters liegt in der fehlenden Beteiligung seiner Mitarbeiter an der Zielbestimmung. Dieses entspricht nicht dem Konzept Management by Objectives. Eine Förderung der Mitarbeitermotivation wird so nicht erreicht werden und damit wird dem übergeordneten Unternehmensziel “Verringerung der Mitarbeiterfluktuation“ in keiner Weise Rechnung getragen.

Abteilungsleiter Vertriebsbereich:
Hier wird Zielvereinbarung praktiziert. Die Zielvorgaben sind mit den übergeordneten Unternehmenszielen kompatibel. Die leistungsabhängige Entlohnung wirkt sich positiv auf das Engagement und die Motivation der Mitarbeiter aus. Dadurch wird der Mitarbeiterfluktuation entgegengewirkt. Das Verhalten dieses Abteilungsleiters entspricht den Grundsätzen von Management by Objectives.

Abteilungsleiter Verwaltung:
Diese Führungskraft hat keinerlei konkrete Ziele für ihren Bereich aus den übergeordneten Unternehmenszielen abgeleitet. Die Mitarbeiter haben hier keinerlei Orientierungen, aus denen sie zielbezogen ihr Handeln ableiten können. Insofern ist auch keine Kontrolle des Handelns in dieser Abteilung möglich. Mit Management by Objectives hat dieses Verhalten nichts zu tun.

zu Aufgabe 18:
Kosten der Materialbeschaffung

Bei der Ermittlung der optimalen Bestellmenge sind folgende Kostengrößen zu berücksichtigen:

Beschaffungskosten
Sie ergeben sich grundsätzlich aus der Beschaffungsmenge mal Beschaffungspreis je Einheit, vermindert um Rabatte u.Ä. und erhöht um Transportkosten, Mindermengenaufpreise und sonstige wertabhängige Beschaffungskosten.

Bestellkosten
Sie sind unabhängig von der Beschaffungsmenge. Ihre Höhe ist von der Beschaffungshäufigkeit abhängig. Hierunter fallen Kosten der Suche und Auswahl von Lieferanten, der Einholung von Angeboten, der Planung der Termine, sowie Kosten des Wareneingangs und der Qualitätskontrolle.

Lagerhaltungkosten
Diese setzen sich im wesentlichen zusammen aus den Kapitalbindungskosten (=dem durchschnittlichen Wert der Lagervorräte), den Kosten, die durch den Lagerraum entstehen sowie den Löhnen der im Lager Beschäftigten.

zu Aufgabe 19:
Optimale Bestellmenge

Die Gesamtkosten pro Packung sollen minimiert werden:

$$KQ = \frac{GK}{Q} \rightarrow \text{min!}$$

Die Gesamtkosten selber betragen:

$$GK = 2{,}99 \,.\, Q + 0{,}01 \,.\, Q^2 + 100$$

Entsprechend ergeben sich die Gesamtkosten pro Packung als:

$$KQ = 2{,}99 + KL + KB \quad \text{oder:} \quad KQ = 2{,}99 + 0{,}01.Q + \frac{100}{Q}$$

$$\frac{dKQ}{dQ} = 0{,}01 + (-1) \cdot 100 \cdot Q^{-2} = 0$$

$$0{,}01 = 100 \cdot Q^{-2}$$

$$0{,}01 \cdot Q^2 = 100$$

$$Q^2 = 10.000$$

$$\underline{\mathbf{Q = 100}}$$

Die Gesamtkosten pro Packung erreichen bei einer Bestellmenge von <u>Q = 100</u> ihr Minimum.

zu Aufgabe 20:
Fertigungsmethoden

Bei der **Werkstattfertigung** werden gleichartige Tätigkeiten räumlich zusammengefasst. Die einzelnen Werkstücke müssen zur Bearbeitung von Werkstatt zu Werkstatt befördert werden.

Vorteile:

- hohe betriebliche Flexibilität z.B. beim Ausfall von Betriebsmitteln oder Arbeitskräften oder bei kurzfristigen Änderungen im Absatzprogramm
- Nacharbeiten sind leicht möglich
- geringerer Kapitalbedarf, Investitionen sind sukzessiv möglich
- Ausbildung von Spezialisten ist relativ leicht möglich

Nachteile:
- Rationalisierung ist schwieriger
- höhere Vorräte an Material erforderlich
- gleichmäßige Nutzung der Betriebsmittel ist schwieriger
- hoher Bedarf an Spezialisten
- hohe Anforderungen an die Ablauforganisation

Bei der **Fließfertigung** sind alle für die Fertigung eines Erzeugnisses notwendigen Bearbeitungsschritte in der technisch notwendigen Reihenfolge hintereinander angeordnet.

Vorteile:
- erleichterte Rationalisierung
- höhere Arbeitsproduktivität durch Lernerfolge
- übersichtliche Fertigung
- kleinere Lager notwendig, dadurch geringere Kapitalbindung

Nachteile:
- geringere Flexibilität
- hoher Investitionsbedarf (in der Regel zu einem Zeitpunkt)
- Gefahr der Produktionsunterbrechung
- Monotonie der Arbeit

zu Aufgabe 21:
Dienstleistungsproduktion

Um die Spitzennachfrage während der Saison abdecken zu können, sollte Herr Pfiffig überlegen, inwieweit noch Möglichkeiten einer kurzfristigen Erweiterung seiner Übernachtungskapazität bestehen oder ob in diesen Fällen eine Kooperation mit einem anderem Hotel möglich ist.

Um die Nachfrage außerhalb der Spitzenzeiten zu glätten, müssten Maßnahmen überlegt werden, um die Attraktivität der Übernachtungsmöglichkeiten zu erhöhen. Diese könnte in einer entsprechend gestaffelten Preisstruktur oder aufgewerteten bzw. angereicherten Dienstleistungsangeboten bestehen (z.B.

Zimmer einer höheren Preiskategorie oder gastronomische Zusatzleistungen werden ohne Aufpreis angeboten).

Weiterhin sollte Herr Pfiffig die Kapazität des Servicepersonal möglichst flexibel der Nachfrage anpassen (beispielsweise durch eine entsprechende Arbeitszeitreglung oder die Einstellung von Aushilfskräften für die Spitzenmonate).

zu Aufgabe 22:
Kostenvergleichsrechnung ‚Straßenbauamt'

(1) Ermittlung der Gesamtkostenfunktionen für alle Fahrzeuge

Typ	A	B	C
Fixe Kosten			
kalkulatorische, lineare Abschreibungen	16.000	12.000	8.000
kalkulatorische Zinsen	4.000	3.000	2.000
KFZ-Versicherung	2.000	1.800	1.900
KFZ-Steuer	500	500	500
Fixe Kosten gesamt pro Jahr	22.500	17.300	12.400
Variable Kosten pro 1000 km			
Wartung pro 1000 km	100	200	300
Benzinverbrauch pro 1000 km	10 . 10 . 1,5 = 150	12 . 10 . 1,5 = 180	15 . 10 . 1,5 = 225
Variable Kosten pro 1000 km gesamt; variable Kosten pro km	250 0,25	380 0,38	525 0,525

Die Gesamtkostenfunktionen lauten dann:

$K_A = 22.500 + 0,25 \cdot \text{gefahrene km}$

$K_B = 17.300 + 0,38 \cdot \text{gefahrene km}$

$K_C = 12.400 + 0,525 \cdot \text{gefahrene km}$

Fazit: Die Fahrzeugtypen unterscheiden sich in Bezug auf die fixen und in Bezug auf die variablen Kosten. Ihre Vorteilhaftigkeit hängt von der geschätzten Kilometerleistung pro Jahr ab.

(2) Vorteilhafte Kilometerleistung je Fahrzeugtyp

Typ C:	bei 0 bis 33.793,103 km
Typ B:	bei mehr als 33.793,103 und bis 40.000 km
Typ A:	bei mehr als 40.000 km.

zu Aufgabe 23:
Kostenvergleichsrechnung ‚EMMA/13'

(1) Angebot A:
- Leasinggebühr jährlich 1278,-*12 = 15.336,-
- Raumkosten jährlich 584,3*12 = 7.011,60

◆◆◆ Fixkosten jährlich 22.347,60 €

◆◆◆ Fixkostenanteil je Stück 22.347,60/8.000 = **2,79 €**

- Lohnkosten je Stück 29,80/6 = 4,97 €
- Materialkosten je Stück 12,38 €

◆◆◆ varialble Kosten je Stück **17,35 €**

◆◆◆◆◆◆◆◆ Stückkosten gesamt bei 8.000 Stück **<u>20,14 €</u>**

Angebot B:
- Leasinggebühr jährlich 7.281,-*12 = 87.372,-
- Raumkosten jährlich 962,90*12 = 11.554,80

◆◆◆ Fixkosten jährlich 98.926,80

◆◆◆ Fixkostenanteil je Stück 98.926,80/8.000 = **12,36 €**

- Lohnkosten je Stück 31,35/22 = 1,43 €
- Materialkosten je Stück 9,21 €

◆◆◆ varialble Kosten je Stück **10,64**

◆◆◆◆◆◆◆◆ Stückkosten gesamt bei 8.000 Stück **<u>23,-- €</u>**

(2)

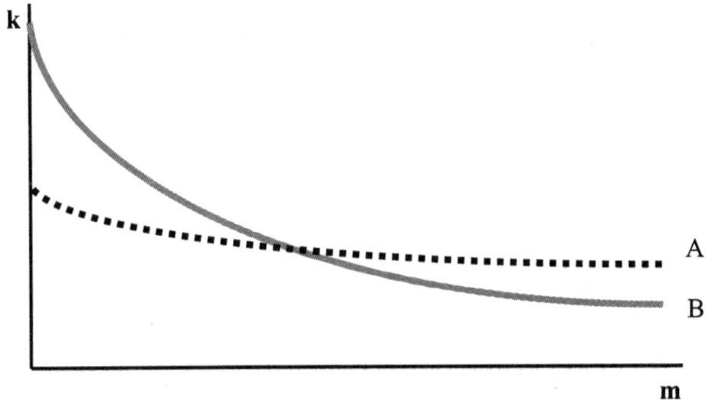

(3)

k(A) = k(B)

((1.278,- + 584,30) * 12 / m) + 29,80 / 6 + 12,38

= ((7.281,- +962,90) * 12 / m) + 31,35 / 22 +9,21

m (31,35 /22 +9,21 -29,80/6 -12,38) = (1862,30 - 8243,90) * 12

-6,71m = -76579,20

m = <u>11.412,7</u>

zu Aufgabe 24:
Kapitalwertrechnung 'Lotteriegewinn'

Zeit-punkt	Faktor	Betrag	Barwert
0	-	-	-
1	0,9259	12.000,-	11.110,80
2	0,8573	12.000,-	10.287,60
3	0,7938	12.000,-	9.525,60
4	0,7350	12.000,-	8.820,-
5	0,6806	12.000,-	8.167,20
6	0,6202	12.000,-	7.562,40
7	0,5835	12.000,-	7.002,-
8	0,5403	12.000,-	6.483,60
9	0,5002	12.000,-	6.002,40
10	0,4632	12.000,-	5.558,40
			80.520,-

zu Aufgabe 25:
Kapitalwertrechnung 'Investitionsvorhaben'

Zeit-punkt	Faktor	Einnahmen		Ausgaben	
		Betrag	Barwert	Betrag	Barwert
0	1	-	-	83.000,-	83.000,-
1	0,9091	28.000,-	25.454,80	28.000,-	25.454,80
2	0,8264	40.000,-	33.056,-	28.000,-	23.139,20
3	0,7513	60.000,-	45.078,-	35.000,-	26.295,80
4	0,6830	60.000,-	40.980,-	40.000,-	27.320,-
5	0,6209	60.000,-	37.254,-	34.000,-	21.110,60
6	0,5645	50.000,-	28.225,-	22.000,-	12.419,-
7	0,5131	30.000,- 6.000,-	15.396,- 3.079,20	-	-
	Summe	+	228.523,-	-	218.739,10
	Saldo	+	**9.783,90**		-

zu Aufgabe 26:
Kapitalwertrechnung ‚Dienstwagen'

Alternative "Kauf"

Zeit-punkt	**Faktor**	**Einnahmen**		**Ausgaben**	
		Betrag		**Betrag**	
0	1	-	-	30.000,- 3.000,-	30.000,- 3.000,-
1	0,9259	-	-	3.000,-	2.777,70
2	0,8573	-	-	3.000,-	2.571,90
3	0,7938	-	-	3.000,-	2.381,40
4	0,7350	-	-	3.000,-	2.205,-
5	0,6806	15.000,-	10.209,-	-	-
		Summe	10.209,-		42.936,-
		Saldo	**-**		**- 32.727,-**

Alternative "Leasing"

0	1	-	-	10.000,- 6.000,-	10.000,- 6.000,-
1	0,9259	-	-	6.000,-	5.555,40
2	0,8573	-	-	6.000,-	5.143,80
3	0,7938	-	-	6.000,-	4.762,80
4	0,7350	-	-	6.000,-	4.410,-
		Summe	-		35.872,-
		Saldo	**-**	**-**	**35.872,-**

zu Aufgabe 27:
Kapitalwertrechnung ‚Druckmaschine'

"Kauf"

Zeit-punkt	Faktor	Einnahmen		Ausgaben	
		Betrag	Barwert	Betrag	Barwert
0	1	-	-	11.000,-	11.000,-
1	0,9259	4.000,-	3.703,60	1.000,-	925,90
2	0,8573	4.000,-	3.429,20	1.000,-	857,30
3	0,7938	4.000,-	3.175,20	1.000,-	793,80
4	0,7350	4.000,-	2.940,-	1.000,-	735,-
5	0,6806	7.000,-	4.764,20	-	-

Saldo: + 3.700,20

"Leasing"

Zeit-punkt	Faktor	Einnahmen		Ausgaben	
		Betrag	Barwert	Betrag	Barwert
0	1	-	-	7.000,-	7.000,-
1	0,9259	3.500,-	3.240,65	2.000,-	1.851,80
2	0,8573	3.500,-	3.000,55	2.000,-	1.714,60
3	0,7938	3.500,-	2.778,30	2.000,-	1.587,60
4	0,7350	3.500,-	2.572,50	2.000,-	1.470,-
5	0,6806	3.500,-	2.382,10	-	-

Saldo: + 350,10

zu Aufgabe 28:
Kapitalwertrechnung ‚Vermögensanlage'

Zeit-punkt	Faktor	Ausgaben		Einnahmen	
		Betrag	Barwert	Betrag	Barwert
0	1	12.000,-	12.000,-	-	-
1	0,9259	12.000,-	11.110,80	-	
2	0,8573	12.000,-	10.287,60	-	-
3	0,7938	12.000,-	9.525,60	-	-
4	0,7350	-	-	-	-
5	0,6806	-	-	-	-
6	0,6302	-	-	-	-
7	0,5835	-	-	-	-
8	0,5403	-	-	24.000,-	12.967,20
9	0,5002	-	-	24.000,-	12.004,80
10	0,4632	-	-	34.000,-	15.748,80
			- 42.924,-		+ 40.720,80
			- 2.203,20		-

zu Aufgabe 29:
Kapitalwertrechnung ‚Anlageinvestitionen'

Anlage A

Zeit-punkt	Faktor	Ausgaben		Einnahmen	
		Betrag	Barwert	Betrag	Barwert
0	1	70.000,-	70.000,-		
		15.000,-	15.000,-	-	-
1	0,9091	15.000,-		30.000,-	27.273,-
		x 1,030*	14.045,60		
2	0,8264	15.000,-		29.000,-	23.965,60
		x 1,061	13.139,76		
3	0,7513	15.000,-		28.000,-	21.036,40
		x 1,093	12.283,76		
4	0,6830	15.000,-		27.000,-	18.441,-
		x 1,126	11.576,85		
5	0,6209	15.000,-		26.000,-	16.143,40
		x 1,159	10.803,66		
6	0,5645	15.000,-		25.000,-	14.114,50
		x 1,194	10.076,33		
7	0,5132			24.000,-	22.580,80
		-	-	20.000,-	
*Faktor $1{,}030^n$			- 156.925,96		+ 143.552,70
			- 13.373,26		-

Anlage B

Zeit-punkt	Faktor	Ausgaben		Einnahmen	
		Betrag	Barwert	Betrag	Barwert
0	1	50.000,-	60.000,-	-	-
		10.000,-			
1	0,9091	11.000,-	10.000,-	40.000,-	36.364,-
2	0,8264	22.000,-	18.180,80	35.000,-	28.924,-
3	0,7513	13.000,-	9.766,90	30.000,-	22.539,-
4	0,6830	-	-	25.000,-	23.905,-
				10.000,-	
			- 97.947,80		+ 111.732,-
			-		**+ 13.784,20**

zu Aufgabe 30:
Investitionsentscheidung ‚Fuhrpark'

Teil a: Investitionsrechnung

Herst.	Zeitp.	Faktor	A-Betrag	A-Barwert	E-Betrag	E-Barwert
A.	0	1	2.000.000,-	2.750.000,-	-	-
			750.000,-			
	1	0,9259	750.000,-	694.425,-	1.200.000,-	1.111.080,-
	2	0,8573	750.000,-	642.975,-	1.200.000,-	1.028.760,-
	3	0,7938	750.000,-	595.350,-	1.200.000,-	952.560,-
	4	0,7350			1.200.000,-	
			-	-	1.300.000,-	1.837.500,-
				- 4.682.750,-		+ 4.929.900,-
				-		**+ 247.150,-**
B.	0	1	1.700.000,-	2.600.000,-	-	-
			900.000,-			
	1	0,9259	900.000,-	833.310,-	1.050.000,-	972.195,-
	2	0,8573	900.000,-	771.570,-	1.050.000,-	900.165,-
	3	0,7938	900.000,-	714.420,-	1.050.000,-	833.490,-
	4	0,7350	-	-	1.050.000,-	1.433.250,-
					900.000,-	
				- 4.919.300,-		+ 4.139.100,-
				- 780.200,-		-
C.	0	1	1.100.000,-	2.150.000,-		
			1.050.000,-		-	-
	1	0,9259	1.100.000,-	1.990.685,-	1.350.000,-	1.249.965,-
			1.050.000,-			
	2	0,8573	1.050.000,-	900.165,-	1.350.000,-	1.157.355,-
	3	0,7938	1.050.000,-	833.490,-	1.350.000,-	1.071.630,-
	4	0,7350			1.350.000,-	2.094.750,-
			-	-	1.500.000,-	
				- 5.874.340,-		+ 5.573.700,-
				- 300.640,-		-

Teil b: Nutzwertanalyse

			Hersteller A		Hersteller B		Hersteller C	
Nr.	**Bezeichnung**	**Gew. (%)**	**Bew.**	**TNW**	**Bew.**	**TNW**	**Bew.**	**TNW**
1	Barwert	50	4	200	1	50	1	50
2	Sicherheit	20	5	100	1	20	4	80
3	Zuverlässigkeit	20	2	40	5	100	3	60
4	Leistungsreserve	10	4	40	2	20	5	50
		100		**380**		**190**		**240**

$$D = \frac{380 - 240}{380} * 100 = \underline{\underline{36{,}8\ \%}}$$

$$A = \frac{380}{500} * 100 = \underline{\underline{76\ \%}}$$

zu Aufgabe 31:
Kapitalwertrechnung ‚Immobilienprojekt'

Zeitpunkt	Faktor	Ausgaben		Einnahmen	
		Betrag	Barwert	Betrag	Barwert
0	1	500.000,-	500.000,-	-	
1	0,9434	-	-	-	
2	0,8900	-		-	
3	0,8396	-		10.000,-	8.396,-
4	0,7921	-		20.000,-	15.842,-
5	0,7473	-		40.000,-	29.892,-
6	0,7050	-		80.000,-	56.400,-
7	0,6651	-		-	
8	0,6274	-		-	
9	0,5919	-		-	
10	0,5584	-		1.000.000,-	558.400,-
			- 500.000,-		+ 668.930,-
			-		**+ 168.930,-**

zu Aufgabe 32:
Optimaler Verschuldungsgrad

a) Optimaler Verschuldungsgrad: i = R

$$0{,}08 = 0{,}04 + 0{,}01\,t^2$$

$$0{,}01\,t^2 = 0{,}04$$

$$t^2 = 4$$

$$\underline{t = 2}$$

b)

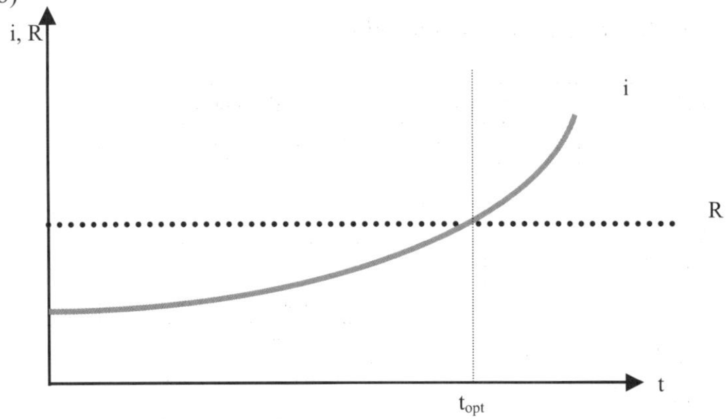

zu Aufgabe 33:
Eigenkapitalrendite

Die Gesamtkapitalrendite beträgt 13,5%. Es wird solange Fremdkapital (FK) eingesetzt, wie der FK-Zinssatz unterhalb der GK-Rendite liegt.

Fremdkapitaleinsatz:

	10 Mill	a 10%	=	1,00 Mill Zinsen
	1 Mill	a 11%	=	0,11 Mill Zinsen
	1 Mill	a 12%	=	0,12 Mill Zinsen
	1 Mill	a 13%	=	0,13 Mill Zinsen
FK gesamt	**13 Mill**	mit		1,36 Mill Zinsen

Ertrag:

Gesamtertrag	13,5% auf 20 Mill GK	=	2,7 Mill
	abzüglich FK-Zinsen	=	1,36 Mill
Eigenkapitalertrag			1,34 Mill

EK-Rendite = 1,34 Mill. / 7 Mill. = 19,1%

zu Aufgabe 34:
Grundbegriffe des Rechnungswesens

Bestandsgrößen	Stromgrößen
Zahlungsmittelbestand	Einzahlungen, Auszahlungen
Geldvermögen	Einnahmen, Ausgaben
Reinvermögen	Erträge, Aufwendungen

zu Aufgabe 35:
Abschreibungen ‚Anlage'

Teil a:

	Restwert nach n Jahren									
n	**1**	**2**	**3**	**4**	**5**	**6**	**7**	**8**	**9**	**10**
linear	72.000	64.000	56.000	48.000	40.000	32.000	24.000	16.000	8.000	0
geom.-degr.	64.000	51.200	40.960	32.768	26.214	20.972	16.777	13.422	10.737	8.590

Nach neun Jahren ist der Restwert nach der linearen Abschreibung erstmals niedriger als nach der degressiven.

Teil b:

Es findet ein sog. Aktivtausch statt: (Sach-) Anlagevermögen wird zu (Geld-) Umlaufvermögen.

zu Aufgabe 36:
Abschreibungen ‚Lastwagen'

a)

60.000,- € - 6.000,- € (Restwert) = 54.000,- € Abschreibungssumme

54.000,- € / 300.000 km = 0,18 € je km

Abschreibungsbetrag 2006 = **3.600, - €**

Abschreibungsbetrag 2007 = **5.400,- €**

Abschreibungsbetrag 2008 = **7.200,- €**

b)

Jährlicher Abschreibungsbetrag = **5.400,- €**

Es wird von einer Abschreibungsdauer von 10 Jahren ausgegangen (Gesamtkilometerleistung dividiert durch durchschnittliche jährliche Kilometerleistung).

c)

Jahr	Abschreibungsbetrag	Restwert
2006	10.800	43.200
2007	8.640	34.560
2008	6.912	27.648

zu Aufgabe 37:
Kostenrechnung (BAB)

Kostenstelle / Kostenart	Zahlen der Buchhaltung	Allgem. Kosten-stelle	Material-stelle	Hilfs-kosten-stelle 1	Hilfs-kosten-stelle 2	Fertig.-haupt-stelle 1	Fertig.-haupt-stelle 2	Verw.-stelle	Vertr.-Stelle
Fertigunsmaterial	30.000		30.000						
Fertigungslöhne	150.000					100.000	50.000		
Betriebsstoffe	10.000	1.000	1.500	2.000	500	2.000	2.500	300	200
Raumkosten	15.000	1.000	2.000	1.000	800	5.000	4.000	800	400
Abschreibungen	40.000	5.000	3.000	4.000	3.000	11.000	10.000	3.000	1.000
Summe	65.000	7.000	6.500	7.000	4.300	18.000	16.500	4.100	1.600
Umlage 1			700	1.400	1.050	1.750	1.400	350	350
Summe	65.000		7.200	8.400	5.350	19.750	17.900	4.450	1.950
Umlage 2a Umlage 2b						5.040 2.675	3.360 2.675		
Summe	65.000		7.200			27.465	23.935	4.450	1.950
Ist-Zuschlag			24%			27%	48%	2%	1%
Soll-Zuschlag			25%			25%	50%	2%	2%
Soll-Gemeinkosten			7.500			25.000	25.000	4.719	4.719
Über-/ Unterdeckung			-300			+2463	-1.065	-269	-2.769

Verzeichnis der Abbildungen

Seite

Literaturverzeichnis

Avenarius, Hermann: Recht von A – Z, 7. Aufl., Frankfurt/M. 1993

Bestmann, Uwe (Hrsg.): Kompendium der Betriebswirtschaftslehre, 10. Aufl., München, Wien 2001

Brede, Helmut: Grundzüge der Öffentlichen Betriebswirtschaftslehre, München, Wien, 2001

Brede, Helmut: Betriebswirtschaftslehre, 8. Aufl., München 2004

Breitung, Karl; Filip, Pavel: Einführung in die Mathematik für Ökonomen, Wien, München 1989

Bröckermann, Reiner: Personalwirtschaft, 3. Aufl., Stuttgart 2003

Bruhn, Manfred: Marketing für Nonprofit-Organisationen, Grundlagen - Konzepte – Instrumente, Stuttgart 2005

Bundesministerium der Finanzen: Die wichtigsten Steuern im internationalen Vergleich, Berlin 2001

Corsten, Hans: Betriebswirtschaftslehre der Dienstleistungsunternehmen, Einführung, 2. Aufl., München, Wien 1990

Daumler, Klaus-Dieter: Grundlagen der Investitions- und Wirtschaftlichkeitsrechnung, 10. Aufl., Herne, Berlin 2000

Dincher, Roland: Personalwirtschaft, 2. Aufl., Neuhofen/Pf. 2003

Dincher, Roland; Ehreiser, Hans-Jörg; Müller-Godeffroy, Heinrich: Einführung in das betriebliche Rechnungswesen, Neuhofen/Pf. 2004

Dincher, Roland; Müller-Godeffroy, Heinrich; Wengert, Anton: Einführung in das Dienstleistungsmarketing, Neuhofen/Pf. 2004

Doppler, Klaus; Lauterburg, Christoph: Change Management, 10 Aufl., Frankfurt /Main 2002

Eilenberger, Guido: Betriebliches Rechnungswesen, 6. Aufl., München, Wien 1991

Eilenberger, Guiedo: Betriebliche Finanzwirtschaft, 7. Aufl., München, Wien 2003

Eisele, Wolfgang: Technik des betrieblichen Rechnungswesens, 7. Aufl., München 2002

Gaugler, Eduard; Oechsler, Walter A.; Weber, Wolfgang: Personalwesen, in: Handwörterbuch des Personalwesens, hrsg. von E. Gaugler, W. A. Oechsler, und W. Weber, 3. Aufl., Stuttgart 2003, Sp. 1653-1663

Gehrke, Wolfgang; Bank, Matthias: Finanzierung, Grundlagen für Investitions- und Finanzierungsentscheidungen in Organisationen, 2. Aufl., Stuttgart 2002

Gutenberg, Erich: Grundlagen der Betriebswirtschaftslehre, Bd. I, Die Produktion, 24. Aufl., Berlin, Heidelberg, New York 1984

Heinold, Michael: Der Jahresabschluss, 3. Aufl., München, Wien 1995

Hentze, Joachim; Kammel, Andreas; Lindert, Klaus: Personalführungslehre, 3. Aufl., Bern 1997

Jung, Hans: Allgemeine Betriebswirtschaftslehre, 9. Aufl., München, Wien 2004

Jacob, Wolfgang: Einkommensteuer, 3. Aufl., München 2003

Kirchhoff, Ulrich; Müller-Godeffroy, Heinrich: Finanzierungsmodelle für kommunale Investitionen, 6. Aufl., Stuttgart 1996

Korndörfer, Wolfgang: Allgemeine Betriebswirtschaftslehre, 13. Aufl., Wiesbaden 2003

Maleri, Rudolf: Grundlagen der Dienstleistungsproduktion, 4. Aufl., Berlin u.a. 1997

Meffert, Heribert: Marketing, 9. Aufl., Wiesbaden 2000

Meffert, Heribert; Bruhn, Manfred: Dienstleistungsmarketing, 4. Aufl., Wiesbaden 2003

Nieschlag, Robert; Dichtl, Hans; Hörschgen, Hans: Marketing, Berlin 1997

Oechsler, Walter A.: Personal und Arbeit, 7.Aufl., München, Wien, 2000

Olfert, Klaus; Rahn, Horst-Joachim: Einführung in die Betriebswirtschaftslehre, 6. Aufl., Ludwigshafen/Rh. 2001

Pepels, Werner: Marketing, München 1996

Raffée, Hans; Fritz, Wolfgang; Wiedmann, Peter: Marketing für öffentliche Betriebe, Stuttgart 1994

Schäfers, Michael; Zimmermann, Joachim (Hrsg.): Im Mittelpunkt steht der Mensch, Münster 2004

Schierenbeck, Henner: Grundzüge der Betriebswirtschaftslehre, 15. Auflage, München, Wien 2000

Schmalen, Helmut: Grundlagen und Probleme der Betriebswirtschaft, 12. Aufl., Stuttgart 2002

Schmidt, Hans-Jürgen: Betriebswirtschaftslehre für die Verwaltung, 4. Aufl., Heidelberg 1998

Schmidt, Jürgen: Wirtschaftlichkeit in der öffentlichen Verwaltung, 6. Aufl., Berlin 2002

Schreyögg, Georg: Organisation, 4. Aufl., Wiesbaden 2003

Schröder, Christoph: Industrielle Arbeitskosten im internationalen Vergleich, IW-trends, 3/2005

Schwarz, Horst: Betriebsorganisation als Führungsaufgabe, 9. Aufl., München 1983

Schwarze, Jochen: Grundlagen der Statistik I - Beschreibende Verfahren, 8. Aufl., Herne, Berlin 1998

Schwarze, Jochen: Grundlagen der Statistik II - Wahrscheinlichkeitsrechnung und induktive Statistik, 6. Aufl., Herne, Berlin 1997

Schuppert, Gunnar F.: Verwaltungswissenschaft, Baden Baden 2000

Seewald, Ottfried: Kommunalrecht, in: Steiner, Udo (Hrsg.), Besonderes Verwaltungsrecht, 7. Aufl., Heidelberg 2003, S. 1 – 184

Staehle, Wolfgang H.: Management, 8. Aufl., München 1999

Steinbuch, Pitter A.: Organisation, 11. Aufl., Ludwigshafen 2000

Spremann, Klaus: Investition und Finanzierung, 4. Aufl. München, Wien, 1991

Steinebach, Nikolaus: Verwaltungsbetriebslehre, 5. Aufl., Regensburg 1998

Thommen, Jean-Paul; Achleitner, Ann-Kristin: Allgemeine Betriebswirtschaftslehre, 3. Aufl., Wiesbaden 2001

Vahs, Dietmar; Schäfer-Kurz, Jan: Einführung in die Betriebswirtschaftslehre, 2. Aufl., Stuttgart, 2000

Wehrheim, Michael: Grundzüge der Unternehmensbesteuereung, München 2002

Wöhe, Günther: Einführung in die Allgemeine Betriebswirtschaftslehre, 21. Auflage, München 2002

Zimmermann, Werner; Fries, Hans-Peter; Hoch, Gero: Betriebliches Rechnungswesen, 8. Aufl., München, Wien 2003

Anhang: Tabelle der Abzinsfaktoren

Abzinsungsfaktor: $\frac{1}{(1+i)^n}$

Barwert des Kapitals vom Betrag 1, das erst am Ende von n Jahren fällig wird

Nutzungsdauer n Jahre	Kalkulationszinssatz (i) in v. H./Jahr						
	4	5	6	7	8	9	10
1	0,9615	0,9524	0,9434	0,9346	0,9259	0,9174	0,9091
2	0,9246	0,9070	0,8900	0,8734	0,8573	0,8417	0,8264
3	0,8890	0,8638	0,8396	0,8163	0,7938	0,7722	0,7513
4	0,8548	0,8227	0,7921	0,7629	0,7350	0,7084	0,6830
5	0,8219	0,7835	0,7473	0,7130	0,6806	0,6499	0,6209
6	0,7903	0,7462	0,7050	0,6663	0,6302	0,5963	0,5645
7	0,7599	0,7107	0,6651	0,6227	0,5835	0,5470	0,5132
8	0,7307	0,6768	0,6274	0,5820	0,5403	0,5019	0,4665
9	0,7026	0,6446	0,5919	0,5439	0,5002	0,4604	0,4241
10	0,6756	0,6139	0,5584	0,5083	0,4632	0,4224	0,3855
11	0,6496	0,5847	0,5268	0,4751	0,4289	0,3875	0,3505
12	0,6246	0,5568	0,4970	0,4440	0,3971	0,3555	0,3186
13	0,6006	0,5303	0,4588	0,4150	0,3677	0,3262	0,2897
14	0,5775	0,5051	0,4423	0,3878	0,3405	0,2992	0,2633
15	0,5553	0,4810	0,4173	0,3624	0,3152	0,2745	0,2394
16	0,5339	0,4581	0,3936	0,3387	0,2919	0,2519	0,2176
17	0,5134	0,4363	0,3714	0,3166	0,2703	0,2311	0,1978
18	0,4936	0,4155	0,3503	0,2959	0,2502	0,2120	0,1799
19	0,4746	0,3957	0,3305	0,2765	0,2317	0,1945	0,1635
20	0,4564	0,3769	0,3118	0,2584	0,2145	0,1784	0,1486
21	0,4388	0,3589	0,2942	0,2415	0,1987	0,1637	0,1351
22	0,4220	0,3418	0,2775	0,2257	0,1839	0,1502	0,1228
23	0,4057	0,3256	0,2618	0,2109	0,1703	0,1378	0,1117
24	0,3901	0,3101	0,2470	0,1971	0,1577	0,1264	0,1015
25	0,3751	0,2953	0,2330	0,1842	0,1460	0,1160	0,0923
26	0,3607	0,2812	0,2198	0,1722	0,1352	0,1064	0,0839
27	0,3468	0,2678	0,2074	0,1609	0,1252	0,0976	0,0763
28	0,3335	0,2551	0,1956	0,1504	0,1159	0,0895	0,0693
29	0,3207	0,2429	0,1846	0,1406	0,1073	0,0822	0,0630
30	0,3083	0,2314	0,7141	0,1314	0,0994	0,0754	0,0573
31	0,2965	0,2204	0,1643	0,1228	0,0920	0,0691	0,0521
32	0,2851	0,2099	0,1550	0,1147	0,0852	0,0634	0,0474
33	0,2741	0,1999	0,1462	0,1072	0,0789	0,0582	0,0431
34	0,2636	0,1904	0,1379	0,1002	0,0730	0,0534	0,0391
35	0,2534	0,1813	0,1301	0,0937	0,0676	0,0490	0,0356
40	0,2083	0,1420	0,0972	0,0668	0,0460	0,0318	0,0221
45	0,1712	0,1113	0,0727	0,0476	0,0313	0,0207	0,0137
50	0,1407	0,0872	0,0543	0,0339	0,0213	0,0134	0,0085
55	0,1157	0,0683	0,0406	0,0242	0,0145	0,0087	0,0053
60	0,0951	0,0535	0,0303	0,0173	0,0099	0,0057	0,0033
65	0,0781	0,0419	0,0227	0,0123	0,0067	0,0037	0,0020
70	0,0642	0,0329	0,0169	0,0088	0,0046	0,0024	0,0013
75	0,0528	0,0258	0,0126	0,0063	0,0031	0,0016	0,0008
80	0,0434	0,0202	0,0095	0,0045	0,0021	0,0010	0,0005
85	0,0357	0,0158	0,0071	0,0032	0,0014	0,0007	0,0003
90	0,0293	0,0124	0,0053	0,0023	0,0010	0,0004	0,0002
95	0,0241	0,0097	0,0039	0,0016	0,0007	0,0003	0,0001
100	0,0198	0,0076	0,0029	0,0012	0,0005	0,0002	0,0001

Forschungsstelle für Betriebsführung und Personalmanagement e.V.

Schriftenreihe

Band 1
Roland Dincher :
Die Arbeitsverwaltung als Personaldienstleister.
Ergebnisse und Analysen zum Dienstleistungsmarketing der Arbeitsverwaltung, 218 S., 2001,
ISBN 3-936098-01-8, UVP € 22,--

Band 2
Claudia Prusik:
Implizite außerfachliche Auswahlkriterien von Betrieben bei der Einstellung von Auszubildenden, 94 S., Diplomarbeit, 2003
ISBN 3-936098-02-6, UVP € 14,80

Band 3
Roland Dincher:
Personalwirtschaft,
Lehr- und Übungsbuch, 305 S., 2.Aufl., 2003
ISBN 3-936098-03-4, UVP € 24,80

Band 4
Roland Dincher; Hans-Jörg Ehreiser; Heinrich Müller-Godeffroy:
Einführung in das betriebliche Rechnungswesen,
Lehr- und Übungsbuch, 204 S., 2004
ISBN 3-936098-04-2, UVP € 21,80

Band 5

Roland Dincher; Heinrich Müller-Godeffroy; Anton Wengert:
Einführung in das Dienstleistungsmarketing,
Lehr- und Übungsbuch, 192 S, 2004
ISBN 3-936098-05-0, UVP € 21,80

Band 6

Roland Dincher:
Personalmarketing und Personalbeschaffung.
Einführung und Fallstudie zur Anforderungsanalyse und Personalakquisition,
104 S, 2005
ISBN 3-936098-06-9, UVP € 15,60

Band 7

Peter Cornelius; Roland Dincher; Heinrich Müller-Godeffroy:
Einführung in die Betriebswirtschaftslehre für die Verwaltung,
Lehr- und Übungsbuch, 305 S., 2005
ISBN 3-936098-07-7, UVP € 26,50